Ciência e cristianismo
Uma introdução aos temas

J. B. Stump

Ciência e cristianismo
Uma introdução aos temas

Tradução:
Cecília Camargo Bartalotti

Edições Loyola

Título original:
Science and Christianity – An introduction to the Issues
© 2017 John Wiley & Sons, Inc.
111 river Street, Hoboken, NJ 07030, USA
ISBN 978-1-118-62527-9

All rights reserved. This translation published under license.
Todos os direitos reservados. Esta tradução foi publicada sob licença.

Dados Internacionais de Catalogação na Publicação (CIP)
(Câmara Brasileira do Livro, SP, Brasil)

Stump, J. B.
  Ciência e cristianismo : uma introdução aos temas / J. B. Stump ; tradução Cecília Camargo Bartalotti. -- São Paulo, SP : Edições Loyola, 2022. -- (Cristianismo e modernidade)

  Título original: Science and christianity : an introduction to the issues
  ISBN 978-65-5504-172-9

  1. Cristianismo 2. Religião e ciência 3. Teologia I. Título. II. Série.

22-108912   CDD-261.55

Índices para catálogo sistemático:
  1. Ciência e cristianismo   261.55

Eliete Marques da Silva - Bibliotecária - CRB-8/9380

Preparação: Marta Almeida de Sá
Capa e diagramação: Viviane Bueno Jeronimo
  Composição sobre imagem: *Dieu l'architecte de l'univers, frontispice d'une bible moralisée*. Artista anônimo. Miniatura sobre pergaminho (344 x 260 mm). Fonte: https://commons.wikimedia.org/wiki/File:God_the_Geometer.jpg?uselang=pt-br.
Revisão: Rita Lopes

Edições Loyola Jesuítas
Rua 1822 n° 341 – Ipiranga
04216-000 São Paulo, SP
T 55 11 3385 8500/8501, 2063 4275
editorial@loyola.com.br
vendas@loyola.com.br
www.loyola.com.br

Todos os direitos reservados. Nenhuma parte desta obra pode ser reproduzida ou transmitida por qualquer forma e/ou quaisquer meios (eletrônico ou mecânico, incluindo fotocópia e gravação) ou arquivada em qualquer sistema ou banco de dados sem permissão escrita da Editora.

ISBN 978-65-5504-172-9

© EDIÇÕES LOYOLA, São Paulo, Brasil, 2022

Sumário

Agradecimentos 9
Introdução 13

1. Conflito e independência 19
   1. Modos como ciência e cristianismo podem
       estar relacionados 20
   2. Conflito 22
   3. Independência 27
   4. Dois Livros 31

2. Cristianismo e a origem da ciência moderna 35
   1. A serva da teologia 36
   2. O papel do cristianismo na ascensão da ciência moderna:
       visões do século XX 40
   3. Desenvolvimentos recentes 46

3. Secularização 51
   1. Cientistas e crença religiosa 53
   2. Ampliando a definição 57
   3. Uma era secular 60

4. Criacionismo da Terra Jovem e *Design* Inteligente 67
   1. Montando o cenário para o Criacionismo da Terra Jovem 68
   2. O Criacionismo da Terra Jovem atual 71
   3. *Design* Inteligente 74
   4. Complexidade irredutível e informação 77

5. A Bíblia 83
1. Dois Livros *versus sola scriptura* 84
2. Interpretação 87
3. Que tipo de inspiração? 92
4. A ciência e a Bíblia 95

6. Naturalismo metodológico 99
1. Definição de naturalismo metodológico 100
2. Duhem e os objetivos da ciência 102
3. Naturalismo metodológico e a questão da demarcação 106
4. Razões para aceitar o naturalismo metodológico 108

7. Teologia natural 113
1. Argumentos clássicos da teologia natural 114
2. Objeções à teologia natural 119
3. Teologia natural para o século XXI 124

8. Cosmologia 129
1. Cosmologia do *big bang* 130
2. Ajuste fino 136
3. O multiverso 139

9. Evolução 147
1. Evolução e a Bíblia 148
2. Criação por aleatoriedade e morte 152
3. O caráter único dos seres humanos 156
4. Consonância entre evolução e cristianismo 159

10. Ação divina 163
1. O desenvolvimento do deísmo 164
2. Milagres 166
3. Ação divina objetiva não intervencionista 170
4. Alternativas para explicar a ação divina 174

11. Mente, alma e cérebro 181
1. A tradição cristã da alma 183
2. Descartes e o dualismo 185
3. Questionamentos ao dualismo 187
4. Dualismo cognitivo 192

12. O problema do mal natural 197
    1. Articulação do problema 198
    2. Algumas respostas possíveis 200
    3. Uma teodiceia mais robusta 204
    4. Plenitude escatológica 207

Conclusão: as últimas coisas 211

Linha do tempo das personalidades históricas mencionadas 219
Glossário 223
Índice remissivo 231

Agradecimentos

Muitas pessoas contribuíram para a produção deste livro. Foi mais uma vez um prazer trabalhar com a equipe da Wiley-Blackwell. Este projeto foi posto em prática num período de transição do cargo de editor de Jeff Den para Deirdre Ilkson e deste para Marissa Koors. Foi ótimo trabalhar com todos eles e também com a equipe muito competente que acompanhou o projeto até sua conclusão.

Quase todo o trabalho voltado para a produção desta obra foi feito enquanto eu era membro do corpo docente do Bethel College (em Indiana). Uma bolsa de pesquisa de verão me ajudou a escrever vários capítulos. Tive a oportunidade de ministrar um curso de nível avançado sobre ciência e religião para um grupo de alunos muito competentes durante o qual os tópicos de muitos destes capítulos foram estudados. Agradeço ao pessoal da biblioteca, que muito me incentivou e sempre fez um esforço extra para obter o material de que eu precisava. Alguns dos capítulos que constam aqui foram usados num projeto de aula de edição da professora Jennifer Ochstein; agradeço sua leitura cuidadosa e sua atenção aos detalhes. Agradeço imensamente também a Mahala Rethlake, que faz parte de uma das histórias de sucesso importantes do departamento de filosofia do Bethel, por sua leitura cuidadosa e a formatação de todo o manuscrito. Meus ex-colegas no departamento de religião e filosofia continuam sendo uma fonte de constante incentivo, estímulo e alegria. Agradeço especialmente a Terry Linhart, o chefe do departamento, por seu apoio e sua amizade durante alguns momentos difíceis. E sou especialmente grato a Chad Meister, com quem passei incontáveis horas tomando café e discutindo estes (e muitos outros) temas. O fato de eu não estar mais empregado no Bethel não anula nenhuma das experiências positivas que tive lá.

A BioLogos Foundation me proporcionou um ambiente enriquecedor nos últimos dois anos. Durante meu trabalho lá, tive a felicidade de encontrar (tanto *online* como pessoalmente) algumas das principais vozes do diálogo entre ciência e cristianismo. A presidente Deb Haarsma me deu muito apoio (e foi muito compreensiva nos momentos em que as linhas que demarcavam meus trabalhos ficavam confusas). A maneira elegante como ela aborda o diálogo entre ciência e cristianismo deveria ser um modelo para todos.

Por fim, preciso mencionar minha família. Meus pais não são acadêmicos no sentido profissional, mas especificamente meu pai, Ron Stump, começou sua carreira como professor de ciências, e sou muito grato pela orientação para o mundo natural que ele me proporcionou. Na família de minha mãe havia alguns acadêmicos, e tenho certeza de que boa parte de minha tendência para a introspecção veio dela – Nancy (Ummel) Stump. Ambos os lados da família legaram sua herança cristã e providenciaram as categorias pelas quais fui introduzido à teologia. Tenho muito orgulho de meus filhos, Casey, Trevor e Connor. Adoro quando eles querem discutir os temas sobre os quais pesquiso e escrevo; mas adoro ainda mais quando eles me ensinam as coisas que mais lhes interessam. Minha esposa Christine tem sua própria página de seguidores.

*À minha esposa Christine,
por me acompanhar constantemente
com alegria nesta jornada.
Eu não poderia desejar melhor
companheira de viagem.*

Introdução

Nas últimas décadas do século XX, houve um crescimento disseminado do interesse acadêmico por questões relacionadas a ciência e religião. Esse interesse não deu sinais de esmorecimento; conferências foram organizadas, livros foram escritos e até departamentos universitários foram então formados. O campo acadêmico está amadurecendo enquanto a segunda geração de estudiosos nessa área reflete sobre o trabalho seminal da geração inicial. Uma das implicações do amadurecimento do campo é a necessidade de uma análise mais refinada das questões. Assim, em vez de apresentar mais obras gerais sobre ciência e religião, este livro apresenta a relação entre ciência e cristianismo.

Claro que há aspectos comuns entre as religiões em relação às suas interações com a ciência, mas, quando entramos em doutrinas específicas, são as diferenças tanto nas ciências quanto nas diversas religiões do mundo que se tornam importantes depois de uma introdução básica a esse campo interdisciplinar fascinante. Por exemplo, a natureza de Deus no teísmo cristão é muito diferente da compreensão do conceito de Deus ou de deuses no hinduísmo ou da (não) realidade última em algumas formas do budismo. E, mesmo nas religiões monoteístas tradicionais que afirmam o mesmo deus criador, há discrepâncias significativas no entendimento de como Deus se relaciona com o mundo natural e como Deus revelou a natureza divina aos humanos.

O enfoque mais específico no cristianismo não almeja de forma alguma sugerir que este componha a única religião relevante no diálogo com a ciência. Outros livros devem ser escritos (e estão sendo escritos) sobre budismo e ciência, ou islamismo e ciência etc. Essas religiões têm suas próprias histórias e metodologias, e a elas deve ser dado o devido respeito, em vez de se tentar agrupá-las sob um título genérico ou uma discussão generalizada sobre religião, ou lhes dedicar um ou dois parágrafos de atenção em uma obra que está, na verdade, discutindo o cristianismo. É fato que o cristianismo foi o sistema religioso dominante que interagiu com as ciências ao longo da história – um fato que é examinado neste livro.

No entanto, quero deixar claro que esta obra não é uma obra de apologética cristã. Não estou argumentando a favor da verdade do cristianismo (nem de nenhuma teoria científica específica, aliás). Em vez disso, tentarei apresentar os temas da maneira mais equilibrada e objetiva possível, discutindo os pontos fortes e fracos de interpretações particulares. Sem dúvida, há pontos em que meus próprios vieses transpareçam, mas não estou tentando defender posições específicas.

O estudo da ciência e do cristianismo apoia-se em uma série de disciplinas diferentes. Além das disciplinas óbvias nas diversas ciências e da teologia cristã, a história tem um lugar de destaque em minha exposição desses tópicos. De um modo fundamental, porém, esta é uma abordagem da ciência e do cristianismo de orientação filosófica. As linhas de demarcação são sabidamente difíceis de traçar, mas, no sentido estrito do termo, os estudiosos engajados em pesquisas nesse campo não são cientistas (pelo menos *enquanto* pesquisadores). Ou seja, eles não estão conduzindo experiências nem mesmo descrevendo os resultados de descobertas empíricas para periódicos como *Nature* ou *Science*. Alguns estudiosos dessa área fizeram essas pesquisas, mas são contribuições para a ciência, não para a disciplina da ciência e do cristianismo. Em vez disso, nesta disciplina, eles estão refletindo sobre os resultados da ciência, particularmente com relação às afirmações da teologia cristã. Os estudiosos de ciência e religião também não estão desempenhando o papel de teólogos – embora as fronteiras sejam um pouco menos distintas nesse caso. Reiterando, o trabalho dos pesquisadores dessa área, como eu o entendo, é refletir sobre a obra de teólogos em termos de como ela se relaciona com as descobertas científicas. Portanto, nesse sentido, eles estão fazendo uma *filosofia da* ciência e do cristianismo. É nessa linha que escrevo sobre o tema.

Ciência, cristianismo e o estudo sistemático de sua interação

A história da interação da ciência com o cristianismo está ligada às histórias de alguns temas considerados individualmente. Não é muito difícil encontrar um ponto inicial para o cristianismo: há pouca dúvida de que Jesus de Nazaré viveu no primeiro terço do século I d.C., que foi morto pelo governo romano por volta de 30 d. C. ou 33 d.C. e que seus discípulos acreditavam que ele ressuscitou. A princípio, os cristãos faziam parte de uma seita de judeus que considerava que Jesus era seu messias há tanto tempo esperado, mas tornaram-se pouco a pouco um grupo religioso distinto no século I quando pagãos foram convidados a se unir ao movimento. Após 70 d.C., quando os romanos puseram Jerusalém sob cerco e destruíram o templo judaico, judeus e cristãos seguiram, essencialmente, seus caminhos separados. Os cristãos sofreram períodos de perseguição intensa pelo governo romano, mas, em poucos séculos, tornaram-se o grupo religioso dominante no Império Romano e, depois, no que é conhecido como a civilização ocidental.

É difícil localizar a origem da ciência. A palavra "ciência" vem do latim *scientia*, mas esse termo era usado para se referir a um amplo conjunto de conhecimentos, certamente fora dos parâmetros do que seria considerado ciência hoje. A chamada "filosofia da natureza" está mais próxima de nossa concepção de ciência. Os filósofos da natureza eram aqueles que estudavam o mundo natural, em oposição aos filósofos morais, que estudavam a ética. Os métodos dos filósofos da natureza eram variados; por isso, em 1834, o professor William Whewell (1794-1866), da Cambridge University, criou o termo "cientista" para fazer a distinção entre a abordagem empírica de alguns pesquisadores e dos "filósofos da natureza" mais gerais. Esse uso se tornou padrão.

No entanto, se considerássemos a relação entre cristianismo e ciência apenas como esta foi compreendida a partir de 1834, estaríamos omitindo muito do que é relevante para nosso estudo aqui. Até tão distante quanto temos registros escritos, os seres humanos vêm fazendo perguntas sobre o mundo à sua volta. Talvez começando pelos gregos antigos encontremos uma forma de dar respostas em termos do que chamamos hoje de causas naturais, em oposição às causas sobrenaturais invocadas por mitologias e religiões. Nesse sentido, podemos considerar a relação entre o cristianismo e a ciência (ou a protociência) para oferecer explicações naturais.

Deve-se reconhecer que a religião que advém do cristianismo e a prática da ciência são muito mais sociais e abrangentes do que meramente sistemas de crenças. É possível argumentar que os rituais associados ao cristianismo são mais importantes e definidores para a religião como um todo do que as crenças. Do mesmo modo, uma atenção crescente tem sido dada desde a geração anterior de filósofos da ciência às dimensões não cognitivas da iniciativa científica. As relações dessas dimensões sociais precisam ser estudadas, mas nosso foco neste livro são as dimensões cognitivas da ciência e do cristianismo. Mais especificamente, quais são as crenças de uma e de outra que se interceptam? Quais são os métodos de investigação e como eles interagem?

Este tipo de estudo tem sido feito mais sistematicamente desde as décadas de 1960 e 1970. Ian Barbour é geralmente considerado o padrinho da disciplina acadêmica da ciência aliada à religião. Seu livro de 1966, *Issues in Science and Religion*, foi o ponto de partida para uma geração de acadêmicos que começaram a refletir mais seriamente sobre a relação entre ciência e religião. Logo depois de Barbour, vieram Arthur Peacocke e John Polkinghorne. Esses três formam o triunvirato de teólogos cientistas que unem essa rara combinação de conhecer a ciência por dentro e ser capaz de refletir sobre ela com discernimento em relação à religião. Eles formam uma fonte fundamental para os estudiosos de ciência e religião de hoje.

O crescimento significativo da disciplina acadêmica de ciência aliada à religião na última geração tem um fator causal econômico. A John Templeton Foundation oferece milhões de dólares a cada ano para uma ampla variedade de programas de pesquisa em ciência e religião. Quase todos que trabalham na área já foram beneficiados por essa generosa iniciativa.

Características e esboço deste livro

Cada capítulo deste livro é dividido em seções numeradas. Os números remetem ao quadro "Questões a serem abordadas neste capítulo" no início de cada capítulo e ao quadro "Resumo dos pontos principais" no final. O objetivo disso não é reduzir a complexidade do material a um esquema simples, mas ajudar a dividir o conteúdo de cada capítulo em seções mais manejáveis.

Há muitos quadros ao longo do texto que apresentam citações mais longas de fontes importantes, explicações mais detalhadas de conceitos fundamentais e algumas figuras. Espera-se que esses sejam recursos para enriquecer a experiência e não para produzir distração. No final do texto há uma linha cronológica das personalidades históricas mencionadas no livro e um glossário que oferece definições para a terminologia especializada. Todas as citações da Escritura são tiradas da tradução da NRSV, a menos que outra fonte seja mencionada[1].

Cada capítulo inclui também uma pequena lista comentada de recursos para leituras adicionais sobre o tema. Este livro segue mais ou menos muitos dos tópicos de *The Blackwell Companion to Science and Christianity*, que eu organizei com Alan Padgett em 2012. Muitos dos artigos lá encontrados proporcionam bons próximos passos para explorar os tópicos introduzidos aqui.

Os capítulos 1 a 3 funcionam como uma espécie de unidade. Eles tratam das formas como ciência e religião (em particular, o cristianismo) estiveram relacionadas e apresenta alguns episódios históricos como ilustração. No capítulo 1,

---

1. As citações em português são da *Bíblia Mensagem de Deus*. São Paulo: Loyola, 1994. (N. da T.)

examino as relações extremas de conflito e independência, e não é difícil encontrar exemplos disso ao longo da história. Mas há também nuances nessas posições que devem ser igualmente consideradas. Nos capítulos 2 e 3, apresento o que eu acho que são os casos mais fortes, em termos históricos, de ciência e cristianismo influenciando um ao outro direta e substancialmente. Para o cristianismo influenciando a ciência, o melhor caso está na própria fundação da ciência moderna; examinaremos os argumentos pró e contra essa ideia no capítulo 2. Para a ciência influenciando o cristianismo (pelo menos na maior escala), veremos a tese da secularização: a ciência causou a secularização da sociedade? Este é o tema do capítulo 3. O capítulo 4 também é histórico em certo sentido, embora trate da história mais recente do Criacionismo da Terra Jovem e do movimento do *Design* Inteligente.

Os capítulos 5 e 6 abordam temas fundacionais que estão na base de boa parte do diálogo sobre cristianismo e ciência. Os cristãos não dispensam a Bíblia como referência (capítulo 5), e a maioria dos cientistas acha que não pode fazer seu trabalho adequadamente sem o naturalismo metodológico (capítulo 6). Veremos que, em ambos os casos, há abordagens metodológicas que são proveitosas para o diálogo e abordagens que podem impedir qualquer diálogo produtivo.

O capítulo 7 trata da teologia natural, que foi um dos principais pontos de interação entre ciência e cristianismo. Ao lado de algumas das formas clássicas de teologia natural, analiso uma versão contemporânea mais popular que muitos chamam de "teologia da natureza". O capítulo 8 cobre o que foi com frequência o ponto focal de discussões sobre ciência e religião na geração anterior: cosmologia – incluindo o *big bang*, ajuste fino e o multiverso. Hoje, a evolução avançou para a posição mais proeminente da discussão, que é o tema do capítulo 9.

Os capítulos 10 e 11 focam as questões de interação. A primeira questão visa a analisar como Deus interage com o mundo, ou o que é com frequência chamado de "ação divina". Esta é, às vezes, descrita por analogia à interação de mente e corpo humano, embora alguns possam alegar que essa analogia não ajuda muito a esclarecer a situação. A questão da interação humana, junto às implicações teológicas da alma, é o assunto do capítulo 11.

Se entendermos que Deus interage com o mundo, inevitavelmente procuraremos descobrir por que o mal não é evitado em maior proporção. Em especial diante do que agora entendemos como uma história insondavelmente longa de dor e sofrimento animal, a questão do mal natural é particularmente destacada. Esta é abordada no capítulo 12. Muitas tentativas de explicar o mal natural recorrem a um estado almejado final em que os indivíduos – tanto humanos como animais – que sofreram injustamente encontram sua plenitude definitiva.

A conclusão do livro reflete e especula sobre o fim dos tempos conforme entendido pela perspectiva da ciência e da teologia cristã.

Espero que cada um desses capítulos possa se sustentar isoladamente, mas há também um sentido em que tentei ordená-los para levar o leitor a migrar de um tema para o outro. Se o livro não conseguir nada além de estimular um novo interesse por esses temas de ciência e cristianismo, eu já o considerarei um sucesso.

CAPÍTULO 1
Conflito e independência

Em 1633, aos 70 anos de idade, Galileu Galilei, o famoso matemático e cientista de Pisa, foi forçado, sob ameaça de excomunhão e possível execução, a se ajoelhar diante dos inquisidores da Igreja Católica Romana. Ele recebeu uma declaração preparada para ser lida em voz alta que renegava o trabalho que fizera nas duas décadas anteriores. De que abominável heresia ele era suspeito? De dizer que a Terra se movia em torno do Sol a cada ano e girava em torno do próprio eixo a cada dia.

Quando a maioria das pessoas pensa na forma como ciência e religião – ou, mais especificamente para este livro, ciência e cristianismo – interagiram, é a história de Galileu com a Igreja que é tomada como paradigma. Ao longo dos séculos, o cristianismo havia desenvolvido uma visão de mundo geocêntrica que incluía a crença de que a Terra era imóvel no centro do universo e todos os objetos celestes giravam em torno dela. Essa imagem cosmológica foi moldada primariamente pela física de Aristóteles e pela astronomia de Ptolomeu, mas a Igreja também podia recorrer a versículos da Bíblia que eram muito naturalmente interpretados como uma corroboração do cosmo centrado na Terra. Isso levou a algumas contendas ferozes.

Hoje, o entendimento popular é que o episódio de Galileu foi um conflito direto entre ciência e cristianismo no qual a Igreja estava mais preocupada em proteger sua tradição e autoridade do que em descobrir a verdade. Como seria de esperar, a história real é mais complicada que isso. Vamos examiná-la melhor neste capítulo, junto de alguns outros episódios que ilustram a relação complexa entre ciência e cristianismo.

O objetivo aqui não é oferecer uma história abrangente da ciência e do cristianismo nem prescrever como essas duas linhas influentes na sociedade *devem* interagir hoje. Mais modestamente, neste capítulo eu pretendo ilustrar e explicar algumas das formas como ciência e cristianismo de fato interagiram. Antes de examiná-las, será útil discutir alguns dos sistemas de classificação que foram usados para organizar o tópico.

> **Questões a serem abordadas neste capítulo**
> 1. De que modos os estudiosos organizam a relação entre ciência e cristianismo?
> 2. O que foi o conflito entre Galileu e a Igreja?
> 3. De que maneira a ciência e o cristianismo podem ser vistos como formas independentes de investigação?
> 4. O que é a metáfora dos Dois Livros?

1. Modos como ciência e cristianismo podem estar relacionados

Desde que ciência e cristianismo existem, as pessoas têm escrito sobre esses dois tópicos e sua relação, mas a reflexão sistemática sobre esses temas por uma comunidade de estudiosos é um fenômeno bastante recente. Foi apenas desde a última geração, ou mais ou menos isso, que "Ciência e Religião" se tornou uma disciplina acadêmica distinta com seus próprios periódicos e programas de graduação universitária. O padrinho desse movimento foi Ian Barbour (1923-2013). Seu livro *Issues in Science and Religion* (1966) é uma visão geral abrangente dos temas relevantes e estabeleceu a agenda para pensadores posteriores nessa área. Nesse livro e em seu *Myths, Models and Paradigms* (1974) ele começou a desenvolver um sistema de classificação para o modo como ciência e religião podem estar relacionadas entre si. Mas foi em suas Gifford Lectures de 1989-1990 (BARBOUR, 1990) que essa tipologia foi defendida sistematicamente.

As quatro categorias de Barbour são conflito, independência, diálogo e integração. A primeira pressupõe que ou o modo científico ou o modo religioso de adquirir conhecimento é correto, e não ambos; portanto, eles estão em conflito entre si. No outro lado do espectro, a tese da independência, ciência e religião compõe modos completamente separados e autônomos de obter conhecimento; como tal, estas operam em esferas diferentes e suas afirmações nem conflitam nem concordam entre si. O modelo do diálogo considera que ciência e religião colidem uma com a outra em certos pontos, como na origem do universo, e, portanto, precisam reconhecer as ideias que cada uma traz para essas questões. Por fim, o modelo de integração vai além do mero diálogo entre disciplinas distintas e busca realizar uma síntese de ciência e religião; isso pode ser visto em tentativas de desenvolver uma teologia da natureza ou na teologia do processo em que são desenvolvidas explicações que fazem uso tanto das ciências como da teologia.

> A tipologia de quatro categorias de visões contemporâneas de Barbour para com a ciência e a religião podem se relacionar.
> 1. **Conflito:** a ciência ou a religião podem ser vitoriosas em suas explicações, mas não ambas.
> 2. **Independência:** ciência e religião têm cada uma sua própria esfera de investigação e não podem conflitar.
> 3. **Diálogo:** há contato entre ciência e religião em questões limites, como a razão para a ordem do universo.
> 4. **Integração:** doutrinas teológicas e teorias científicas poderiam ser integradas em um único modelo coerente, como a teologia da criação.

Como seria de esperar, outros estudiosos refletiram sobre o trabalho de Barbour e ofereceram críticas e modificações à sua tipologia. Ted Peters (1996) expandiu a lista de categorias, identificando oito maneiras diferentes de interação entre ciência e religião. Christian Berg (2004) reorganizou completamente a tipologia, acreditando ser mais útil examinar a relação entre ciência e religião sob as dimensões de metafísica, epistemologia e ética. Stenmark (2012) sugeriu que deveríamos, primeiro, considerar o tipo de trabalho que a ciência e o cristianismo fazem. Se estiverem tentando fazer o mesmo trabalho, estão em competição; se fizerem trabalhos completamente diferentes, são independentes entre si; e se seus trabalhos forem diferentes, mas se sobrepuserem em certa medida, haverá pontos de contato entre ciência e religião.

Depois de Barbour, pode-se argumentar que o próximo estudioso mais influente na formulação da discussão de como ciência e religião se relacionam é John Hedley Brooke. Seu *Science and Religion: Some Historical Perspectives* (1991) deriva de uma pesquisa histórica detalhada das muitas facetas de como ciência e religião estiveram relacionadas. A conclusão de seu trabalho é que a relação entre ciência e religião não pode ser descrita sob um único título geral. Isso veio a ser conhecido como a Tese da complexidade. Outro historiador da ciência contemporâneo, Ronald Numbers, está convencido da tese da complexidade, mas vê a necessidade de oferecer algumas generalizações ou padrões médios que podem se mostrar úteis para organizar e compreender a enorme quantidade de dados e literatura sobre o tema. Para esse fim, ele descreve cinco tendências na relação continuada entre ciência e religião: naturalização, privatização, secularização, globalização e radicalização (NUMBERS, 2010).

Esses modos de explorar o território conceitual na intersecção de ciência e religião são todos úteis. Sem dúvida, há ainda mais formas de abordar outras nuances da relação. Neste capítulo, será suficiente olhar de modo mais geral para a relação examinando exemplos históricos de conflito e independência. Os dois próximos capítulos tratam de exemplos da influência de um sobre o outro.

2. Conflito

O arco de narrativas atualmente aceito sobre como historiadores entenderam a relação entre ciência e cristianismo começa com a tese do conflito entre John William Draper e Andrew Dickson White. *History of the Conflict between Religion and Science* (DRAPER, 1896), publicado pela primeira vez em 1874, e *A History of the Warfare of Science with Theology in Christendom* (WHITE, 1922), publicado pela primeira vez em 1896, definem o tom para o pensamento dos estudiosos de ciência e cristianismo na primeira metade do século XX. Nessa visão, o cristianismo é posto no papel da madrasta opressiva e castradora que sufocou a donzela jovem, sensata e progressista da ciência e a impediu de florescer durante a Idade Média. Depois a ciência finalmente se libertou da Igreja opressiva, ou assim conta a história, e aumentou continuamente nosso conhecimento acumulado e nossa qualidade de vida.

> **John William Draper (1811-1882)**
> Químico e médico, Draper foi um dos fundadores da Escola de Medicina da Universidade de Nova York. Seu *History of the Conflict between Religion and Science* (1896), publicado pela primeira vez em 1874, foi amplamente lido e levou gerações de pessoas a ver ciência e religião como explicações paralelas.
>
> **Andrew Dickson White (1832-1918)**
> White foi professor de história e inglês na University of Michigan até 1863 e, então, uniu-se a Ezra Cornell para fundar a Cornell University. White foi o primeiro reitor dessa universidade. Ele publicou *A History of the Warfare of Science with Theology in Christendom* (1922) em 1896, que deu continuidade à interpretação de Draper.

Essa interpretação encontrou ouvidos receptivos durante o auge do positivismo no início do século XX e ganhou impulso suficiente na cultura mais ampla, de modo que, mesmo depois da queda do positivismo, ainda é comum se deparar com ciência e cristianismo sendo lançados um contra o outro em tons beligerantes. As palavras de Draper deram voz ao sentimento que muitos ainda compartilham hoje:

A história da ciência não é um mero registro de descobertas isoladas; é uma narrativa do conflito de dois poderes em contenda, a força expansiva do intelecto humano, de um lado, e a compressão que deriva da fé tradicional e de interesses humanos, de outro (DRAPER, 1896, vi).

O fato de que as análises históricas de Draper e White foram fortemente criticadas por historiadores da ciência contemporâneos quase não vem ao caso. A retórica dessa visão opera mais no nível de discussões de *talk show*, e a história sensacionalista ressoa bem dentro da cultura mais ampla.

Mesmo no ambiente acadêmico, não é difícil encontrar indícios nas páginas dos livros de história que parecem apoiar a tese do conflito. Sem dúvida que o evento marcante da relação entre ciência e cristianismo parece ilustrar precisamente a afirmação de Draper: a retratação forçada de Galileu diante da Igreja. Essa história foi introduzida no início do capítulo, mas vamos examiná-la mais de perto agora.

No início do século XVII, a Holanda era famosa por sua indústria de fabricação de lentes de vidro. Em 1609, Galileu soube que alguém lá havia colocado as lentes certas nas duas extremidades de um tubo fechado e, com isso, conseguira ampliar três vezes a imagem de objetos vistos a distância. Galileu melhorou o projeto do que viria a ser chamado de telescópio e teve sucesso em obter uma ampliação de vinte vezes. No final de 1609, ele apontou seu telescópio para o céu e fez várias descobertas que questionaram a imagem do universo que a Igreja defendia havia séculos. Ele registrou essas descobertas em escritos e publicou-as em 1610 em um opúsculo com o título solene de *O mensageiro das estrelas. Revelando espetáculos incomuns, grandes e notáveis* (encontrado em DRAKE, 1957). O que ele viu?

Primeiro, ele viu que a Lua não era uma esfera perfeita. A ideia predominante era de que todos os objetos no domínio celeste tinham de ser esferas perfeitas. Mas a Lua de Galileu parecia ter montanhas e crateras em sua superfície, como o tipo de irregularidade que encontramos em solos da região terrestre. Em seguida, ele informou ter visto muito mais estrelas do que eram visíveis a olho nu – dez vezes mais. Seu livro incluía desenhos de constelações conhecidas, junto às posições dessas estrelas adicionais. Ele também observou que a "Via Láctea", que se apresenta a olho nu como uma substância uniformemente nebulosa, é difusa em "ajuntamentos de inumeráveis estrelas agrupadas em aglomerados" (ibid., 49). Por fim, e mais importante na cabeça de Galileu, ele viu quatro pontos brilhantes em volta do planeta Júpiter. Observações subsequentes mostraram que esses pontos não eram estáticos em relação ao planeta, mas, em vez disso, orbitavam Júpiter. Isso destruía a crença de que todos os objetos celestes orbitavam a Terra. Quer Júpiter orbitasse ou não a Terra, ali havia quatro objetos celestes – originalmente chamados de "estrelas" – que circundavam outro corpo no céu. Observações telescópicas posteriores incluiriam as fases de Vênus, que são previstas pelo sistema heliocêntrico, e manchas solares, que indicam a imperfeição de outro corpo "celeste".

O *Mensageiro das estrelas* endossa claramente o modelo heliocêntrico de Copérnico, mas não levanta nenhuma das questões teológicas que perturbariam a Igreja. Lendo o opúsculo hoje, vemos que é quase evidente que Galileu não percebeu que suas descobertas teriam alguma ramificação teológica. Ele logo desistiria dessa ideia. Nos anos seguintes, filósofos conservadores e membros do clero começaram a argumentar que Galileu era um herege porque acreditava que a Terra se movia, enquanto a Bíblia indicava claramente que não. Em vez de se envolver em uma controvérsia pública, Galileu tentou responder a essas acusações em privado, escrevendo longas cartas sobre o tema da relação entre Bíblia e ciência.

Uma dessas cartas foi escrita em 1615 para a viúva de Fernando de Médici, grão-duque da Toscana, um dos patronos de Galileu, em honra de quem ele havia batizado as luas de Júpiter. A carta ficou depois conhecida como "Carta à grã-duquesa Cristina". Nela, Galileu argumentou que, embora a Bíblia de fato devesse ser considerada infalível quando entendida corretamente, na realidade não há muito nela sobre questões de astronomia. Quando se mencionam coisas nela como o movimento aparente da Terra, devemos entender isso como uma linguagem que foi adequada para as pessoas da época e o lugar em que foi escrita. Talvez esse argumento em si pudesse ter aplacado alguns, mas Galileu continuou argumentando de formas que pareciam abalar a autoridade da escritura. Ele disse: "Acho que, nessa discussão de problemas físicos, deveríamos partir não da autoridade de passagens da escritura, mas de experiências dos sentidos e demonstrações necessárias" (ibid., 182). Esse foi um questionamento direto da primazia desfrutada pela Igreja como guardiã do conhecimento em todas as áreas da vida. A Reforma Protestante ainda estava fresca na mente dos líderes da Igreja Católica, e eles não iam deixar que algo como a experiência dos sentidos – ainda mais a experiência dos sentidos entregue por meio de um tubo com lentes dos dois lados – derrubasse o que eles sabiam ser verdade pela revelação.

As cartas de Galileu circularam amplamente, e a hierarquia da Igreja sentiu que precisava dar um fim ao destaque que a posição de Galileu estava ganhando. Em março de 1616, a Congregação do Índex publicou um decreto que declarava falsa a ideia de que a Terra se move. O cardeal Roberto Belarmino (com a autoridade da Inquisição) emitiu para Galileu uma notificação pessoal alertando-o de que não deveria manter ou defender tal teoria. Galileu era um bom católico e acreditava que a Igreja tinha o destino de sua alma eterna nas mãos. Por isso, ele a obedeceu até 1623, quando o cardeal Maffeo Barberini se tornou o Papa Urbano VIII. Barberini tinha sido receptivo a Galileu, então ele se sentiu livre para dar início a um grande projeto relacionado ao heliocentrismo.

> **Geocentrismo**
> A doutrina que afirma que a Terra é o centro do universo.
> **Heliocentrismo**
> A doutrina que afirma que o Sol é o centro do universo e, mais tarde, que o Sol é o centro do Sistema Solar.
> **Geocinetismo**
> A doutrina que afirma que a Terra se move em torno do Sol.

É justo lembrar que as objeções ao heliocentrismo não eram exclusivamente teológicas. A suposição de que a Terra se move criava dificuldades importantes para a física aceita na época. Por que não sentimos? Por que não há ventanias constantes? Por que projéteis não parecem ser afetados pelo movimento da Terra abaixo deles? Essas questões mostram que seria necessária uma grande reformulação do sistema de crenças geral para que o heliocentrismo fosse aceito. Galileu propôs-se a descrever uma visão de mundo abrangente que incorporasse as novas descobertas empíricas dentro do modelo de uma nova física e uma maneira de entendê-las teologicamente. Em 1632, ele publicou um livro como um diálogo entre três personagens, intitulado *Diálogo sobre os dois máximos sistemas do mundo. Ptolomaico e copernicano* (GALILEU, 1967). Galileu alegou que o livro não violava a advertência que havia recebido em 1616, uma vez que não defendia de fato a tese de que a Terra se move, mas apenas apresentava alguns argumentos favoráveis que são, em última instância, inconclusivos. Os inquisidores não entenderam assim, e Urbano VIII não defendeu Galileu. Por fim, ele foi condenado por "suspeita veemente de heresia", foi forçado a abjurar e sentenciado à prisão domiciliar pelo resto de sua vida. As crenças mais ofensivas foram a tese cosmológica de que a Terra se move e o princípio metodológico de que a Bíblia não é uma autoridade científica.

> **A abjuração forçada de Galileu**
> "Eu, Galileu, filho do falecido Vincenzo Galilei, de Florença, com idade de setenta anos, acusado pessoalmente ante este tribunal e ajoelhando-me diante de vós, Muito Eminentes e Reverendos Senhores Cardeais, Inquisidores-Gerais contra a depravação herética em toda a comunidade cristã, tendo à frente de meu olhos e tocando com minhas mãos os Santos Evangelhos, juro que sempre acreditei, acredito e pela ajuda de Deus acreditarei no futuro em tudo que é

> afirmado, pregado e ensinado pela Santa Igreja Católica e Apostólica. Mas, tendo em vista que, após ter sido intimado judicialmente por este Santo Ofício no sentido de que devo abandonar por completo a opinião falsa de que o Sol é o centro do mundo e imóvel e que a Terra não é o centro do mundo e se move, e que eu não devo afirmar, defender ou ensinar de forma alguma, oralmente ou por escrito, a referida falsa doutrina, e após ter sido notificado de que a dita doutrina era contrária à Sagrada Escritura, escrevi e imprimi um livro em que discuto essa nova doutrina já condenada e apresentei argumentos muito convincentes em seu favor, sem apresentar nenhuma solução para estes, fui julgado pelo Santo Ofício como veementemente suspeito de heresia, isto é, de ter afirmado e acreditado que o Sol é o centro do mundo e imóvel e que a Terra não é o centro e se move. Portanto, desejando remover da mente de vossas Eminências, e de todos os fiéis cristãos, essa veemente suspeita, concebida de forma justa contra mim, com coração sincero e fé autêntica eu abjuro, amaldiçoo e desprezo os referidos erros e as heresias [...]"
>
> Galileu leu a declaração e depois a assinou com o seguinte:
>
> "Eu, o referido Galileu Galilei, abjurei, jurei, prometi e me comprometi conforme acima; e, em testemunho dessa verdade, subscrevi de próprio punho o presente documento de minha abjuração e o li palavra por palavra em Roma, no convento de Minerva, neste dia vinte e dois de junho de 1633" (SANTILLANA, 1955, 312-313).

A conclusão científica de que a Terra se move foi certamente chocante para a mentalidade dos cristãos do século XVII. Mas talvez mais perturbadora tenha sido a segunda metade da acusação: de que a Bíblia não deveria ser usada como uma autoridade científica. Pode ser anacrônico dizer "científica" aqui, uma vez que nossa concepção atual de ciência é muito mais estreita do que a filosofia natural do século XVII. Claro que a Bíblia não contém fórmulas matemáticas e discursos sobre estruturas atômicas. No entanto, ela contém referências ao mundo natural que devam ser tomadas como infalíveis? Quando Josué diz que o sol parou (Js 10) ou o salmista diz que o Senhor firmou a terra inabalável sobre os alicerces (Sl 103), essas declarações têm implicações para teorias científicas? Em caso afirmativo, haveria definitivamente conflito entre a ciência de Galileu e a teologia do cristianismo ortodoxo. Mas o conflito é mais profundo do que isso.

Galileu achava que estava mitigando o conflito potencial entre suas teorias científicas e a Bíblia ao adotar uma estratégia hermenêutica que afirma uma independência entre elas. Em sua "Carta à grã-duquesa Cristina", ele afirmou: "A intenção do Espírito Santo [no papel de autor da Bíblia] é nos ensinar como se vai para o céu, não como o céu funciona" (DRAKE, 1957, 186). Na realidade, a tentativa de Galileu de escapar do conflito só o intensificou. O problema ocorreu não porque ele afirmou que algumas coisas na Bíblia não deviam ser tomadas tão literalmente. Essa é uma prática que havia sido aceita pela Igreja desde seu início.

Por exemplo, quando Deus é descrito como um rochedo (2Sm 22), ninguém defende uma interpretação literal. A verdadeira fonte de conflito entre a ciência e o cristianismo nesse episódio foi que Galileu, um cientista com posição de leigo na Igreja, estava tentando instruir outros sobre a forma como a Bíblia deveria ser interpretada. Isso era tarefa dos líderes da Igreja. E foi por isso que Galileu se tornou uma ameaça e teve de ser repreendido.

3. Independência

Em outros momentos na história da ciência e do cristianismo, os dois lados pareceram satisfeitos em seguir seus próprios caminhos sem interferir um no outro. Algumas pessoas tentaram tornar essa abordagem normativa para todas as interações entre ciência e cristianismo. Como disse Galileu, a ciência tenta descobrir como o mundo funciona, enquanto a Bíblia – e o cristianismo de modo mais geral – preocupa-se primariamente com a salvação das almas. Estas são práticas independentes e devem ser mantidas assim. Até mesmo o livro *Warfare* de White parece reconhecer em alguma medida um lugar legítimo para a religião desde que esta não tente interferir na ciência. Na introdução de sua obra, ele apresenta sua tese da seguinte forma:

> Em toda a história moderna, a interferência na ciência, com o suposto interesse da religião, por mais conscienciosa que tal interferência possa ter sido, resultou nos piores males, tanto para a religião como para a ciência, e isso invariavelmente; por outro lado, toda investigação científica sem entraves, por mais perigosos para a religião que alguns de seus estágios possam ter parecido na época, resultou invariavelmente no maior bem, tanto para a religião como para a ciência (WHITE, 1922, viii).

White parece dizer que, se simplesmente deixarmos a ciência fazer seu trabalho sem a interferência da religião, tanto a ciência como a religião podem se beneficiar. Essa abordagem é bem diferente da adotada por algumas das vozes antirreligião de hoje, que pedem a eliminação da religião. White afirmava que para fundar a Cornell University não era preciso abolir a religião, mas separá-la das motivações sectárias que estavam presentes demais nas outras principais universidades americanas. Ele não queria se preocupar, ao contratar um professor de matemática, ou de línguas, ou de química, em avaliar qual era a seita religiosa a que este pertencia. Esse tipo de abordagem, em sua opinião, impedia avanços, tanto no conhecimento científico como no âmbito religioso. Se a religião se mantivesse em sua esfera apropriada – o amor a Deus e ao próximo –, teria um crescimento mais forte e contínuo no mundo todo (ibid., xii).

Há pelo menos duas maneiras de entendermos ciência e cristianismo como independentes entre si. A primeira é que podem ambos estar investigando o mesmo tópico, mas têm diferentes métodos de investigação e podem chegar a diferentes tipos de respostas. Essas respostas, no entanto, não devem ser vistas como concorrentes, mas como modos diferentes de descrever a mesma coisa, talvez como um químico e um artista poderiam descrever o mesmo quadro em termos muito diferentes sem contradizer um ao outro. Uma versão extrema disso seria a teoria da dupla verdade, que costuma ser atribuída a Averróis, um dos mais importantes pensadores árabes da Idade Média.

> **Averróis (1126-1198)**
>
> Averróis, também conhecido como ibn-Rushd, viveu de 1126 a 1198. Foi um dos mais importantes pensadores árabes da Idade Média. Filósofo, médico, cientista, teólogo muçulmano e estudioso do Corão, sua influência sobre o pensamento cristão subsequente foi significativa e justifica sua inclusão neste estudo. De fato, Tomás de Aquino considerava que Averróis havia escrito os melhores comentários disponíveis sobre as obras de Aristóteles e se referia a ele simplesmente como "o comentador".

O conceito de dupla verdade de Averróis foi uma tentativa de conciliar a aprendizagem natural dos humanos com a verdade sobrenatural revelada do Corão. Ambas são vistas como duas "linguagens" diferentes, e não deveríamos nos surpreender se dissessem coisas diferentes. Aparentemente, alguns cristãos no século XIII entenderam que Averróis estava dizendo que duas afirmações poderiam ser verdadeiras mesmo que uma contradissesse claramente a outra. A posição real de Averróis era mais sofisticada que isso. Para ele, a doutrina da dupla verdade significava que uma afirmação poderia ter sentidos diferentes em diferentes níveis de descrição – um sentido filosófico literal e um sentido teológico alegórico ou figurativo. Averróis afirmava que o Corão tinha sido escrito para o grande público em uma linguagem alegórica. Portanto, na concepção dele, se filósofos naturais descobrissem que o mundo é diferente do que o Corão parecia estar dizendo, o conflito teria apenas o sentido aparente da escritura. Podemos ver uma aplicação disso na teologia cristã no século subsequente.

Em 1210, as obras de Aristóteles sobre filosofia natural foram banidas da Universidade de Paris porque se considerou que elas contradiziam os ensinamentos da escritura. Em 1255, elas voltaram para algumas listas de leitura, mas as autoridades ainda tentavam banir certos conceitos contidos nelas. Um dos mais destacados conceitos se referia à eternidade do mundo. De acordo com a teologia cristã, o mundo foi criado em algum momento no passado. No entanto era difícil conciliar essa ideia com a filosofia natural da época, que era dominada pelo entendimento aristotélico. (Foi apenas no século XX que a eternidade do mundo foi seriamente questionada por evidências científicas.) Poderia a doutrina da dupla verdade ser usada para que ambos os conceitos fossem aceitos? Siger de Brabant (1240-1284) foi um dos defensores vigorosos da visão aristotélica na Universidade de Paris que tentou fazer exatamente isso. Ele quis afirmar a eternidade do mundo por uma perspectiva científica, mesmo que isso contradissesse os ensinamentos da Igreja. Mas a Igreja não aceitou essa abordagem. Em 1270, o bispo Estêvão Tempier foi convencido pelas facções mais conservadoras a condenar treze artigos tirados de Aristóteles e Averróis. A condenação pareceu focar especificamente em Siger. Se o objetivo fosse manter a ciência e a religião independentes, essa visão da dupla verdade não seria o modo de conseguir isso. Mas há outra versão de independência a ser considerada.

Em vez de ver ciência e cristianismo como independentes porque apresentam modos diferentes de falar sobre a mesma coisa, pode-se tentar confinar ciência e teologia cristã a diferentes objetos de estudo. Depois das condenações de Tempier, o corpo docente de artes da universidade (que incluía os que estudavam filosofia natural) tentou evitar conflito com o corpo docente de teologia fazendo cada um dos professores jurar que nem sequer tocaria em questões teológicas referentes a temas como trindade ou encarnação. Há algo de moderno nessa tentativa de demarcar os limites de investigação de diferentes disciplinas. No contexto da poderosa Igreja da Idade Média, a facção conservadora continuou a pressionar, até as deploráveis e ainda mais fortes condenações do bispo Tempier em 1277. O impulso para ver ciência e teologia como métodos de investigação independentes foi sufocado, como voltaria a ser com Galileu no século XVII. Entretanto, com o tempo, a hegemonia da Igreja em relação à investigação acadêmica seria rompida e, então, a perspectiva para a ideia de independência passaria a ser diferente.

O eminente biólogo evolucionista americano Stephen Jay Gould (1941-2002), do século XX, defendeu uma abordagem para ciência e religião que ele denominou de NOMA, um acrônimo para "*non-overlapping magisteria*", ou "magistérios não interferentes". Ele afirmava que a religião e a ciência são, ambas, métodos legítimos de investigação, que, no entanto, devem ser restritos a esferas separadas. O modo como essas linhas de fronteira foram traçadas no final do século XX mostra que o magistério da ciência é o mundo natural e o da religião são os valores. Com base nessa visão, tornou-se ilegítimo usar a Bíblia para corrigir cientistas a respeito do mundo natural. Gould afirmou:

Portanto – e aqui chegamos ao ponto-chave –, se alguma contradição parece surgir entre um resultado científico bem validado e uma leitura convencional da escritura, é melhor reconsiderarmos nossa exegese, pois o mundo natural não mente, mas palavras podem transmitir muitos significados, alguns alegóricos ou metafóricos [...]. Nesse sentido crucial, os magistérios se separam e a ciência tem o controle sobre o caráter factual do mundo natural (1999, 21-22).

Seria possível alegar que sua teoria é irremediavelmente idealista e que a religião e a Bíblia têm algo a dizer sobre o modo como as coisas são no mundo natural, mas a teoria de Gould é mais sofisticada do que a forma como é às vezes apresentada. Ele admite que há contato entre esses dois magistérios e até mesmo que eles são absolutamente inseparáveis, ao mesmo tempo em que afirma que eles são profundamente diferentes (ibid., 65-67).

Gould cita as diferentes atitudes de dois papas do século XX em relação ao tema da evolução humana como exemplo de como sua abordagem deveria e não deveria funcionar na prática. O primeiro exemplo é o modelo negativo: o papa Pio XII publicou uma encíclica em 1950 intitulada *Humani generis*. Nela, ele admite que pode ser permitido que os cientistas investiguem as origens do corpo humano segundo as linhas sugeridas pela evolução, mas que a fé católica nos obriga a ver a alma humana como uma criação não mediada de Deus (PIO XII, 1950, 36). Há consequências dessa posição que interferem nos achados da ciência. Pio XII afirmou:

> Pois os fiéis cristãos não podem abraçar a teoria de que depois de Adão tenha havido na Terra verdadeiros homens não procedentes do mesmo protoparente por geração natural, ou, ainda, que Adão represente o conjunto dos primeiros pais, uma vez que não se vê claro de que modo tal afirmação pode harmonizar-se com o que as fontes da verdade revelada e os documentos do magistério da Igreja ensinam acerca do pecado original, que procede do pecado verdadeiramente cometido por um só Adão e que, transmitindo-se a todos os homens pela geração, é próprio de cada um deles (PIO XII, 1950, 37).

Ainda que Pio XII conceda algum espaço para que a investigação científica avance de acordo com suas próprias regras, é a Igreja que determina quanto espaço a ciência tem.

A mensagem do papa João Paulo II em 1996 parece reverter a autoridade nessa esfera de investigação. Ele primeiro reconhece que, desde a encíclica de Pio XII em 1950, os dados em favor da evolução tornaram a resistência impossível. Em seguida, ele admite que é a ciência que determina os limites da interpretação bíblica aceitável.

Convém delimitar bem o sentido próprio da Escritura, descartando interpretações indevidas que a fariam afirmar o que não tem intenção de afirmar. Para delimitar bem o campo de seu objeto próprio, o exegeta e o teólogo devem se manter informados acerca dos resultados a que chegam as ciências da natureza (JOÃO PAULO II, 1996, 3).

Gould interpreta a orientação de João Paulo de estabelecer limites apropriados para a interpretação bíblica e a teologia como o estabelecimento de uma esfera independente para a ciência. Mas, para uma questão como a natureza dos seres humanos, é difícil ver como esses dois métodos de investigação diferentes podem se manter totalmente separados. Precisamos encontrar uma maneira de incorporar as noções dessas duas disciplinas diferentes sem cair no método da dupla verdade de Averróis.

4. Dois Livros

Antes de White e Draper alterarem a percepção do público sobre a relação entre ciência e religião ao trazer a metáfora do conflito para o primeiro plano, a conversa era dominada por uma metáfora diferente: a dos Dois Livros. Esta é a ideia de que Deus proporcionou informações ou revelações para os humanos por meio de duas fontes diferentes, porém coordenadas: o livro da palavra de Deus (isto é, a Bíblia) e o livro do mundo de Deus (isto é, a criação). As raízes dessa metáfora remontam aos primeiros séculos da era cristã e a pensadores cristãos importantes como Justino Mártir, Ireneu de Lyon, Tertuliano e Orígenes. Todos eles reconhecem a revelação de Deus na natureza além da revelação na escritura.

O primeiro uso claro da metáfora talvez seja encontrado em João Crisóstomo (c. 347-407). Ele disse:

> Se Deus tivesse dado instruções por meio de livros, e de cartas, aquele que conhecesse as letras teria aprendido o que estava escrito, mas os iletrados teriam passado sem receber nenhum benefício [...]. Isso, no entanto, não pode ser dito em relação ao céu, e os citas, os bárbaros, os indianos, os egípcios e todo homem que caminha sobre a Terra podem ouvir essa voz; pois não por meio dos ouvidos, mas pela visão, ela alcança nosso entendimento [...]. Nesse livro, os não instruídos, tanto quanto os sábios, podem ver, e sempre que alguém vier e olhar para cima em direção ao céu, receberá uma lição suficiente pela visão dele (Homilia IX.5, citada em HESS, 2003, 127-128).

Ao longo de toda a Idade Média, muitos pensadores cristãos repetiram a ideia de que, embora o aprendizado nos livros estivesse disponível apenas para a classe privilegiada dos letrados que tinham acesso à Bíblia, o "livro da natureza" estava disponível para todos. A Bíblia era de difícil compreensão para a pessoa média, mas todos podiam "ler" o que Deus havia escrito na natureza. Portanto, como são Paulo afirmou em Romanos 1, "não há desculpas", porque Deus pode ser reconhecido na criação (a teologia natural é examinada mais detalhadamente no capítulo 7).

Dois acontecimentos ajudaram a impulsionar a civilização ocidental para a era moderna e viraram essa fórmula de cabeça para baixo. A princípio, a Reforma Protestante (que foi alimentada pelo advento da imprensa e pelo aumento dos índices de alfabetização) tornou a Bíblia mais amplamente disponível para o público em seus próprios idiomas. Não era mais competência exclusiva dos especialistas da Igreja ler e interpretar a Bíblia. Como vimos no episódio de Galileu, a Igreja tentou se agarrar a esse privilégio, mas a difusão do protestantismo acabou possibilitando que todos lessem a Bíblia, e, claro, nem todos interpretariam sua mensagem do mesmo modo. Assim, hoje, há milhares de diferentes denominações cristãs.

Também, o amplo acesso à leitura do livro da natureza foi drasticamente reduzido pelo sucesso da Revolução Científica. A ciência se tornou um conjunto de disciplinas profissionalizadas e especializadas para as quais só uns poucos podiam realmente contribuir. A situação hoje é que há uma classe "sacerdotal" de cientistas que disseminam para as massas o conhecimento que eles obtiveram sobre como a natureza funciona. Poucos de nós hoje poderiam observar o céu e construir o modelo heliocêntrico do sistema solar, quanto mais desenvolver a mecânica quântica ou a teoria das cordas. Assim como as pessoas iletradas na Idade Média dependiam dos especialistas da Igreja para ler e interpretar o livro da escritura, hoje temos que nos voltar aos especialistas da ciência para ler e interpretar o livro da natureza para nós.

Para ser justo, para levar a interpretação da escritura a sério, também precisamos nos voltar para os especialistas nessa disciplina. Entender os idiomas originais e os contextos culturais é necessário para qualquer interpretação responsável da Bíblia. Portanto, a metáfora dos Dois Livros tornou-se menos objetiva. A questão é que eles não são apenas materiais que se apresentam com um conteúdo óbvio. Tanto o mundo como a Bíblia precisam ser interpretados. Essa situação dá origem a conexões e linhas de influência entre ciência e cristianismo que são mais sutis que conflitos ou independência diretos. No próximo capítulo, vamos examinar algumas dessas conexões.

> **Resumo dos pontos principais**
> 1. A tipologia-padrão da forma como a ciência e a religião podem se relacionar é composta de conflito, independência, diálogo e integração.
> 2. O conflito de Galileu com a Igreja derivou não tanto de suas descobertas científicas, mas de sua tentativa, como leigo, de interpretar a Bíblia.
> 3. As investigações científicas e religiosas podem ser independentes porque usam métodos e linguagens diferentes para explicar os mesmos fenômenos ou porque investigam fenômenos diferentes.
> 4. Deus forneceu duas fontes de revelação: o mundo natural e a Bíblia.

Leituras adicionais

- BROOKE, John Hedley. *Science and Religion: Some Historical Perspectives*. Cambridge: Cambridge University Press, 1991. Um livro-padrão, importante para entender como tem sido a interação entre ciência e religião.
- HALLANGER, Nathan J. "Ian G. Barbour". In: *The Blackwell Companion to Science and Christianity*. STUMP, J. B.; PADGETT, Alan G. (org.). Malden: Wiley-Blackwell, 2012. Uma visão geral útil da contribuição de Barbour para a disciplina da ciência e da religião.
- HESS, Peter M. J. "God's Two Books. Special Revelation and Natural Science in the Christian West". In: *Bridging Science and Religion*. PETERS, Ted; BENNETT, Gaymon (org.). Minneapolis: Fortress Press, 2003. Um artigo que examina a história da metáfora dos Dois Livros para ciência e religião.
- LINDBERG, David C.; NUMBERS, Ronald L. (org.). *When Science and Christianity Meet*. Chicago: University of Chicago Press, 2003. Uma coleção de artigos que discutem estudos de casos históricos que exemplificam a complexidade da relação ciência-cristianismo.
- STENMARK, Mikael. "How to Relate Christian Faith and Science". In: *The Blackwell Companion to Science and Christianity*. STUMP, J. B.; PADGETT, Alan G. (org.). Malden, Wiley-Blackwell, 2012. Um artigo que examina outras dimensões da relação entre ciência e fé.

Referências bibliográficas

BARBOUR, Ian. *Issues in Science and Religion*. Nova York: Prentice-Hall, 1966.

_____. *Myths, Models and Paradigms*. Nova York: Harper & Row, 1974.

_____. *Religion in an Age of Science*. San Francisco: HarperSanFrancisco, 1990.

BERG, Christian. "Barbour's Way(s) of Relating Science and Theology". In: *Fifty Years in Science and Religion: Ian G. Barbour and His Legacy*. RUSSELL, Robert John (org.). Aldershot: Ashgate, 2004, 61-75.

BROOKE, John Hedley. *Science and Religion. Some Historical Perspectives*. Cambridge: Cambridge University Press, 1991.

DRAKE, Stillman (org.). *Discoveries and Opinions of Galileo*. Garden City: Doubleday Anchor Books, 1957.

DRAPER, John William. *History of the Conflict between Religion and Science*. Nova York: D. Appleton and Company, 1896.

GALILEI, Galileo. *Dialogue Concerning the Two Chief World Systems: Ptolemaic and Copernican*. Trad. Stillman Drake. Berkeley: University of California Press, ²1967.

GOULD, Stephen Jay. *Rocks of Ages: Science and Religion in the Fullness of Life*. Nova York: Ballantine Books, 1999.

HESS, Peter M. J. "God's Two Books: Special Revelation and Natural Science in the Christian West". In: *Bridging Science and Religion*. PETERS, Ted; BENNETT, Gaymon (org.). Minneapolis: Fortress Press, 2003.

JOÃO PAULO II. "Message to the Pontifical Academy of Sciences on Evolution", 1996. Disponível em: <http://www.ewtn.com/library/papaldoc/jp961022.htm>. Acesso em: 17 fev. 2016.

NUMBERS, Ronald L. "Simplifying Complexity: Patterns in the History of Science and Religion". In: *Science and Religion: New Historical Perspectives*. DIXON, Thomas; CANTOR, Geoffrey; PUMFREY, Stephen (org.). Cambridge: Cambridge University Press, 2010.

PETERS, Ted. "Theology and Science: Where Are We?". *Zygon*, v. 31, n. 2 (1996), 323-343.

PIO XII. *Humani generis*, 1950. Disponível em: <http://w2.vatican.va/content/pius-xii/en/encyclicals/documents/hf_p-xii_enc_12081950_humani-generis.html>. Acesso em: 17 fev. 2016.

SANTILLANA, Giorgio de. *The Crime of Galileo*. Chicago: University of Chicago Press, 1955.

STENMARK, Mikael. "How to Relate Christian Faith and Science". In: *The Blackwell Companion to Science and Christianity*. STUMP, J. B.; PADGETT, Alan G. (org.). Malden: Wiley-Blackwell, 2012.

WHITE, Andrew Dickson. *A History of the Warfare of Science with Theology in Christendom*. Nova York: D. Appleton and Company, 1922.

CAPÍTULO 2

Cristianismo e a origem da ciência moderna

Em 1633, quando Galileu foi forçado a abjurar e foi sentenciado à prisão domiciliar, um homem mais jovem na França havia acabado de preparar um livro científico para publicação. René Descartes (1596-1650) estava interessado na ciência emergente, e seu manuscrito *O mundo* adotava o modelo heliocêntrico do universo. Mas Descartes era católico e não viu razão para destruir sua carreira indo contra a Igreja; decidiu, então, não publicar o livro.

Mesmo assim, o trabalho de Descartes durante a década seguinte deu importantes contribuições para a Revolução Científica. Ele recebeu o crédito por desenvolver soluções algébricas para problemas geométricos (ainda usamos o sistema de coordenadas cartesiano em geometria) e desenvolveu uma concepção de matéria que, se não estava totalmente correta, foi um avanço no projeto de explicar a realidade física por suas estruturas mecânicas subjacentes. Entretanto Descartes é mais lembrado hoje pelo que chamaríamos de trabalho filosófico. A distinção que fazemos entre ciência e filosofia não era reconhecida (nem mesmo inteiramente entendida) na época de Descartes. De fato, o que chamamos de ciência hoje ainda era chamado de filosofia natural no século XVII. A distinção importante para as pessoas era entre razão e revelação. A ciência e a filosofia eram tentativas sistemáticas de aprender coisas sobre o mundo (incluindo os seres humanos) usando nossa razão natural por si só, e a teologia era a disciplina (também chamada de ciência) que se apoiava na revelação sobrenatural. Isso corresponde à metáfora dos Dois Livros que vimos na conclusão do capítulo anterior.

Descartes via um tipo de relação entre essas duas disciplinas que era diferente das abordagens de conflito ou independência. Em sua obra filosófica mais duradoura, *Meditações sobre filosofia primeira*, ou *Meditações metafísicas*, ele escreveu uma carta dedicatória para o corpo docente de teologia da Universidade de Paris descrevendo essa relação. Segue um trecho da carta:

> Sempre pensei que duas questões – quais sejam, Deus e a alma – são as mais importantes entre as que devem ser demonstradas com a ajuda da filosofia em vez da teologia. Pois, embora seja suficiente para nós, que cremos, acreditar por meio da fé que a alma humana não morre com o corpo e que Deus existe, certamente nenhum dos que não creem parece capaz de ser persuadido de qualquer religião, ou mesmo de quase qualquer virtude moral, até que essas duas questões sejam primeiro provadas a eles pela razão natural (DESCARTES, 1984, vols. 2, 3).

A existência de Deus e a imortalidade da alma são duas das doutrinas fundacionais da religião; no entanto, de acordo com Descartes, os que não creem não vão acreditar nelas apenas por recorrermos ao argumento da revelação. Mas ele achava que poderia prová-las por meio do uso da razão natural. Assim, Descartes ofereceu seus serviços à Igreja. Ele não afirmava ter produzido uma nova doutrina (pelo menos, esperava que a Igreja não visse desse modo), mas apenas dizia que poderia dar uma justificação racional para o que a fé nos diz que é verdadeiro. Nesse sentido, a razão natural (ciência e filosofia) poderia ser chamada de "serva da teologia".

Segundo essa metáfora, a ciência e a religião não estariam em conflito entre si, nem seriam independentes uma da outra. Em vez disso, as duas têm alguma sobreposição, trabalham juntas e até influenciam uma à outra. Neste capítulo e no próximo, vamos examinar alguns dos grandes temas da história da ciência e do cristianismo em que seria possível afirmar de maneira bastante plausível que a ciência e o cristianismo influenciaram um ao outro de forma significativa. Primeiro, vamos ver um pouco do histórico da metáfora da serva.

> **Questões a serem abordadas neste capítulo**
> 1. Quais são as fontes clássicas da metáfora da serva?
> 2. Como os historiadores do século XX entendem o papel da teologia cristã no desenvolvimento da ciência moderna?
> 3. Quais são as perspectivas mais recentes sobre o cristianismo e o desenvolvimento da ciência moderna?

1. A serva da teologia

Fílon, o pensador judeu de Alexandria do século I, é considerado o pai da metáfora da serva. Ele afirmava que as disciplinas seculares não deveriam ser estudadas por si, mas apenas como meio de entender melhor a escritura e a teologia

(GRANT, 2004, 105). Ele foi influente para pensadores cristãos posteriores, e Justino Mártir (c. 100-165) talvez tenha sido o primeiro dos pais da Igreja a adotar sua abordagem. Também vemos Clemente de Alexandria (c. 150-215) apresentando uma defesa explícita da metáfora da serva. Ele chamou o Livro I, Capítulo 5, de seu *Stromata* (ou *Miscelâneas*) de "Filosofia, a serva da teologia", afirmando que a erudição dos gregos pode ter sido uma preparação para a verdadeira teologia cristã. Comparou a erudição secular com Hagar, a serva de Sara na história do Antigo Testamento. Quando Abraão disse à Sara: "A criada está em tuas mãos; faze dela o que bem te aprouver" (Gn 16,6), Clemente interpretou isso como "Eu recebo a cultura secular como jovem e como uma serva; mas teu conhecimento eu honro e reverencio como verdadeira esposa" (*Stromata* I:V; Early Christian Writings, 2016).

Foi Agostinho (354-430) que apresentou a formulação clássica da tradição da serva para o Ocidente. Ele justificou a abordagem de usar recursos não cristãos fazendo uma referência alegórica a outra história do Antigo Testamento. Quando o Faraó finalmente permitiu que os escravos hebreus deixassem o Egito, Moisés mandou o povo pedir roupas e artigos de ouro e prata a seus vizinhos egípcios. "E Javé despertou a simpatia do povo aos olhos dos egípcios, os quais lhe deram o que pediam. Assim despojaram eles os egípcios" (Ex 12,36). Agostinho disse que usar uma sabedoria secular para ampliar nosso entendimento da teologia é "despojar os egípcios", mas ele achava que isso deveria ser feito com cautela, pois há pouca sabedoria secular de muita importância ou útil para a doutrina cristã. (Ver citação no quadro.)

Agostinho sobre a sabedoria secular

"Pelo exposto, parece-me salutar fazer estas recomendações aos jovens estudiosos, inteligentes e tementes a Deus, que procuram a vida bem-aventurada: que não se arrisquem sob o pretexto de tender à vida feliz e que não se dediquem a seguir temerariamente doutrina alguma das que praticam fora da Igreja de Cristo, mas que as examinem com esmero e diligência. E se encontrarem alguma doutrina de instituição humana, diversificada graças a várias intenções de seus promotores, e ademais pouco conhecidas por causa das opiniões dos que se desviam, e sobretudo se encontrarem essas doutrinas associadas aos demônios por meio de uma espécie de pacto ou convenções fundamentadas em certos signos, eles devem repudiá-las e detestá-las por completo. Que se afastem tambem do estudo das doutrinas instituídas pelos homens se forem supérfluas ou de pura luxúria. Quanto às outras doutrinas estabelecidas pelos homens, que servem para a convivência da sociedade, que não se desinteressem delas, enquanto o exigir a necessidade desta vida. Em referência às demais ciências que se encontram entre os gentios, fora a história das coisas passadas ou presentes, e pertencentes aos sentidos do corpo, e além disso

> às ciências que se ajustam às experiências e conjecturas das artes mecânicas úteis, excetuadas também a lógica e a matemática, julgo não terem elas nada de útil. Em todas essas ciências se há de observar a máxima 'nada em excesso', sobretudo quanto às ciências relacionadas aos sentidos corporais e que se desenvolvem no tempo e ocupam lugar no espaço."[1] (AGOSTINHO, 2016a).

Quase mil anos depois de Agostinho, a metáfora continuou a ter sucesso em proporcionar um modelo para entender a relação entre sabedoria secular e revelação. Tomás de Aquino (1225-1274) é tradicionalmente interpretado como se tivesse considerado a razão natural uma serva da teologia, ou o que ele chamava em latim de *ancilla theologiae*. O modo exato como isso funcionava para sua visão da relação entre filosofia natural e revelação é ponto de alguma divergência entre os estudiosos atuais. Aquino afirmou que algumas verdades da fé (como a afirmação de que Deus é uma Trindade) só podem ser conhecidas por meio da revelação, mas outras (como a existência de Deus) podem ser demonstradas pelo uso da razão. É tentador ler já em Aquino a abordagem moderna de Descartes e seu uso da razão natural por si só para provar algumas verdades da fé. No entanto isso seria anacrônico. O mais próximo que Aquino chegou dessa abordagem foi em seu *Summa Contra Gentiles*, em que ele afirmou que sua intenção era mostrar "como a verdade que aprendemos pela demonstração está de acordo com a religião cristã" (AQUINO, 1975 (1.2.4), 63). Ou seja, as coisas que podemos provar por meio da razão são coerentes com as verdades reveladas. As duas não podem contradizer uma à outra. A razão complementa a revelação e ajuda em sua defesa. Aquino não afirmou que os artigos de fé podem ser provados pela razão, mas, sim, que objeções à fé podem ser respondidas com a razão: "Se seu oponente não acreditar em nada da revelação divina, não haverá mais nenhum meio de provar os artigos da fé pela razão, mas apenas de responder a suas objeções – se ele tiver alguma – contra a fé" (*Summa Theologica* I.1.8, AQUINO, 2016b).

Outros fizeram uma interpretação diferente do pensamento de Aquino em relação a essa questão. Uma das características de sua obra foi estabelecer os lugares adequados para a razão e a revelação. Como tal, ele posicionou a teologia como uma ciência independente, distinta dos outros saberes. Edward Grant entende que isso confere automaticamente autonomia para a filosofia natural também. "A emergência da teologia como uma ciência independente na segunda metade do século XIII teve um corolário não pretendido: uma garantia de que a

---

1. SANTO AGOSTINHO. *Patrística: a doutrina cristã*. Trad. Irmã Nair de Assis Oliveira. São Paulo: Paulus, 2002. (N. da T.)

filosofia natural também seria vista como uma ciência independente" (GRANT, 2004, 187). A interpretação de Grant sugere que Aquino estaria mais à vontade com a tese da independência discutida no capítulo anterior. Mas, embora haja alguma legitimidade em ver a separação da teologia como um passo importante para o desenvolvimento da ciência moderna, é difícil afirmar que Aquino acreditasse que a relação apropriada entre elas seria o tipo de independência que Stephen Jay Gould tinha em mente (conforme discutido no capítulo 1). Seria mais preciso dizer que, para Aquino, a filosofia natural desempenhava um papel importante na demonstração e na justificação de verdades teológicas. Veremos a seguir que esse papel da filosofia natural foi importante para o desenvolvimento da ciência moderna.

> **Roger Bacon (c. 1220-1294)**
>
> Um precursor do método científico moderno. Foi professor em Paris e, depois, um frade franciscano na Inglaterra que enfatizava o estudo da natureza por métodos empíricos. Contribuiu para nosso entendimento da óptica, para a reforma do calendário e, talvez, para a descoberta da pólvora. (Não confundir com Francis Bacon [1561-1626], que também foi uma figura importante no desenvolvimento da ciência moderna.)

Um contemporâneo de Aquino no século XIII foi Roger Bacon. Na narrativa do conflito entre ciência e cristianismo, Bacon é frequentemente apresentado como um dos heróis da ciência em desenvolvimento. No capítulo anterior, encontramos Andrew Dickson White, que teve uma responsabilidade significativa por criar e perpetuar a narrativa do conflito. Ele pintou uma imagem de Bacon como um personagem racional solitário lutando contra o espírito irracional de seu tempo.

> Em uma época em que se considerava que apenas o estudo das sutilezas teológicas poderia dar o título de erudito, [Bacon] insistiu na razão real e no auxílio da ciência natural pela matemática; em uma época em que a experimentação certamente custaria a um homem sua reputação e talvez sua vida, ele insistiu em experimentar, e enfrentou todos os riscos [...] Os homens mais conscienciosos de seu tempo acharam que era sua obrigação combatê-lo, e o fizeram de modo duro e constante (WHITE, 1922, 387).

É verdade que Bacon foi censurado por aqueles na Igreja que achavam que o novo pensamento científico desviaria as pessoas da busca da verdade. E ele esteve na linha de frente do movimento para incorporar o estudo de Aristóteles na teologia cristã. Mas o consenso acadêmico hoje é que Bacon foi inteiramente um pensador medieval, e não a vanguarda da modernidade.

A defesa do novo saber para Bacon acontecia apenas em termos utilitários: ele poderia servir à Igreja. "Em nenhum de seus escritos há sequer uma sugestão de uma preferência por uma disciplina filosófica autônoma" (LINDBERG, 1987, 534). O próprio Bacon escreveu: "[...] a filosofia dos que não creem é essencialmente prejudicial e não tem valor considerado por si. Pois a filosofia em si leva à cegueira do inferno e, portanto, deve ser, por si própria, escuridão e névoa" (1928, 74). Mas ele via que o saber dos pagãos poderia ser usado para ajudar a missão da Igreja. A matemática era a base das outras ciências, portanto era importante para entendê-las. E, de uma maneira que faz lembrar Platão, Bacon também acreditava que o estudo da matemática em si era capaz de elevar a mente e prepará-la para o conhecimento mais elevado das coisas celestiais. A astronomia pôde ser usada para corrigir o calendário da Igreja. A óptica – para cujo entendimento Bacon contribuiu de maneira significativa – podia ser usada para construir espelhos e outros instrumentos ópticos por meio dos quais era possível incitar terror nos incrédulos, e as terras cristãs podiam ser defendidas de invasores. Até mesmo a astrologia – uma ciência respeitada na época de Bacon – poderia ser usada para prever o futuro e ajudar a compreender o fim dos tempos. Tudo isso deveria ser usado para compreender a escritura.

O objetivo de Bacon não era desenvolver um caminho independente para o saber secular, mas obter esse saber dos pagãos para que ele pudesse servir à Igreja. Como tal, o que chamamos hoje de ciência era claramente a serva subserviente da teologia no entendimento de Bacon sobre a relação entre ambas. Pensadores cristãos durante toda a Idade Média subordinaram consistentemente a razão natural ao que eles acreditavam que Deus houvesse revelado. Nessa relação subordinada, porém, encontramos um dos casos mais plausíveis de teologia cristã influenciando a ciência. Na próxima seção, vamos examinar como historiadores recentes entenderam o papel que o cristianismo desempenhou no desenvolvimento da ciência moderna.

2. O papel do cristianismo na ascensão da ciência moderna: visões do século XX

Não se discute o fato de que a ciência moderna se desenvolveu no Ocidente cristão. A questão é se isso foi meramente um acidente da história ou se havia algo inerente e único no pensamento cristão que permitiu que o pensamento científico florescesse nesse ambiente. Outras culturas pareciam estar mais à frente no caminho do desenvolvimento científico no mundo antigo. Contudo suas tentativas de parir a ciência foram "natimortas", para usar a expressão de Stanley Jaki (que encontraremos a seguir). A Revolução Científica ocorreu na Europa cristianizada dos séculos XVI e XVII.

Mesmo no início do século XX, ainda havia a sensação de que a ciência era um fenômeno exclusivamente ocidental; as culturas da China, da Índia e do Oriente Médio não pareciam tão interessadas. Nesse sentido, não é mais surpreendente que a ciência moderna não tenha se desenvolvido nesses lugares do que o jogo de críquete não ter se desenvolvido em Indiana. As populações locais simplesmente não tinham um gosto por isso. O mesmo não pode ser dito da ciência no Oriente agora.

Os corpos docentes de ciências em grandes universidades dedicadas à pesquisa atualmente incluem um grande número (se não uma preponderância) de nomes de origem asiática. E, em campos de tecnologia e ciência aplicada, como medicina e informática, é cada vez maior a probabilidade de encontrarmos profissionais do mais alto nível do Sudeste Asiático ou do Oriente Médio. Ainda que os países dessas áreas não tenham adquirido uniformemente um espírito científico e suas visões de mundo apresentem um sincretismo notável com sistemas de crenças tradicionais, há um número significativo de pessoas dentro de suas fronteiras que adotaram uma perspectiva científica. Já não parece haver uma desconexão entre o histórico étnico e cultural das pessoas do Oriente e a ciência. Na verdade, parece até ocorrer o oposto. Portanto, se esses países podem apoiar a ciência, continuamos tentando descobrir por que a ciência moderna não se desenvolveu neles no passado.

A história da ciência surgiu como uma disciplina acadêmica profissional, em grande medida, em conexão com essa questão da origem da ciência moderna. O século XX produziu um conjunto de trabalhos consideráveis sobre esse tema, e há muitas facetas em sua interpretação. Estamos considerando aqui o ponto controverso de quanta influência o cristianismo teve sobre o desenvolvimento da ciência moderna.

Os escritos dos teóricos do conflito que mencionamos – Draper e White – dão o tom para boa parte da perspectiva histórica dos autores do século XX, ao afirmar que foi apesar da influência do cristianismo, e não por causa dela, que a ciência se desenvolveu dentro de um contexto cristão. Essa ideia encontrou ouvidos receptivos entre os filósofos de inclinação científica. Escrevendo em 1922, Bertrand Russell disse: "Embora a civilização chinesa tenha até aqui sido deficiente em ciência, ela nunca conteve nada hostil à ciência; portanto, a difusão do conhecimento científico não encontra obstáculos como os que a Igreja colocou em seu caminho na Europa" (RUSSELL, 2007, 193). Essa percepção sugere que teria sido mais fácil para a ciência se desenvolver na China, onde havia uma civilização mais antiga, uma população maior da qual poderiam surgir talentos científicos e mesmo inovações tecnológicas anteriores aos seus equivalentes na Europa para coisas como a imprensa de tipos móveis, a bússola magnética e a pólvora. Então, por que isso não aconteceu?

No ambiente politicamente correto da última parte do século XX, tornou-se costumeiro demonstrar respeito por culturas não ocidentais procurando e alardeando suas realizações científicas que haviam sido deixadas de fora dos livros de história padrão. A Índia, assim como a China, teve civilizações antigas com um grande número de pessoas e pôde reivindicar para si inovações significativas no campo da matemática. Carl Sagan chegou a ver no antigo hinduísmo da Índia a possibilidade de consonância com a teoria do universo oscilante (que era uma opção científica legítima quando ele estava escrevendo):

> A religião hindu é a única das grandes tradições de fé do mundo dedicada à ideia de que o próprio Cosmo passa por um número imenso, na verdade infinito, de mortes e renascimentos. É a única religião em que as escalas de tempo correspondem às da cosmologia científica moderna. Seus ciclos vão de nosso dia e noite comuns a um dia e noite de Brahma, que tem uma duração de 8,64 bilhões de anos (SAGAN, 1985, 213).

Contudo, uma vez mais, temos de perguntar por que, se os indianos e chineses antigos eram tão cientificamente astutos, não foram eles a descobrir o heliocentrismo, as leis do movimento ou a tabela periódica dos elementos?

Essa foi precisamente a pergunta que Joseph Needham (1900-1995), certamente o maior especialista ocidental na história da ciência na China, dedicou sua carreira acadêmica a responder, chamando-a de "a grande pergunta". Sem dúvida, qualquer resposta a essa pergunta seria complexa. Needham achou que uma grande parte da resposta pode ser encontrada nas diferentes estruturas sociais e governamentais da China, mas também deu um lugar importante à diferente concepção de Deus na cultura chinesa, sobre a qual fez as duas observações a seguir.

> A primeira é que a despersonalização de Deus no pensamento chinês antigo aconteceu tão cedo, e foi tão longe, que a concepção de um legislador celestial divino impondo regras à natureza não humana nunca se desenvolveu. A segunda é que o ser espiritual mais elevado já conhecido e cultuado na China não foi um criador no sentido compreendido pelos hebreus e pelos gregos. Não porque não houvesse ordem na natureza para os chineses, mas essa não era uma ordem determinada por um ser pessoal racional. Assim, não havia nenhuma convicção de que seres pessoais racionais pudessem ser capazes de expressar, em suas linguagens terrenas inferiores, o código de leis divino que ele havia previamente decretado (NEEDHAM, 1978, 305).

Mesmo antes da extensa pesquisa de Needham sobre a cultura e o contexto da China antiga, o filósofo inglês Alfred North Whitehead (1861-1947) chegou a uma conclusão similar a respeito dos requisitos mais gerais para o desenvolvimento da ciência. Em seu livro de 1925, *A ciência e o mundo moderno*, ele argumentou que uma condição necessária para o desenvolvimento da ciência moderna nos séculos XVI e XVII foi a fé na ordem da natureza. Parte disso foi herdada da tradição grega, que via uma ordem moral no mundo em termos de destino. Essa ideia foi transformada pelos estoicos em uma noção de ordem mais difusa que veio a permear a mente medieval. Embora a racionalidade da Idade Média seja, às vezes, caricaturada, dando destaque a argumentações cuidadosamente detalhadas sobre quantos anjos podem dançar na cabeça de um alfinete, Whitehead afirma que "A Idade Média foi um longo e contínuo treinamento do intelecto da Europa ocidental sobre o sentido da ordem" (WHITEHEAD, 1925, 12).

Além desse compromisso mental subjacente com a ordem que pode remontar aos gregos, Whitehead argumentou que a maior contribuição do medievalismo para o desenvolvimento da ciência moderna veio de sua crença no deus judaico-cristão. As concepções de Deus na Ásia eram muito impessoais ou arbitrárias para contagiar o pensamento de lá com o hábito de imaginar que cada evento poderia ser correlacionado com eventos antecedentes de uma maneira perfeitamente definida de acordo com princípios ou leis gerais (ibid., 13). Foi o compromisso intelectual do Ocidente com a existência de um Deus pessoal responsável por ordenar a criação de acordo com princípios racionais que incentivou os cientistas a investigar a criação a fim de descobrir os segredos contidos nela.

Outro historiador da ciência influente em meados do século XX foi Robert Merton (1910-2003). Ele se apoiou na tese do sociólogo Max Weber sobre a importância da ética do trabalho protestante e da ascensão do capitalismo e desenvolveu sua própria "Tese Merton" sobre puritanismo e ciência. Ele afirmava que os puritanos tinham uma orientação prática ou utilitária em sua fé em que honrar a Deus era direcionado para atividades "mundanas" que beneficiariam a comunidade, em vez de ser expresso no ascetismo da vida monástica. Desse modo, o conhecimento científico era útil, e investigações empíricas eram incentivadas. Robert Boyle era o exemplo perfeito para Merton, que via nele a mistura de empirismo e racionalismo que era idealmente adequada para fazer descobertas científicas (ver MERTON, 2002).

O historiador da ciência holandês Reijer Hooykaas (1906-1994) via, de forma similar, que a descoberta científica precisa de racionalismo temperado com investigação empírica. Ele achava que a ruína dos gregos antigos, que fizeram tanto progresso no pensamento científico mas acabaram ficando para trás, foi seu racionalismo sem limites. Eles nunca o refrearam e, dessa forma, a natureza nunca teve a chance de instruí-los sobre o seu modo de ser. Em vez disso, eles se apoiaram amplamente em tentativas *a priori* de conhecimento científico.

Outro ponto importante na análise de Hooykaas foi a transformação distintiva na visão de mundo bíblica que desmistifica a natureza. Para as pessoas do antigo Oriente Próximo e outras culturas antigas, o mundo natural era repleto de espíritos pessoais. Seus caprichos determinavam o curso da natureza e, assim, havia pouca motivação para estudar a fim de entender o funcionamento da natureza. Entretanto, na tradição hebraica, havia um deus pessoal que se encontrava fora da natureza e a havia criado. Para essa visão de mundo, a natureza em si é impessoal e, assim, pode ser descrita por meio de leis naturais. Portanto, as pessoas poderiam aprender com proveito estudando a natureza e procurando descobrir como ela funciona. E esse criador que formou os seres humanos à imagem de Deus também proporciona a base para a racionalidade que Needham notou que estava ausente nos chineses.

Os cristãos compartilham dessa tradição com judeus e muçulmanos. Por que ela não os impulsionou a desenvolver a ciência moderna? É sabido que, na Idade Média, eles estavam mais avançados, e devem receber o crédito pela preservação das obras dos gregos antigos, que foram importantes para o Renascimento europeu. Contudo, para Hooykaas, é a Reforma Protestante que oferece a chave para compreender a importância do cristianismo para a ciência. "Na Idade Média, portanto, a visão bíblica foi apenas sobreposta às concepções aristotélicas, mas não as superou" (HOOYKAAS, 1972, 12-13). Foi a ênfase da Reforma no conceito teológico do sacerdócio de todos os crentes que permitiu que os cientistas superassem esse pensamento racionalista. Porque isso

> implicava o direito, e até o dever, de que aqueles que tivessem os talentos estudassem a Escritura sem depender da autoridade da tradição e da hierarquia, junto ao direito e ao dever de estudar o outro livro escrito por Deus, o livro da natureza, independentemente da autoridade dos pais da filosofia natural (ibid., 109).

A testemunha principal quanto a este ponto para Hooykaas foi Johannes Kepler em sua recusa a se curvar para a concepção racionalista dos pais da filosofia natural de que os corpos celestes deviam se mover em círculos perfeitos. Em vez disso, ele deixou que a anomalia de oito minutos de arco na órbita observada de Marte o convencesse a abandonar o dogma da circularidade. "Ele aceitou os fatos observados em vez de manter o velho preconceito; em sua mente, um empirismo cristão obteve a vitória sobre o racionalismo platônico; um homem sozinho curvou-se aos fatos e rompeu com uma tradição de dois mil anos" (ibid., 36). Foi a atitude da Reforma de não seguir cegamente a autoridade que deu a Kepler a permissão para ver os dados pelo que eles eram e não pelo que diziam que eles fossem.

Um pensador católico romano recente dá menos crédito à tese da Reforma de Hooykaas, mas ainda considera que a teologia cristã é em grande medida responsável pela ciência. Stanley Jaki (1924-2009) foi um sacerdote de origem húngara que obteve doutorados em Teologia e em Física e fez extensos estudos da história do desenvolvimento da ciência moderna. Seu livro mais conhecido nessa área é *The Road of Science and the Ways to God* (1978). Mais do que outros, ele deu o crédito pelo desenvolvimento de conceitos essenciais para a Revolução Científica a influências teológicas cristãs. Entre esses conceitos estavam o movimento inercial e a conservação do momento, que foram cruciais para superar a física aristotélica. Jaki afirmava que esses conceitos tinham sua raiz na criação do universo por Deus, que deu o movimento inicial ao sistema. Além disso, a visão cristã da criação dá uma dignidade aos seres humanos que estava ausente em outras culturas. Nas culturas não cristãs do passado em que a ciência esteve "natimorta", havia uma crença na visão cíclica do universo ou no padrão do eterno retorno. Essa visão do universo incentivou uma visão dos humanos como nada mais do que uma "bolha no mar inexorável de eventos cujo fluxo e refluxo seguiam-se um ao outro com predeterminada regularidade" (JAKI, 1974, 130). Outro conceito era a natureza contingente do mundo que resultava da livre decisão de criar por parte de Deus, em vez de criar por necessidade. A crença nessa contingência convida à investigação empírica do mundo em vez de convidar à abordagem mais estritamente racionalista. Jaki dá o crédito à teologia cristã até mesmo por promover os métodos quantitativos que foram tão cruciais para o desenvolvimento da ciência.

> Influências sugeridas pelo cristianismo para o desenvolvimento da ciência moderna:
> - Deus como um criador pessoal que garantia a ordem e a racionalidade da natureza;
> - A criação como uma ordem contingente que deve ser investigada;
> - A tradição hebraica de despersonalizar a natureza;
> - A valorização protestante de objetivos utilitários no entendimento da natureza;
> - A disposição da Reforma Protestante a questionar a autoridade.

Mesmo com todos os seus cuidadosos detalhes históricos, há questionamentos sobre a objetividade da análise de Jaki. De fato, assim como estamos examinando a influência que a crença cristã teve sobre o desenvolvimento da ciência, a acusação contra Jaki é de que a crença cristã influenciou suas conclusões sobre a relação entre o cristianismo e o desenvolvimento da ciência moderna. O trabalho de Jaki foi citado com frequência por apologistas cristãos que veem um argumento em favor da verdade do cristianismo nessa sua ligação com o desenvolvimento da ciência. Pelo menos em parte por causa desse uso apologético, outros argumentaram que a influência do cristianismo no desenvolvimento da ciência foi mínima e um acidente histórico. Vamos examinar uma dessas perspectivas em seguida.

3. Desenvolvimentos recentes

No século XX, surgiu uma escola de historiadores da ciência que defendia que a forma adequada de explicar a história da ciência não era tanto pelo desenvolvimento dos conceitos em si, mas pela consideração das situações sociais em que a ciência surgiu. As histórias produzidas por essa escola são, às vezes, chamadas de "externas", porque se referem primariamente às instituições e aos contextos sociais que possibilitaram ou incentivaram o desenvolvimento da ciência, em oposição às histórias "internas", que traçam mais diretamente o desenvolvimento dos conceitos. Toby Huff é um exemplo recente de um historiador externo. Ele afirma que o ingrediente essencial para o desenvolvimento da ciência moderna é a existência de "espaços neutros" na sociedade dentro dos quais a discussão sobre os conceitos pôde acontecer livre de censores políticos e religiosos. Desse modo, "a ciência é, assim, o inimigo natural de todos os interesses pessoais – sociais, políticos e religiosos –, incluindo os do próprio estabelecimento científico" (HUFF, 2003, 1). Aqui, a tese sobre o conflito é ampliada para que qualquer ordem social estabelecida que tente se preservar entre em conflito com a investigação científica. Nesse sentido, a religião organizada não é diferente do *status quo* científico ao restringir o desenvolvimento da ciência.

Na teoria de Huff, portanto, a ciência moderna não se desenvolveu nas culturas orientais ou muçulmanas porque faltavam a estas os apoios institucionais para o desenvolvimento de espaços neutros de investigação. Para ser justo, Huff reconhece que a teologia cristã teve um papel no desenvolvimento da ciência no Ocidente na medida em que "continha imagens de ordem, regularidade e mesmo processos sistemáticos" e "deu forma a concepções de razão e racionalidade como atributos do homem e da natureza" (ibid., 4). Contudo, para ele, o desenvolvimento da ciência teve de superar o arcabouço cristão da cultura, e isso foi conseguido por meio da instituição de universidades. Embora certamente não de uma só vez, as universidades levaram gradualmente a uma separação entre o sagrado e o secular, e havia uma proteção legal para o pensamento secular que não estava disponível nas culturas chinesa, indiana ou islâmica. Ele resume sua posição assim:

> Os medievais europeus criaram instituições autogeridas autônomas de aprendizagem superior; ao mesmo tempo, importaram para elas uma cosmologia naturalista metodologicamente poderosa que questionava e contradizia diretamente muitos aspectos da visão de mundo cristã tradicional. Ao institucionalizar o estudo do *corpus* do novo Aristóteles, a elite intelectual da Europa medieval estabeleceu uma agenda intelectual impessoal que era publicamente reconhecida e disponível para todos. Além disso, ao incorporar a metafísica aristotélica de investigação naturalista, os intelectuais europeus haviam, de fato, substituído a centralidade da visão do mundo cristã como uma visão de mundo "científica" (ibid., 340).

Há pouco espaço na descrição do desenvolvimento da ciência feita por Huff para se compreender a ciência como uma serva da teologia. É exatamente essa imagem, porém, que Stephen Gaukroger vê como a mais importante para o desenvolvimento da ciência.

Gaukroger é um historiador da ciência e da filosofia contemporâneo que iniciou um projeto muito ambicioso de escrever cinco livros sobre ciência e a formação da mente moderna. O primeiro livro (com mais de quinhentas páginas) trata do surgimento da ciência nos anos 1210-1685 (GAUKROGER, 2006). Ele vê algum valor no tipo de história paralela que Huff compôs. Acredita que isso dá dimensões extras à história do desenvolvimento da ciência. Mas Gaukroger, como um historiador mais fundamentalmente "internalista", acha que, quando essas dimensões extras são apresentadas como se fossem toda a história, não resistem a um exame mais minucioso. Por exemplo, Gaukroger acha que falar de espaços neutros de investigação no início do período moderno é anacrônico. Pressupõe que o objetivo da investigação científica da época seja o mesmo que encontramos hoje, ou seja, a busca da verdade. Mas, no começo do período moderno, "discussões públicas sobre o valor da filosofia natural tendiam a se voltar para sua utilidade e não para sua verdade" (GAUKROGER, 2006, 36). Isso é coerente com as atitudes em relação à filosofia natural que vimos antes neste capítulo e força os historiadores a responder à pergunta "Útil para quê?", sobre a ciência nessas culturas. Percebemos, então, que valores de grupos específicos precisam ser introduzidos e que o conceito de espaço neutro para investigação torna-se irrelevante (ibid., 40). A ciência era usada a serviço de outras atividades valorizadas, e não como um fim em si.

Em vez de olhar essencialmente para o tipo de fator social que Huff considera, Gaukroger busca o desenvolvimento dos conceitos de filosofia natural em si. Ele desenvolve em detalhes rigorosos a tese de que o cristianismo desempenhou um papel central no desenvolvimento da filosofia natural ao legitimá-la como sua "serva". No século XIII, Aquino estabeleceu uma esfera para a filosofia natural separada da teologia, ao permitir que esta proporcionasse justificação e demonstração para as verdades da revelação. Mas quando o aristotelismo, do qual a filosofia natural de Aquino dependia, foi questionado, a filosofia natural teve de ser transformada a fim de manter sua posição de reforçar a teologia. Gaukroger resume:

> O que surgiu disso foram concepções de revelação e filosofia natural que se reforçam mutuamente, um reforço consolidado por meio de um processo de "triangulação", no sentido da verdade compartilhada da revelação e da filosofia natural. Dessa maneira, a natureza do exercício natural-filosófico foi transformada e recebeu uma justificativa e uma legitimidade próprias. A combinação de revelação e filosofia natural – os dois "livros" superpostos em um único volume, por assim dizer – produziu um tipo de disciplina único, muito diferente do de qualquer outra cultura científica, que foi em grande medida responsável pelo caráter único subsequente do desenvolvimento da filosofia natural no Ocidente. Esse caráter único deriva em grande parte das aspirações legitimadoras que assume no decorrer do século XVII, e eu tentei reconstruir a forma como essas aspirações legitimadoras foram consolidadas. O tipo de impulso que está por trás da consolidação legitimadora da iniciativa natural-filosófica do século XVII em diante, um impulso que a distinguiu de todas as outras culturas científicas, foi gerado não pelos méritos intrínsecos de seu programa em mecânica celeste ou teoria da matéria, mas por um imperativo natural-teológico (ibid., 507).

Conclusão

Não é razoável negar que o cristianismo desempenhou um papel influente no desenvolvimento da ciência moderna. Se esse papel vai tão longe quanto Hooykaas e Jaki afirmam, se a interpretação minimalista de Huff capta melhor a história verdadeira ou se o caminho do meio de Gaukroger é a melhor explicação, tudo isso permanece aberto a debates acadêmicos. Esse debate é essencialmente sobre a extensão em que é razoável afirmar que o cristianismo teve uma influência significativa sobre a ciência. Não é matéria de debate o fato de que a ciência que se desenvolveu no Ocidente cristão se tornou muito mais culturalmente poderosa do que era em seu início. Alguns irão ainda mais longe e argumentarão que a serva usurpou o lugar da rainha das ciências e se tornou ela mesma a senhora. Se tal quadro estiver correto, temos um exemplo substancial da direção oposta de influência em relação ao que examinamos neste capítulo. Esta é, às vezes, chamada de Tese da Secularização, e vamos nos voltar a ela no próximo capítulo.

> **Resumo dos pontos principais**
>
> 1. Agostinho, Tomás de Aquino e Roger Bacon viam a sabedoria secular (que eles chamavam de filosofia natural) como útil e, portanto, como uma serva da teologia.
> 2. Needham, Whitehead e Merton deram ao pensamento cristão um papel significativo no desenvolvimento da ciência moderna. Hooykaas e Jaki deram a ele o papel mais importante.
> 3. Huff reduziu a importância do pensamento cristão, enfatizando, em vez disso, o papel das instituições. Gaukroger argumentou que os pensadores cristãos legitimaram a filosofia natural ao usá-la para justificar a crença cristã.

Leituras adicionais

- GAUKROGER, Stephen. *The Emergence of a Scientific Culture: Science and the Shaping of Modernity 1210-1685*. Oxford: Oxford University Press, 2006. O primeiro de cinco livros planejados sobre ciência e a formação da modernidade.
- HUFF, Toby E. *The Rise of Early Modern Science*. Cambridge: Cambridge University Press, ²2003. Um exame dos contextos religioso, jurídico, filosófico e institucional dentro dos quais a ciência era praticada no Islã, na China e no Ocidente.
- JAKI, Stanley L. *The Road of Science and the Ways to God*. Chicago: University of Chicago Press, 1978. As Gifford Lectures de um padre beneditino e professor de física argumentando a favor do papel positivo da teologia cristã no desenvolvimento da ciência moderna.

Referências bibliográficas

AGOSTINHO. *De Doctrina Christiana*. (Trad. americana: AUGUSTINE. "On Christian Doctrine", § 58, Book II, Chapter 39. In: *Christian Classics Ethereal Library*, 2016a. Disponível em: <http://www.ccel.org/ccel/augustine/doctrine.toc.html>. Acesso em: 17 fev. 2016.)

AQUINAS, Thomas. *Summa Contra Gentiles, Book One: God*. Notre Dame. In: University of Notre Dame Press, 1975. (Trad. bras. Joaquim F. Pereira. AQUINO, Tomás de. *Suma contra os gentios*. São Paulo: Loyola, 2016, v. 1.)

_____. "Summa Theologica", 2016b. In: *Christian Classics Ethereal Library*. Disponível em: <http://www.ccel.org/ccel/aquinas/summa.toc.html>. Acesso em: 17 fev. 2016.

BACON, Roger. *The "Opus Majus" of Roger Bacon*. Trad. Robert Belle Burke. Filadélfia: University of Pennsylvania Press, 1928, v. 1.

DESCARTES, René. *The Philosophical Writings of Descartes*. Trad. John Cottingham, Robert Stoothoff e Dugald Murdoch. Cambridge: Cambridge University Press, 1985-1991, 1984 , 3 v.

Early Christian Writings. "The Stromata, or Miscellanies", 2016. Disponível em: <http://www.earlychristianwritings.com/text/clement-stromata-book1.html>. Acesso em: 17 fev. 2016.

GAUKROGER, Stephen. *The Emergence of a Scientific Culture: Science and the Shaping of Modernity 1210-1685*. Oxford: Oxford University Press, 2006.

GRANT, Edward. *Science and Religion, 400 BC-AD 1550*. Baltimore: The Johns Hopkins University Press, 2004.

HOOYKAAS, Reijer. *Religion and the Rise of Modern Science*. Grand Rapids: Eerdmans Publishing Company, 1972.

HUFF, Toby E. *The Rise of Early Modern Science*. Cambridge: Cambridge University Press, ^{2}2003.

JAKI, Stanley L. *Science and Creation: From Eternal Cycles to an Oscillating Universe*. Edimburgo: Scottish Academic Press, 1974.

_____. *The Road of Science and the Ways to God*. Chicago: University of Chicago Press, 1978.

LINDBERG, David C. "Science as Handmaiden: Roger Bacon and the Patristic Tradition". *Isis*, 1987, v. 78, 518-536.

MERTON, Robert. *Science, Technology and Society in Seventeenth-Century England*. Nova York: Howard Fertig, 2002.

NEEDHAM, Joseph. *The Shorter Science and Civilisation in China*. RONAN, Colin A. (org.). Cambridge: Cambridge University Press, 1978, v. 1.

RUSSELL, Bertrand. *The Problem of China*. Nova York: Cosimo Classics, 2007.

SAGAN, Carl. *Cosmos*. Nova York: Random House, 1985.

WHITE, Andrew Dickson. *A History of the Warfare of Science with Theology in Christendom*. Nova York: D. Appleton and Company, 1922.

WHITEHEAD, Alfred N. *Science and the Modern World*. Nova York: Macmillan, 1925.

CAPÍTULO 3
Secularização

Auguste Comte foi um filósofo e pensador social do século XIX muito influenciado pelo tipo de pensamento que derivou da Revolução Científica. Ele a via como mais do que apenas um aperfeiçoamento do que veio antes; percebia-a como a culminação do pensamento humano. É famoso por ter articulado sua Lei dos Três Estados (ou do desenvolvimento humano), de acordo com a qual o pensamento humano passa necessariamente por três estados: o teológico, o filosófico (ou metafísico) e o científico.

Durante o estado teológico, os humanos supõem que os fenômenos observados são resultado da ação direta e não mediada de seres divinos. Se ocorre um terremoto ou uma árvore dá frutos (ou não dá frutos), deve haver um deus responsável por fazer essas coisas acontecerem (ou não acontecerem). No estado filosófico do desenvolvimento cognitivo humano, os fenômenos são explicados por entidades abstratas como a natureza ou a essência de um objeto. Uma árvore dá frutos porque essa é a sua natureza, e as maçãs caem no solo porque são compostas de elementos da terra e vêm naturalmente pousar nela. Em seu estado final, o científico – ou o que Comte chamava de positivo –, paramos de procurar causas e nos contentamos em descrever as leis que governam os fenômenos. Por exemplo, a lei da gravidade de Newton não explica como ou por que a gravidade funciona, mas apenas dá uma descrição matemática da ação da gravidade. Maçãs caem, projéteis descrevem parábolas e a Lua permanece em órbita de acordo com a mesma lei da gravidade geral que pode ser descrita matematicamente.

O próprio Comte nunca supôs que a linguagem científica apropriada conteria apenas descrições diretas e imediatas dos fenômenos sem nenhum termo teórico. Essa seria a marca da escola de pensamento do século XX conhecida como positivismo, que foi um desenvolvimento posterior das ideias de Comte. Comte também não afirmou que todos em uma sociedade avançam juntos pelos três estados. O mesmo indivíduo pode estar simultaneamente no estado teológico para uma disciplina, no filosófico para outra e no científico para outra ainda. Sua afirmação foi apenas que toda a teorização humana – que ele acreditava que poderia ser categorizada sob as seis ciências (matemática, astronomia, física, química, biologia e sociologia) – passa por esses estados.

> **A Lei dos Três Estados de Comte**
>
> "Do estudo do desenvolvimento da inteligência humana, em todas as direções e por todos os tempos, deriva a descoberta de uma grande lei fundamental, a que esse está necessariamente sujeito, e que tem uma base de prova sólida, tanto nos fatos de nossa organização como em nossa experiência histórica. A lei é esta: que cada uma de nossas principais concepções – cada ramo de nosso conhecimento – passa sucessivamente por três diferentes condições teóricas: a teológica, ou fictícia; a metafísica, ou abstrata; e a científica, ou positiva. Em outras palavras, a mente humana, por sua natureza, emprega em seu progresso três métodos de filosofar, o caráter dos quais é essencialmente diferente e até radicalmente oposto: quais sejam, o método teológico, o metafísico e o positivo. Assim surgem três filosofias, ou sistemas gerais de concepções sobre o agregado de fenômenos, cada uma das quais exclui as outras. A primeira é o ponto necessário de partida do entendimento humano; e a terceira é seu estado fixo e definitivo. A segunda é meramente um estado de transição" (COMTE, 1855, 25-26).

A questão que nos concerne neste capítulo é se a hipótese de Comte sobre a progressão de explicações teológicas para explicações científicas tem base na realidade. E, relacionado a isso, se houve essa progressão partindo da teologia, foi a ciência que causou essa "secularização"?

Comte não é afetado pela conclusão daqueles, dos quais falamos no capítulo anterior, que achavam que o pensamento cristão teve um papel essencial no desenvolvimento da ciência moderna. Ele pode não ter concordado que teria de ser o cristianismo em particular, mas achava que o pensamento teológico que postulava a ação divina (e especialmente o monoteísmo) era um primeiro passo necessário para chegar a uma compreensão dos fenômenos naturais. A afirmação de que a ciência sempre existe nesse tipo de relação dependente do cristianismo, porém, parece ter sido significativamente enfraquecida pelas descobertas de nossos dois primeiros capítulos.

Os episódios históricos descritos até aqui demonstraram que ciência e cristianismo não se relacionaram de uma forma única ao longo de sua existência. Às vezes, os dois estiveram em conflito; outras vezes, funcionaram com total independência entre si, e outras vezes ainda se influenciaram e se engajaram em um diálogo um com o outro. É uma interpretação muito equivocada da história pegar apenas uma dessas relações e tentar analisá-la como característica do modo como ciência e cristianismo sempre se relacionaram. Nesse sentido, tornou-se comum referir-se ao trabalho de John Hedley Brooke como se tivesse estabelecido a "tese da complexidade" da relação entre ciência e religião. Contudo, se Comte estivesse correto, apesar da diversidade de exemplos individuais, deveríamos conseguir ver uma tendência geral da ciência substituindo religião no pensamento humano. O pensamento científico rudimentar que foi considerado a serva da teologia em um estágio de desenvolvimento torna-se inevitavelmente o senhor. Essa suposta tendência é chamada com frequência de tese da secularização, e constitui um exemplo contundente de como a ciência influenciou o cristianismo. Para avaliar se essa tese é correta, no entanto, precisamos, primeiro, entender com mais clareza exatamente o que é afirmado pela tese da secularização.

> **Questões a serem abordadas neste capítulo**
> 1. A crença religiosa entre os cientistas declinou?
> 2. O que mais podemos querer dizer com "secularização"?
> 3. O que Taylor e Buckley veem como a causa-raiz da secularização?

1. Cientistas e crença religiosa

O historiador da ciência Ronald Numbers reconhece a complexidade da relação entre ciência e religião conforme mostrada por Brooke e, portanto, acredita que não somos capazes de fazer descrições abrangentes ou universais dessa relação. Entretanto ele acha que é útil identificar alguns "padrões médios" por meio dos quais podemos caracterizar e compreender a história da relação entre ciência e cristianismo. Talvez esses padrões não sejam universalizáveis, mas podem proporcionar alguma ajuda para identificar tendências na história. Ele sugere cinco generalizações médias: naturalização, privatização, secularização, globalização e radicalização (NUMBERS, 2010, 264). Nosso interesse aqui é a secularização.

Numbers define secularização como "a perda de fé entre os cientistas" (ibid., 270). Se o pensamento humano tende a se mover do teológico para o científico, devemos esperar que os indivíduos que adotaram o modo científico de pensamento tenham superado sua fé religiosa. Não podemos estabelecer essa conclusão apenas por meio do relato de histórias pessoais de uns poucos cientistas. Precisaríamos de dados longitudinais sobre um conjunto maior de indivíduos. É difícil obter esses dados ao longo dos séculos desde a Revolução

Científica, e, mesmo que tivéssemos acesso aos dados, haveria alguma dificuldade para interpretá-los quanto à suposta influência causal da ciência na perda da crença religiosa; poderia haver apenas uma correlação entre as duas tendências. (Ironicamente, os positivistas que se seguiram a Comte teriam de admitir esse ponto, uma vez que se esquivaram de uma busca de causas nesse sentido.) Houve uma pesquisa feita próximo ao início do século XX, no entanto, da qual podemos tirar algumas conclusões limitadas.

A fim de identificar as crenças religiosas dos cientistas de sua época, em 1914 James Leuba enviou questionários para uma seleção aleatória de mil dos 5.500 cientistas que apareciam em *American Men of Science*. Desses mil questionários, 600 foram enviados a cientistas menos eminentes e 400 a cientistas mais eminentes, conforme determinado pelos editores de *American Men of Science* (LEUBA, 1916, 249n). Ele estava particularmente interessado em suas crenças a respeito de um deus pessoal que achou que poderiam ser determinadas se lhes questionasse acerca de sua atitude relacionada à oração, e também estava interessado em suas crenças na vida após a morte, ou na imortalidade pessoal (ver o quadro a seguir para compreender a formulação exata das perguntas). Cerca de 10% dos entrevistados não responderam, e cerca de 15% devolveram um questionário em branco. Dos que responderam, 41,8% afirmaram acreditar em um deus pessoal, 41,5% afirmaram não acreditar e 16,7% se declararam agnósticos. Restringindo-se aos "cientistas eminentes", a crença em um deus pessoal caía para 31,6%. Na segunda pergunta, 50,6% de todos os que responderam expressaram crença na imortalidade pessoal, e 36,9% dos cientistas eminentes expressaram essa crença (ibid., 250).

A pesquisa de Leuba

1. Crença em um deus pessoal:
   - Eu acredito em um deus a quem se pode rezar esperando receber uma resposta. Por "resposta" eu entendo mais do que o efeito psicológico subjetivo da oração.
   - Eu não acredito em um deus conforme definido acima.
   - Eu não tenho uma crença definida em relação a essa questão.

2. Crença na vida depois da morte:
   - Eu acredito em imortalidade pessoal para todos os homens ou em imortalidade condicional, isto é, imortalidade para aqueles que alcançaram um determinado estado de desenvolvimento.
   - Eu não acredito nem em imortalidade condicional nem incondicional da pessoa em outro mundo.
   - Eu não tenho uma crença definida em relação a essa questão. (ibid., 225-226).

A conclusão a que Leuba chegou por meio de seus achados foi que a descrença em um deus pessoal e na imortalidade é diretamente proporcional ao sucesso nas ciências (ibid., 279). Ele raciocinou, com base em seus dados, e concluiu que, quanto mais científica uma pessoa for, há menos probabilidade de que ela mantenha as crenças tradicionais da fé religiosa. Além disso, ele achou que essa tendência se refletiria na cultura mais ampla, conforme as informações e o modo de pensar científicos se tornassem mais prevalentes. Em suas palavras:

> A situação revelada pelos presentes estudos estatísticos requer uma revisão da opinião pública referente à prevalência e ao futuro das duas crenças cardinais do cristianismo oficial [...] O problema essencial com que se depara o cristianismo organizado é constituído pela ampla rejeição de seus dois dogmas fundamentais – uma rejeição aparentemente destinada a se estender em paralelo com a difusão do conhecimento e das qualidades morais necessárias para alcançar a eminência nos estudos acadêmicos (ibid., 1916, 281).

No entanto, em 1996 e 1998, Edward Larson e Larry Witham enviaram as mesmas perguntas a alguns cientistas, uma vez mais selecionados aleatoriamente, de *American Men and Women of Science*. Em resposta à questão sobre acreditarem ou não em um deus pessoal (do tipo para quem se poderia rezar esperando uma resposta), 40% dos que responderam disseram sim (LARSON e WITHAM, 1999, 90). Os editores de *American Men and Women of Science* descontinuaram a prática de identificar cientistas "eminentes", portanto Larson e Witham tentaram encontrar uma medida similar pesquisando membros da National Academy of Sciences (NAS) – uma organização muito mais elitizada, à qual só é possível se associar com o consentimento dos membros atuais. Eles descobriram que menos de 10% dos participantes declararam ter uma crença em Deus da maneira como foi definida. Se esse grupo for aproximadamente equivalente aos "cientistas eminentes" de Leuba, podemos ver um declínio significativo do teísmo pessoal entre os cientistas mais elitizados do país. Há uma discordância sobre como esses resultados devem ser interpretados, com alguns afirmando que a natureza autoperpetuadora da NAS levou a uma homogeneidade de crença que não é verdadeiramente representativa (ibid., 93).

Qualquer que seja a interpretação das crenças religiosas dos cientistas de elite, os dados sobre crença religiosa dos cientistas em geral são notáveis por permanecerem consistentes por oito décadas. E esse resultado claramente anula a premissa de Leuba de que a crença religiosa entre as pessoas com pensamento científico tenderia a desaparecer.

Outro estudo mais recente sobre as crenças religiosas de cientistas foi feito por Elaine Howard Ecklund. Sua pesquisa se utilizou de cerca de 1.700 cientistas empregados em universidades de elite dos Estados Unidos. Suas perguntas não foram as mesmas de Leuba, e sua amostra tendeu mais para a classe de cientistas "eminentes" que Leuba pesquisou. Mas, ainda assim, ela concluiu que 36% de sua amostra acreditava em Deus. Esse número é bem mais baixo que o índice de crença da população geral dos Estados Unidos, mas também indica que as crenças religiosas dos cientistas americanos não desapareceram. Se a tese da secularização é que a crença religiosa de cientistas vai declinar, esta não parece ser corroborada pelas evidências.

Crença em Deus por parte dos cientistas comparada à crença do público geral		
Quais das afirmações a seguir estão mais próximas de expressar sua crença em relação a Deus?	Porcentagem de cientistas*	Porcentagem da população dos Estados Unidos
Eu não acredito em Deus.	34	2
Eu não sei se há um deus e não há como descobrir.	30	4
Eu acredito em um poder maior, mas este não é Deus.	8	10
Eu acredito em Deus às vezes.	5	4
Eu tenho algumas dúvidas, mas acredito em Deus.	14	17
Eu não tenho dúvida da existência de Deus.	9	63
Total	100	100

(ECKLUND, 2010, 16).
* A amostra foi limitada a cientistas que trabalham em universidades americanas de elite.

Há mais um comentário a fazer aqui sobre a tese do secularismo quando entendido como a perda da crença religiosa por parte dos cientistas: existe uma diferença interessante na crença religiosa de cientistas que pode ser observada quando são classificados por disciplina específica. Leuba fez isso em seu estudo de 1914 e descobriu que os que se dedicavam às ciências físicas tinham a maior porcentagem de crença em Deus (43,9%), seguidos pelos estudiosos das ciências biológicas (30,5%) e, depois, pelos cientistas sociais (24,4% para sociólogos e 24,2% para psicólogos). De acordo com alguns estudos, parece haver consistência ao longo do século XX nessa discrepância nos índices de crença entre praticantes do que são às vezes denominadas "hard sciences", ou "ciências duras", da física e da química, e das "soft sciences", ou ciências sociais, como a psicologia e a sociologia, com os biólogos inclusos. Por exemplo, a 1969 Carnegie Commission Survey of American Academics concluiu que professores de matemática e de ciências físicas tinham mais probabilidade de ser religiosos, e professores de sociologia, psicologia e antropologia tinham menos probabilidade (IANNACCONE, STARK e FINK, 1998, 385).

Leuba achava que a razão para essa tendência ao secularismo nas ciências sociais era óbvia: o cientista físico pode aceitar o determinismo no domínio das entidades físicas e, ao mesmo tempo, manter uma crença na intervenção divina entre os fenômenos menos compreendidos das ciências sociais. Contudo, se um cientista social aceita uma explicação puramente natural para seu domínio, não seria provável que ele reconhecesse uma atividade sobrenatural nas ciências físicas (LEUBA, 1916, 265). Deve ser observado, porém, que, na pesquisa de Ecklund, ela não encontrou muita diferença entre cientistas sociais e cientistas da natureza (ECKLUND, 2010, 16).

2. Ampliando a definição

Talvez a definição de Numbers fosse muito restrita para mostrar que a secularização tivesse ocorrido. De fato, um problema significativo se apresenta quando tentamos especificar o que queremos dizer com "secularização". O historiador Peter Burke comenta que o termo poderia se referir a uma série de tendências possíveis na sociedade; algumas das quais são contraditórias entre si. Alguns o usam para se referir ao declínio da Igreja em riqueza e *status* ou relacionado ao aumento da autonomia do laicato e à redução ou diluição do sagrado; mas outros acham que a secularização é mais bem descrita como a substituição de valores espirituais por valores mais materiais – um uso que, ironicamente, veria o aumento de riqueza e *status* da Igreja como secularização (BURKE, 1979, 294).

A dificuldade para definir secularização é que ela depende da definição de religião, que é, em si, notoriamente difícil de definir. Nossa preocupação aqui é principalmente com o conteúdo cognitivo de religião, e não com suas formas sociais, portanto a versão de secularização que consideramos deve enfatizar similarmente a dimensão cognitiva. De modo mais específico, como a relação é com a ciência, poderíamos tentar entender secularização como uma substituição de interpretações sobrenaturais da realidade por explicações naturais. Isso é mais ou menos o que o teórico social alemão Max Weber (1864-1920) chamou de "desencantamento do mundo", e ele acreditava que a ciência moderna fosse singularmente responsável por produzi-lo. Mas, assim como Brooke quis mostrar que havia complexidade em qualquer entendimento simples da relação geral entre ciência e religião, ele argumentou também que o processo de secularização é mais complexo do que um efeito direto do pensamento científico sobre a crença cristã (BROOKE, 2010).

A princípio, apesar das alegações de desencantamento, a ciência não substituiu a teologia. Mesmo que se reconheça que a ciência em si foi secularizada, uma vez que não encontramos mais referências à atividade divina na literatura científica técnica – do modo como até mesmo cientistas da estatura de Isaac Newton e Robert Boyle se referiam ao divino em sua literatura científica –, isso não ocasionou a morte da teologia. Só porque os cientistas não se apoiam mais no divino para preencher as lacunas em suas explicações científicas (ou não combinam mais, de alguma forma, linguagem científica e teológica), isso não quer dizer que a linguagem teológica tenha se tornado obsoleta em outros aspectos. Um levantamento informal das editoras cristãs atuais mostra que a teologia cristã está viva e forte em nossa sociedade. O uso continuado da teologia em discussões acadêmicas sobre moralidade, formação espiritual e teologia sistemática sugere que o efeito secularizador da ciência não foi uma eliminação direta da teologia. No máximo, podemos concluir da secularização da ciência que houve uma reconfiguração das linhas de demarcação entre ciência e teologia. Mas não se pode dizer que isso constitua uma secularização da sociedade.

Porcentagem da população que se descreve como "uma pessoa religiosa"			
Nigéria	93	Alemanha	51
Romênia	89	Irlanda	47
Brasil	85	Canadá	46
Índia	81	França	37
Polônia	81	Suécia	29
Itália	73	Turquia	23
África do Sul	64	Japão	16
Estados Unidos	60	China	14

Global Index of Religiosity and Atheism – 2012 (WIN-Gallup International, 2012, 9).

Além disso, um levantamento das culturas atuais que compartilham níveis similares de avanço científico mostra que há pouca correlação entre essa medida e a atividade religiosa dessas culturas. O sociólogo britânico David Martin argumenta que, se a ciência for a força secularizadora universal que alguns afirmam ser, então, conforme as culturas adotam cada vez mais uma perspectiva e um modo de vida científicos, deveríamos ver um declínio correspondente na influência, nas crenças e práticas religiosas. Em vez disso, nas culturas dos Estados Unidos, da Rússia, da França, do Brasil, de Cingapura, do Uruguai, da Turquia e de outros países, encontramos uma grande diversidade de atividade religiosa, apesar de níveis similares de avanço científico (MARTIN, 2007, 9-11). Seria possível afirmar que esses países em si não são culturalmente uniformes, e uma análise mais detalhada poderia mostrar que os grupos mais cientificamente instruídos desses países são, de fato, menos religiosos. Nesse caso, corremos o risco de definir nossos termos de modo que eles nos digam o que queremos ouvir. Martin lamenta que a expressiva maioria das pessoas em sua disciplina pareça examinar essa questão apenas em relação a seus próprios círculos acadêmicos e tendo como pano de fundo uma "história às vezes mítica da relação" entre ciência e religião gerada na academia (ibid., 12). Seria mais preciso (embora menos interessante) dizer que, para algumas pessoas e alguns grupos, a exposição à ciência tem um efeito secularizador; para outros não.

Portanto, se não é uma correlação simples entre avanço na ciência e na secularização, o que há nessas culturas que poderia explicar as diferenças? John Hedley Brooke argumenta que há uma série de diferenças nas culturas que afetam o modo como a ciência foi recebida em relação ao cristianismo. Uma dessas diferenças é que não houve uma definição constante do que conta como ciência. Se essa definição em si mudou com o tempo, não é justo comparar o modo como culturas anteriores foram afetadas por sua ciência com o modo como culturas posteriores foram afetadas por um entendimento diferente do que seria considerado ciência. De forma mais sutil – mas talvez mais importante –, é o modo como as concepções da relação de Deus com a natureza mudaram. Samuel Clarke, o porta-voz de Isaac Newton, acreditava que as leis naturais eram descrições de como Deus normalmente escolhe trabalhar por meio da ordem natural. Para alguém assim, novas descobertas científicas não vão eliminar Deus da ordem natural, mas, em vez disso, darão um melhor entendimento de Deus. Para outros, no entanto, explicações naturais e sobrenaturais estão em concorrência, de maneira que, se Deus age na natureza, não pode haver uma explicação científica. Para eles, a descoberta de uma nova explicação científica de algum processo natural exclui qualquer envolvimento divino nesse processo, portanto, obviamente, suas crenças religiosas serão forçadas a mudar. Parece também que os ambientes políticos afetam a relação entre os elementos científicos e religiosos nas sociedades. Seria simplista pensar que o efeito da ciência sobre uma cultura seria o mesmo, digamos, nos Estados Unidos, onde liberdade e descentralização são valorizadas, em comparação com sua recepção nas antigas repúblicas soviéticas. Brooke resume: "Como diferentes sociedades experimentaram a tensão entre valores seculares e sagrados de formas contrastantes, não existe um processo de secularização único e universal que possa ser atribuído à ciência ou a qualquer outro fator" (BROOKE, 2010, 114). Ainda assim, não podemos escapar do fato aparentemente óbvio de que algo drástico aconteceu nas culturas ocidentais nos dois últimos séculos e que é mais do que coincidência que essa mudança tenha sido concomitante com o nível de desenvolvimento da ciência.

3. Uma era secular

O filósofo canadense Charles Taylor aborda a questão da secularização em seu volumoso livro *A Secular Age*, que foi desenvolvido com base em suas Gifford Lectures de 1999 em Edimburgo. Ele examina alguns significados de secularização e, depois, decide-se por um sentido específico que considera "um movimento de uma sociedade em que a crença em Deus não é questionada e, de fato, não é problemática para outra em que ela é entendida como uma opção entre outras e, com frequência, não a mais fácil delas para adotar" (TAYLOR, 2007, 3). Precisamos ter cuidado novamente para não pintar a sociedade com pinceladas largas demais, pois com certeza ainda há comunidades no mundo desenvolvido ocidental em que a crença em Deus não parece ser opcional. No entanto, na maioria das comunidades urbanas e suburbanas, há pouca dúvida de que a adesão a uma religião específica – ou a nenhuma – é hoje considerada uma questão de preferência pessoal. O que devemos examinar aqui, portanto, é se esse efeito secularizador é, de alguma forma, devido à ciência. Taylor acha que não.

A princípio, ele não acha que argumentos que partam de descobertas e avanços científicos para a não existência de Deus sejam particularmente persuasivos. Sem dúvida alguma, pessoas foram convencidas de que as hipóteses da evolução ou do multiverso excluem definitivamente a existência do divino. Mas Taylor acha que, mesmo quando as pessoas citam argumentos científicos como a razão para terem abandonado a fé, há razões mais profundas em ação que tornam esse abandono uma opção viva na sociedade atual. Ele descreve a vida de fé não só como teorias ou conjuntos de crenças aos quais se adere, mas, sim, o que é mais importante para nossa questão, como o contexto ou arcabouço (o que Taylor chama de pano de fundo) dentro do qual as crenças são adotadas. Esse arcabouço é parte da experiência vivida que é a fé. Assim, a fé em Deus hoje pode ser diferente da fé em

Deus quinhentos anos atrás por causa dos diferentes contextos em que essa crença é mantida. Taylor diz: "É essa mudança no pano de fundo, em todo o contexto em que experimentamos e procuramos a plenitude, que estou chamando de vinda de uma era secular" (ibid., 14). A história real, portanto, é a ascensão do pano de fundo que Taylor chama de humanismo exclusivo, que torna possível a presença de uma variedade de crenças religiosas ou mesmo de nenhuma delas.

De acordo com o humanismo exclusivo, não há uma ordem transcendente nem finalidades últimas que não sejam o florescimento humano. As sociedades anteriores no mundo ocidental não entendiam os humanos como o ápice da existência. Havia seres acima de nós na Grande Cadeia do Ser, por exemplo, e esses seres proporcionavam o fim principal da vida: glorificar a Deus, independentemente de qualquer florescimento humano. Esse quadro se rompeu coincidentemente com o desenvolvimento da ciência moderna, mas Taylor diz que o verdadeiro fator causal foi a mudança na moralidade que derivou primariamente do deísmo. No deísmo, Deus pode supervisionar uma ordem natural impessoal, mas não tem mais nada a fazer; portanto, Deus é praticamente irrelevante para a vida. Dessa maneira, os humanos não têm nenhuma associação significativa com nada que transcenda a eles próprios. Alguém que não concorde com Taylor poderia responder: "Mas não foi a ciência que ocasionou o deísmo ao substituir as explicações sobrenaturais por explicações naturais? Sendo assim, a ciência ainda está envolvida no processo de secularização".

Ninguém negaria que a ciência foi um fator que contribuiu para o processo, mas a afirmação de muitos que defendem a tese do conflito é que a ciência derrotou a religião sozinha (ou pelo menos foi a principal responsável por sua queda). É interessante observar, no entanto, que Taylor argumenta que o deísmo nem sequer veio de cientistas. Um elemento do deísmo deriva de uma desconfiança da alegação de milagres. Hoje, é natural pensarmos que o desaparecimento da crença em milagres deve-se ao sucesso de explicações científicas que substituíram explicações sobrenaturais. Mas a questão original dos milagres não se deve ao fato de eles comprometerem a ordem natural, mas do fato de serem mal estabelecidos historicamente. Mesmo na época da influente abordagem dos milagres por David Hume em 1748 – já bem dentro da Revolução Científica –, o principal argumento era que eventos miraculosos contradizem nossa experiência, e, por isso, é mais razoável para nós acreditar que os testemunhos de acontecimentos miraculosos estavam equivocados. Além disso, todas as tradições religiosas tiveram suas histórias de milagres, em que os outros não acreditavam, e isso leva a um cancelamento mútuo de todos os testemunhos.

Se a origem do deísmo não é encontrada primariamente na ciência, para onde devemos olhar? A resposta de Taylor está de acordo com a análise de Michael

Buckley em seu próprio volumoso trabalho *At the Origins of Modern Atheism*. A tese de Buckley é que os teólogos dos séculos XVI e XVII tratavam o ateísmo como se ele fosse um problema filosófico, e não religioso, e, ao fazê-lo, negavam a relevância da pessoa e dos ensinamentos de Jesus Cristo ao responder aos céticos e ateus da época. Em vez disso, eles tentavam defender uma ideia filosófica – o "deus dos filósofos", como isso veio a ser conhecido –, em vez de defender a trindade cristã. Foi isso que levou ao deísmo e, depois, ao ateísmo que caracterizou boa parte da *intelligentsia* francesa dos séculos XVIII e XIX e continua a dominar a academia hoje. Buckley resume:

> O notável não é que D'Holbach e Diderot tenham encontrado teólogos e filósofos com quem se confrontar, mas que os próprios teólogos tenham se transformado em filósofos para entrar na briga. O que é extraordinário nessa emergência da negação do deus cristão que Nietzsche celebrou é que o cristianismo como tal, mais especificamente a pessoa e o ensinamento de Jesus ou a experiência e a história da Igreja cristã, não entraram na discussão. A ausência de qualquer consideração de cristologia é tão onipresente nas discussões sérias que o fato nem sequer é notado; no entanto, é tão impressionantemente curioso que suscita uma questão fundamental do modo de pensamento: como a questão do cristianismo *versus* ateísmo se tornou puramente filosófica? Parafraseando Tertuliano: como foi que os únicos braços para defender o templo passaram a ser os encontrados na Stoa? (BUCKLEY, 1987, 33).

Assim, nessa leitura, que é amplamente corroborada por detalhes históricos, qualquer declínio na crença cristã durante a Revolução Científica parece poder ser associado, em última instância, aos métodos adotados pelos cristãos para defender o próprio cristianismo. Eles se contentaram em defender o teísmo em geral e, assim, despiram o conteúdo cognitivo de sua religião dos ricos recursos morais e experienciais da tradição cristã. O teísmo nu com que foram deixados foi incapaz de dar suporte ao contexto mais amplo da vida de fé.

Conclusão

A ciência influenciou o cristianismo? Sem dúvida. Não é mais parte da teologia ortodoxa dominante a teoria de que a Terra está imóvel no centro do universo. A sociedade ocidental se tornou mais secularizada? Se entendermos pelo termo que as instituições religiosas passaram a desempenhar um papel menos significativo na sociedade, claro que isso também é verdade. E, mesmo que entendamos, como Taylor, que a crença religiosa se tornou opcional, novamente há pouca controvérsia no fato de que isso é assim para muitos no mundo ocidental.

Mas os dados não mostram que os cientistas em geral tenham se tornado menos religiosos. Para as versões de secularização que surgiram, é difícil afirmar que há uma relação causal direta entre o avanço da ciência e a secularização.

Essa suposta relação entre ciência e secularização parece pertencer à mesma categoria que a tese do conflito: geralmente considerada verdadeira, mas sem que possa ser confirmada pelos fatos a não ser em casos isolados. Esses casos isolados recebem a maior parte da atenção e são incautamente considerados representativos de toda a relação. Vimos, no entanto, que ambas são mais complexas do que análises unidimensionais podem apresentar.

Para uma história tão rica e complexa quanto essa entre ciência e cristianismo, uma abordagem de tamanho único não serve. Precisamos usar ferramentas diferentes para entender diferentes partes da história de como ciência e cristianismo têm se relacionado entre si. Talvez possamos defender que a perspectiva da independência seja a ferramenta-padrão a ser usada. A maior parte do que acontece em laboratórios científicos tem pouquíssima relevância direta em relação à forma como entendemos o cristianismo, e precisamos respeitar as fronteiras disciplinares de ambos. Mas há alguns tópicos – e esses podem parecer mais proeminentes do que realmente são porque recebem a preponderância da atenção – em que a independência não explica a relação. Há pontos de conflito. E há pontos de diálogo. Nesses pontos, precisamos usar uma ferramenta diferente para compreender a relação. Talvez uma analogia tirada da ciência ajude a expressar esse ponto. Na maior parte das aplicações, a mecânica newtoniana é adequada para os engenheiros resolverem problemas. Para construir um pátio nos fundos de uma casa, um automóvel sofisticado ou uma ponte pênsil sobre um desfiladeiro, não precisamos levar em conta os fenômenos relativísticos de Einstein. Mas há algumas aplicações – programas de satélites de GPS, por exemplo – que requerem uma ferramenta diferente (a relatividade geral, nesse caso) para lidar com a situação corretamente.

De forma mais prosaica, poderíamos mesmo dizer que as diferentes disciplinas da ciência são diferentes ferramentas, ou diferentes metodologias. Devemos selecionar a ferramenta apropriada conforme o assunto que está sendo estudado. Se quisermos estudar os efeitos de determinadas substâncias químicas em um ecossistema, não devemos chamar um físico ou um geólogo. Da mesma maneira que a ciência se especializou para estudar os fenômenos naturais cada vez mais minuciosamente, poderíamos insistir que a disciplina que examina a relação entre ciência e cristianismo precisa fazer o mesmo. Muitos teóricos da independência serão necessários para estudar as vastas áreas em que ciência e cristianismo parecem não ter nenhuma sobreposição. Mas, às vezes, precisaremos de um teórico do conflito para analisar o que aconteceu em episódios em que ciência e cristianismo dão legitimamente respostas concorrentes para a mesma questão. E, em outros momentos, vamos precisar de alguém especializado em diálogo para nos ajudar a entender como ciência e cristianismo influenciaram um ao outro. Reconhecer essas distinções disciplinares pode ser complicado nos limites, mas isso não significa que não sejam distinções significativas. Ou, mudando de metáfora, não podemos mais pintar a história da ciência e do cristianismo de uma só cor; as cores distintas se misturam às vezes, mas com frequência podem ser claramente reconhecidas.

Estes três primeiros capítulos examinaram uma parte da história para ilustrar a complexidade que acompanha a relação entre ciência e cristianismo. No próximo capítulo, vamos nos voltar para uma história mais recente que recebe muita atenção de cristãos e quase atenção nenhuma de cientistas.

> **Resumo dos pontos principais**
> 1. Os dados sobre crença religiosa entre cientistas apresentam consistência ao longo do século XX.
> 2. Secularização é um conceito complexo, que pode ser definido de várias maneiras.
> 3. Taylor e Buckley acham que a secularização da sociedade foi, em última instância, resultado do fato de pensadores cristãos terem abandonado a teologia especificamente cristã e optado por um teísmo filosófico mais genérico.

Leituras adicionais

- BROOKE, John Hedley. "Science and Secularization". In: *The Cambridge Companion to Science and Religion*. HARRISON, Peter (org.). Cambridge: Cambridge University Press, 2010. Uma abordagem sucinta da secularização por um dos mais importantes historiadores da ciência.
- ECKLUND, Elaine Howard. *Science vs. Religion: What Scientists Really Think*. Oxford: Oxford University Press, 2010. Os resultados de um estudo sistemático de crenças religiosas de cientistas.
- TAYLOR, Charles. *A Secular Age*. Cambridge: The Belknap Press of Harvard University Press, 2007. A obra máxima de um dos filósofos mais importantes de nosso tempo.

Referências bibliográficas

BROOKE, John Hedley. "Science and Secularization". In: *The Cambridge Companion to Science and Religion*. HARRISON, Peter (org.). Cambridge: Cambridge University Press, 2010.

BUCKLEY, Michael J. *At the Origins of Modern Atheism*. New Haven: Yale University Press, 1987.

BURKE, Peter. *The New Cambridge Modern History.* Cambridge: Cambridge University Press, 1979 , v. XIII.

COMTE, Auguste. *The Positive Philosophy of Auguste Comte.* Trad. Harriet Martineau. Nova York: Calvin Blanchard, 1855.

ECKLUND, Elaine Howard. *Science vs. Religion: What Scientists Really Think.* Oxford: Oxford University Press, 2010.

IANNACCONE, Laurence; STARK, Rodney; FINKE, Roger. "Rationality and the 'Religious Mind'". In: *Economic Inquiry*, 1998, v. 36, n. 3, 373-389.

LARSON, Edward; WITHAM, Larry. "Scientists and Religion in America". In: *Scientific American*, 1999, v. 281, 88-93.

LEUBA, James H. *The Belief in God and Immortality: A Psychological, Anthropological and Statistical Study.* Boston: Sherman, French and Company, 1916.

MARTIN, David. "Does the Advance of Science Mean Secularisaton?". In: *Science and Christian Belief,* 2007, v. 19, 3-14.

NUMBERS, Ronald L. "Simplifying Complexity: Patterns in the History of Science and Religion". In: *Science and Religion: New Historical Perspectives.* DIXON, Thomas; CANTOR, Geoffrey; PUMFREY, Stephen (org.). Cambridge: Cambridge University Press, 2010.

TAYLOR, Charles. *A Secular Age.* Cambridge: The Belknap Press of Harvard University Press, 2007. (Trad. bras. Nelio Schneider e Luiza Araujo. *Uma era secular.* São Leopoldo: Unisinos, 2010.)

WIN-Gallup International. "Global Index of Religiosity and Atheism". Disponível em: <http://www.wingia.com/web/files/news/14/file/14.pdf, 2012>. Acesso em: 17 fev. 2016.

CAPÍTULO 4

Criacionismo da Terra Jovem e *Design* Inteligente

No verão quente de 1925 em Dayton, Tennessee, aconteceu um dos julgamentos mais famosos da história americana. Juridicamente, era a acusação contra um professor de ciências do ensino médio, John Scopes, por ensinar a evolução, violando uma lei que havia sido aprovada recentemente. Na realidade, porém, o julgamento foi apenas o palco para um debate público entre dois dos cidadãos mais proeminentes dos Estados Unidos.

Clarence Darrow era conhecido como o maior advogado de defesa do país. Ele foi a Dayton para defender John Scopes sabendo que seu cliente havia claramente descumprido a lei e seria condenado. A esperança de Darrow era que o julgamento trouxesse a lei à atenção pública e expusesse seus apoiadores como irremediavelmente contrários à ciência e, assim, obter a revogação da lei.

A promotoria tinha uma personalidade igualmente famosa em William Jennings Bryan, que havia concorrido para a presidência dos Estados Unidos três vezes (sem sucesso). Ele havia feito campanhas a favor de leis antievolução em vários estados. O clímax do julgamento aconteceu quando Bryan concordou em subir ao banco das testemunhas para ser questionado por Darrow. Claro que essa parte do *show* não tinha muito a ver com o julgamento e se aproximava mais de um teatro fantástico. O evento nem sequer ocorreu dentro do tribunal porque o juiz teve receio de que a multidão fizesse ruir o piso, então ele transferiu a sessão para o gramado na frente do prédio.

O próprio Bryan entendeu a situação e até convenceu o juiz a deixar que prosseguisse, afirmando do banco das testemunhas improvisado que a equipe de defesa de Darrow "não veio aqui para julgar este caso, mas para julgar a religião revelada. Eu estou aqui para defendê-la" (LARSON, 1997, 5). A versão de Darrow foi: "Nós temos o propósito de evitar que fanáticos e ignorantes controlem a educação dos Estados Unidos, e isso é tudo" (ibid., 6). Então a inquirição prosseguiu não diretamente sobre evolução, mas sobre as crenças de Bryan em relação à Bíblia. Como vimos no episódio entre Galileu e a Igreja, a verdadeira fonte de conflito não eram tanto as teorias científicas em si, mas a autoridade da Escritura e a autoridade para interpretá-la.

O julgamento Scopes foi um divisor de águas para a ciência e o cristianismo nos Estados Unidos. Muitos questionavam se seria permitido que explicações científicas para fenômenos naturais alterassem – ou mesmo superassem – as explicações tradicionais que haviam sido extraídas da Bíblia. Capítulos subsequentes deste livro examinam a interpretação bíblica e o naturalismo metodológico – doutrinas que são fundamentais para compreender as controvérsias a respeito da ciência entre os cristãos de hoje. Neste capítulo, concluímos a parte 1 com alguma perspectiva histórica sobre duas escolas de pensamento contemporâneas que foram muito influentes para os cristãos dos Estados Unidos. Falaremos primeiro do Criacionismo da Terra Jovem e, depois, voltaremos ao tribunal para ver a influência e a abordagem particular de ciência e religião caracterizada pelo movimento conhecido como *Design* Inteligente.

> **Questões a serem abordadas neste capítulo**
> 1. O que levou ao desenvolvimento do Criacionismo da Terra Jovem?
> 2. Qual é a situação do Criacionismo da Terra Jovem hoje?
> 3. De onde veio o Design Inteligente?
> 4. Qual é a estratégia do Design Inteligente?

1. Montando o cenário para o Criacionismo da Terra Jovem

Em um sentido, todos os cristãos são criacionistas – os cristãos acreditam que Deus é o criador de todas as coisas. Mas, claro, há diferentes sentidos em que se pode considerar que Deus criou as coisas, e a distinção significativa neste capítulo será a forma como é entendida a relação entre explicações e relatos científicos e a atribuição teológica de "criado por Deus". Por exemplo, poderíamos dizer que Deus criou as ilhas havaianas; mas, como ainda vemos a lava se despejando no oceano e aumentando o tamanho da Ilha Grande hoje, é bastante claro que Deus não disse "Que se façam as ilhas havaianas!" e elas se materializaram instantaneamente *ex nihilo* ou *de novo*. Há processos naturais em funcionamento que podem ser entendidos cientificamente. Alguns cristãos afirmam que esses processos naturais descrevem o "como" da criação sem excluir de forma alguma o "quem" da criação. Os criacionistas, por outro lado, do modo como o termo é geralmente entendido em discussões de ciência e religião, acreditam que Deus criou de formas que desafiam a explicação científica e costumam reservar a palavra "criado" para atos de criação "especiais" ou *de novo* de Deus. Essa relação entre explicações científicas e teológicas é mais sutil e merece uma análise cuidadosa. Ela é o tema do capítulo 7. Nossa atenção nesta seção é para o desenvolvimento da posição criacionista da Terra Jovem, que afirma que Deus criou a Terra e as espécies de vida por meio de atos de criação especial no passado relativamente recente – 6 mil a 10 mil anos atrás.

> **Criação *ex nihilo***
> Literalmente, criação a partir do nada. Essa expressão é usada para a afirmação de que Deus criou o universo a partir do nada, e não de materiais já existentes ou de si mesmo.
>
> **Criação *de novo***
> Literalmente, criação do início. Essa expressão é usada para a afirmação de que algumas coisas foram criadas de forma rápida e completa, e não durante um longo processo usando formas intermediárias.
>
> **Criação especial**
> Essa expressão é usada para a afirmação de que Deus violou processos naturais para criar algumas coisas de forma milagrosa.

Antes do século XIX, havia pouca razão extrabíblica para questionar a cronologia da Escritura como uma representação de fatos da história (do modo como entendemos história hoje). A ciência da época (ou, mais precisamente para o período, a filosofia natural) não podia defender nem uma criação mais antiga nem uma criação especial mais recente porque, como vimos brevemente no capítulo 2, era bem mais comum entender a ciência como apoiadora de um mundo natural eterno. Nesse caso, não havia como justificar cientificamente a criação do mundo natural por Deus nem tendo ocorrido bilhões de anos atrás nem tendo acontecido há milhares de anos. Portanto, nessa época, a ciência não era o método de investigação relevante para quem estivesse tentando determinar a idade do mundo.

Logo, com base na interpretação bíblica, podemos encontrar pessoas que defendiam uma leitura literal e, desse modo, uma terra jovem e outras que defendiam uma leitura figurativa ou metafórica que dava espaço para períodos de tempo mais longos na história da Terra. O mais famoso na primeira categoria foi James Ussher, arcebispo anglicano e primaz de toda a Irlanda no século XVII. Organizando as genealogias que aparecem na Escritura, ele determinou que o momento da criação ocorreu em 4004 a.C., em 22 de outubro, às 18 horas! Santo Agostinho e Tomás de Aquino são exemplos paradigmáticos da segunda categoria e aconselham cautela para que não se leia a narrativa do Gênesis de modo muito literal. Agostinho é frequentemente citado por suas sábias palavras sobre essa questão (e sobre interpretação bíblica em geral):

> Em questões que são obscuras e muito além de nossa visão, mesmo naquelas que encontremos tratadas na Sagrada Escritura, diferentes interpretações são às vezes possíveis sem prejuízo à fé que recebemos. Nesse caso, não devemos nos apressar e assumir tão firmemente nossa posição em um lado que, se avanços posteriores feitos na busca da verdade solaparem essa posição, nós caiamos junto com ela. Isso não seria lutar em defesa do ensinamento da Sagrada Escritura, mas do nosso próprio, desejando que seu ensinamento se conforme ao nosso, quando devemos desejar que o nosso se conforme ao da Sagrada Escritura (AGOSTINHO, 1982, 41).

No século XIX, desenvolvimentos em duas frentes forçaram os cristãos a entender o relacionamento entre a ciência e a Bíblia de uma forma mais equilibrada. Um deles foi que a ciência estava trazendo à luz uma história aparentemente antiga da Terra. Fósseis e camadas geológicas foram descobertos e muito naturalmente interpretados como evidências de uma Terra muito velha. O outro desenvolvimento foi a descoberta de outros textos do antigo Oriente Próximo no gênero de Gênesis 1–11, que sugeriam que a Bíblia deveria ser lida de uma forma literária apropriada para esse gênero, e não de uma maneira literal simplista.

No início do século XX, o modo mais popular de conciliar as descobertas científicas de uma Terra antiga com a Bíblia era o que se conhece como teoria do intervalo. Essa teoria se apegava a uma leitura tão literal quanto possível de Gênesis 1, mas aceitava que pudesse ter transcorrido um longo intervalo entre o primeiro versículo, "Deus criou o céu e a terra", e os seis dias da criação. Nessa concepção, fósseis e camadas geológicas poderiam ter se desenvolvido durante esse intervalo antes da criação especial das espécies que vemos hoje.

Em meados do século XX, o professor Bernard Ramm insistiu em afirmar que os cristãos deveriam abandonar a teoria do intervalo, pelo fato de ser irremediavelmente incapaz de explicar as evidências geológicas. Ele defendeu um concordismo mais moderado de acordo com o qual a Bíblia e a geologia contam, de modo geral, a mesma história, mas afirmava que não há necessidade de correlacionar os dias específicos com os eventos geológicos. Ele até interpretou o dilúvio de Noé como um evento local na Mesopotâmia em vez de ser um acontecimento mundial (em nosso sentido do termo hoje). Esse movimento de afastamento de uma interpretação literal do Gênesis foi bem recebido por alguns cristãos, mas não por todos.

2. O Criacionismo da Terra Jovem atual

John Whitcomb era um professor de estudos bíblicos que se irritou muito com a tendência liberalizante do trabalho de Ramm. Em 1957, ele escreveu um longo manuscrito sobre o Dilúvio de Gênesis em resposta a Ramm. A editora cristã conservadora Moody Press interessou-se pela obra, mas achou que os aspectos científicos do argumento de Whitcomb seriam mais eficazes se fossem escritos por um cientista. Ele tentou arduamente encontrar alguém com as qualificações científicas necessárias que concordasse com sua interpretação literal do dilúvio. Por fim, encontrou Henry Morris, um engenheiro civil com ph.D. em hidráulica que era defensor convicto de um dilúvio mundial e de uma terra jovem. Whitcomb e Morris se uniram para escrever o livro seminal do movimento do Criacionismo da Terra Jovem atual, *The Genesis Flood* [*O dilúvio do Gênesis*]. Depois de revisar o manuscrito, a Moody Press recusou-se a publicar o livro com receio de que ofendesse seu público (o que mostra o quanto essa visão estava fora do evangelismo americano da época). Em vez disso, o livro foi publicado pela Presbyterian and Reformed Publishing Company em 1961.

Não há dúvida de que *The Genesis Flood* teve um enorme impacto na orientação do pensamento de cristãos na segunda metade do século XX. A insistência de Whitcomb e de Morris em uma leitura literal de Gênesis 1–11 caiu em ouvidos ávidos por se contrapor às tendências liberalizantes da sociedade americana. Esse fenômeno parece ser influenciado pela tendência de muitos cristãos a se deixar convencer pelo dualismo criado pela guerra de culturas que joga o sagrado contra o secular. Quase invariavelmente, os criacionistas da Terra Jovem de hoje são, a princípio, convencidos de que a Bíblia dá uma explicação muito diferente da ciência "secular" para a história natural. Em seguida, uma pseudociência é adaptada para confirmar suas crenças. Parte dessa "Ciência da Criação" parece fazer alegações plausíveis. Contudo, teorias científicas são flexíveis o bastante para que se possa encontrar algum grau de apoio para a maioria das posições. Sempre há anomalias em relação às teorias científicas dominantes, portanto, se destacarmos essas anomalias e as tirarmos do contexto do que as teorias explicam com sucesso, será possível construir um argumento para algo que seja contrário às posições estabelecidas.

> **Ellen White (1827-1915)**
> Uma das fundadoras da Igreja Adventista do Sétimo Dia, era conhecida por suas visões, que eram consideradas oficiais por seus seguidores. Uma dessas é reconhecida como a origem do movimento criacionista da Terra Jovem moderno, quando ela afirma ter sido carregada de volta para o tempo da criação e visto que esta aconteceu em uma semana com a duração de qualquer outra semana.

> **George McCready Price (1870-1963)**
> Seguidor adventista de White que ajudou a propagar suas ideias. Ele era um geólogo amador autodidata que defendeu a geologia diluviana em uma tentativa de dar uma base científica ao Criacionismo da Terra Jovem.

Essa abordagem é refletida em *The Genesis Flood*, que começa com um endosso da inspiração verbal e da inerrância da Escritura (estas são examinadas no próximo capítulo). Em seguida, Whitcomb justifica pela perspectiva bíblica por que a doutrina da Bíblia se refere a um dilúvio universal, e isso leva Morris a apresentar uma escolha peremptória: se a Bíblia fala claramente de um dilúvio universal, isso deixa duas opções: rejeitar a palavra inspirada de Deus ou rejeitar o testemunho dos muitos milhares de geólogos por formação (WHITCOMB e MORRIS, 1961, 117-118). Não existe a opção de deixar a ciência influenciar a interpretação da Bíblia ou de trabalhar de alguma maneira para conciliar as mensagens da ciência e da Bíblia. Morris afirmava ser um defensor da abordagem dos "Dois Livros" (discutida no capítulo 1), mas não conseguia tolerar a possibilidade de que o mundo de Deus revelasse qualquer coisa que fosse contrária ao seu entendimento da palavra de Deus. E, como estava absolutamente seguro do que a Bíblia dizia, precisou desenvolver uma ciência alternativa que corroborasse essas concepções.

A posição criacionista da Terra Jovem teve um aumento drástico de popularidade entre cristãos conservadores na segunda metade do século XX. Hoje, o Criacionismo da Terra Jovem adota os seguintes princípios básicos:
- O universo e a Terra são criações relativamente recentes – seis a dez mil anos atrás.
- Adão e Eva foram criados *de novo* no sexto dia da Criação. Eles são os primeiros seres humanos e os ancestrais de todos os seres humanos.
- Adão e Eva pecaram, causando a Queda – antes da qual não ocorria nenhuma morte nem mesmo entre a vida animal – e transmitindo o pecado original a todos os seres humanos subsequentes.
- Houve um dilúvio mundial na época de Noé que cobriu completamente a Terra, o que justifica os traços geológicos que encontramos na Terra hoje.

Jason Rosenhouse é um professor de matemática que começou a acompanhar o movimento criacionista da Terra Jovem por causa das batalhas em torno do ensino de ciências em Kansas. Ele escreveu um livro sobre sua participação nas conferências do movimento e suas interações pessoais com seus defensores. Ele afirma que o palco e o púlpito são os locais naturais para a discussão e a disseminação do criacionismo. "Desde que o público seja, de modo geral, receptivo e não haja oportunidade para contraposições, seu fanatismo confiante é contagioso." Contudo, quando as ideias são apresentadas em um meio equilibrado de deliberação e de padrões rigorosos para as evidências, elas se tornam muito menos impressionantes. "Destituído de seu emocionalismo, nada resta além de seus erros científicos grosseiros" (ROSENHOUSE, 2012, 5). Essa descrição pode ser precisa em relação a 99% dos criacionistas da Terra Jovem. Fowler e Kuebler (2007, 195) citam Kurt Wise, um influente criacionista da Terra Jovem com ph.D. em geologia em Harvard que calcula que 95% dos criacionistas da Terra Jovem são consumidores conscientes. Eles constituem a ampla maioria dos participantes de conferências e eventos de criacionistas da Terra Jovem que absorvem os sermões e a retórica sem questionar. De acordo com Wise, outros 4% são os "cruzados", que a princípio são figuras públicas do movimento e foram em grande medida responsáveis pelo sucesso de disseminar a doutrina e por criar uma fama ruim dentro da comunidade científica. E resta 1% que, diz Wise, são os cientistas sérios que estão construindo sistemas explicativos para tentar dar apoio às suas crenças. Esses sistemas, às vezes, distanciam-se muito da ciência dominante, mas os cientistas criacionistas da Terra Jovem são levados a eles pelo seu compromisso anterior com uma determinada leitura da Escritura. No próximo capítulo, vamos ver as várias maneiras como os cristãos podem ler a Escritura; antes disso, porém, precisamos examinar outro movimento contemporâneo que foi influente nas discussões sobre ciência e cristianismo.

Organizações criacionistas

Answers in Genesis
Fundada em 1994, esta é a mais visível e influente das organizações da Terra Jovem. Seu presidente, Ken Ham, e seu Museu da Criação são ícones do movimento da Terra Jovem.

The Creation Research Society
Fundada por Henry Morris em 1963 para patrocinar pesquisas e publicações científicas de perspectiva criacionista. Publica o *Creation Research Society Quarterly*.

The Institute for Creation Research
Fundado em 1972 na Califórnia por Henry Morris e Duane Gish como uma organização apologética para o Criacionismo da Terra Jovem. Depois que Morris morreu, em 2006, a organização se mudou para Dallas, Texas.

3. *Design* Inteligente

Outra abordagem que, às vezes, é agrupada com o criacionismo é o que se conhece como *Design* Inteligente. A organização mais proeminente que defende o *Design* Inteligente é o Discovery Institute, em Seattle. É um centro de estudos dedicado a se contrapor a uma visão de mundo materialista e a seus efeitos sobre a ciência, a economia, a política e a religião. Especificamente com relação à ciência, o Discovery Institute afirma que busca "contrapor-se à interpretação materialista da ciência demonstrando que a vida e o universo são produtos de *design* inteligente e questionando a concepção materialista de um universo autoexistente e auto-organizado e a visão darwiniana de que a vida se desenvolveu por um processo cego e desprovido de propósito" (DISCOVERY INSTITUTE, 2016).

Pode ser enganoso rotular o *Design* Inteligente de "criacionista", já que a maioria dos defensores do *Design* Inteligente aceita a idade antiga do universo e muitos aceitam a teoria da ancestralidade comum. O que eles não aceitam – e têm em comum com os criacionistas – é que exista uma teoria científica adequada para explicar o desenvolvimento da vida. Ou talvez seja mais exato dizer que eles não acham que explicações científicas que não incluam uma referência específica a uma "mente" ou a uma "causa inteligente" sejam adequadas. Se esse tipo de referência é ou não adequado para explicações científicas é o centro da discordância entre teóricos do *Design* Inteligente e cientistas convencionais. É por isso que seus oponentes os acusam de não estar realmente fazendo ciência (e de ser apenas criacionistas disfarçados), uma vez que recorrem a entidades sobrenaturais. Abordamos esse debate sobre naturalismo metodológico no capítulo 6.

É um tanto curioso que o movimento do *Design* Inteligente tenha surgido de forma tão destacada em discussões recentes sobre ciência e religião, já que não é essencial identificar a causa inteligente com Deus. É um fato que a esmagadora maioria dos apoiadores do *Design* Inteligente são cristãos, mas isso é minimizado pelo Discovery Institute. Duas razões podem ser apresentadas para justificar a supressão de uma conexão aberta com a religião: primeiro, Phillip Johnson, um dos fundadores do movimento do *Design* Inteligente, defende o uso do que ele chama de "estratégia da cunha" contra o "preconceito materialista" do darwinismo. Eles resistem a considerar argumentos teístas diretamente, portanto Johnson acha que é melhor começar expondo as fraquezas das teorias científicas, primeiro, e que isso abrirá o caminho para o teísmo, mais tarde. Ele diz:

> Para nos situarmos em uma base mais racional, a primeira coisa que precisa ser feita é tirar a Bíblia da discussão. Muitas pessoas, incluindo jornalistas, viram o filme *O vento será tua herança* e se convenceram de que todos que questionam

o darwinismo com certeza querem remover os microscópios e livros-texto das aulas de biologia e ler apenas o livro do Gênesis para os alunos. É fundamental não dar nenhum incentivo a esse preconceito e manter a discussão estritamente nas evidências científicas e nos pressupostos filosóficos. Isso não quer dizer que os assuntos bíblicos não sejam importantes; o ponto é que o momento de abordá-los será depois que tivermos separado o preconceito materialista do fato científico (JOHNSON, 1999, 22).

Outra razão para minimizar as conexões religiosas é o desejo da comunidade do *Design* Inteligente de ver sua teoria ensinada nas escolas públicas americanas. Se sua teoria for realmente apenas ciência, ela não deve ser barrada da educação pública. Mas a história não foi favorável a eles nesse aspecto, e é nesse ponto que sua ligação com o criacionismo é mais difícil de ser negada.

A lei do Tennessee de 1925 que estava no centro do julgamento Scopes proibia o ensino de "qualquer teoria que negue a História da Criação Divina do homem conforme ensinada na Bíblia". Mas, em 1947, a Suprema Corte dos Estados Unidos determinou que os Estados deveriam obedecer às restrições da chamada "*establishment clause*"[1] da Constituição dos Estados Unidos. E, em 1968, a Corte derrubou uma lei de Arkansas que era similar à lei do Tennessee. Como não podiam mais proibir o ensino da evolução por lei, os criacionistas voltaram-se para o desenvolvimento científico de suas teorias e começaram a usar a expressão "ciência da criação" ou "criacionismo científico". Eles não escondiam o fato de que eram cristãos, mas afirmavam que suas teorias podiam ser justificadas com bases puramente científicas. A maioria dos cientistas discordou, e os juízes se posicionaram contra o criacionismo religioso repetidamente. Por volta da virada do século, os apoiadores do *Design* Inteligente haviam se tornado mais sofisticados em suas defesas científicas e mais cautelosos quanto a suas filiações religiosas. A estratégia chegou a um ponto crítico em 2004, quando a diretoria de uma escola em Dover, Pensilvânia, optou por exigir que os professores de ciências lessem uma declaração para suas classes de que a evolução é apenas uma teoria e o *Design* Inteligente é uma teoria científica alternativa. Os alunos deveriam usar um livro-texto pró-*Design* Inteligente chamado *Of Pandas and People*. Um grupo de pais e professores entrou com uma ação contra a escola e o *Design* Inteligente chegou ao tribunal.

Testemunhas de alta visibilidade foram chamadas de ambos os lados. O argumento essencial era que o *Design* Inteligente poderia ser legitimamente chamado de ciência. A promotoria se propôs a estabelecer que o *Design* Inteligente era

---

1. Cláusula que proíbe que se dê preferência a uma religião específica. (N. da T.)

apenas um ramo do criacionismo e seu argumento foi particularmente convincente. Demonstrou que o livro-texto em questão, *Of Pandas and People,* havia se originado como uma obra de criacionismo científico e, em versões posteriores, a palavra "criacionistas" foi substituída por "defensores do design" em todo o texto. Em uma passagem particularmente condenatória, o texto traz "*cdesign proponentsists [sic] accept the latter view*" – um erro evidente do procedimento de localizar e substituir (MATZKE, 2009, 383).

O juiz John E. Jones III, ele próprio um republicano conservador indicado pelo presidente G. W. Bush, redigiu uma decisão de 139 páginas considerando a exigência da diretoria da escola de Dover inconstitucional (a conclusão dessa decisão está reproduzida no quadro a seguir). Ele se convenceu pelos testemunhos de que o *Design* Inteligente não se qualifica como ciência porque recorre a causas sobrenaturais. Para entender melhor essa acusação, precisamos examinar alguns dos argumentos específicos que o *Design* Inteligente usa.

> Conclusão do juiz Jones
>
> "A aplicação adequada tanto do teste do endosso como do teste de *Lemon* aos fatos deste caso deixa abundantemente claro que a Política de Design Inteligente da diretoria viola a Establishment Clause. Para chegar a esta decisão, examinamos a questão seminal sobre o Design Inteligente ser ou não ciência. Concluímos que não é e, além disso, que o Design Inteligente não pode se dissociar de seus antecedentes criacionistas e, assim, religiosos.
>
> Tanto os réus como muitos dos principais defensores do Design Inteligente partem de um pressuposto básico que é totalmente falso. Seu pressuposto é que a teoria da evolução é antitética quanto a uma crença na existência de um ser supremo e à religião em geral. Reiteradamente neste julgamento, especialistas científicos do lado dos autores da ação provaram que a teoria da evolução representa a boa ciência, é amplamente aceita pela comunidade científica e de forma alguma conflita com a existência de um criador divino ou a nega.
>
> É verdade que a teoria da evolução de Darwin é imperfeita. No entanto, o fato de uma teoria científica não poder ainda oferecer uma explicação para todos os pontos não deve ser usado como pretexto para forçar a introdução de uma hipótese alternativa não testável apoiada na religião em uma classe de ciências ou para apresentar de forma equivocada proposições científicas bem estabelecidas.
>
> Os cidadãos da área de Dover foram mal servidos pelos membros da diretoria que votaram pela Política do Design Inteligente. É irônico que vários desses indivíduos, que com tanta firmeza e tanto orgulho ostentaram suas convicções religiosas em público, mintam repetidamente para encobrir as pistas e disfarçar o real propósito que está por trás da Política do Design Inteligente.
>
> Dito isso, não questionamos o fato de que muitos dos principais defensores do Design Inteligente tenham crenças profundas e de boa-fé que impulsionem suas

atividades acadêmicas. Também não nos opomos a que o Design Inteligente continue a ser estudado, debatido e discutido. Como declarado, nossa conclusão hoje é que é inconstitucional ensinar o Design Inteligente como uma alternativa à evolução em uma classe de ciências de uma escola pública.

Aqueles que discordam de nossa posição provavelmente a marcarão como produto de um juiz ativista. Se assim for, terão errado, uma vez que este, manifestamente, não é um tribunal ativista. De fato, este caso veio a nós como resultado do ativismo de uma facção mal-informada em uma diretoria escolar auxiliada por um escritório de advocacia de interesse público nacional ávido por encontrar um caso de teste constitucional sobre Design Inteligente, que, combinados, levaram a diretoria a adotar uma política imprudente e, em última instância, inconstitucional. A impressionante inutilidade da decisão da diretoria é evidente quando considerada em relação ao pano de fundo factual que foi totalmente revelado durante este julgamento. Os alunos, pais e professores do Distrito Escolar da Área de Dover não mereciam ter sido arrastados para este redemoinho jurídico, com seu resultante total desperdício de recursos monetários e pessoais.

Para preservar a separação de Igreja e Estado exigida pela Establishment Clause da Primeira Emenda da Constituição dos Estados Unidos, e o Art. I, § 3, da Constituição da Pensilvânia, determinaremos que os réus sejam permanentemente proibidos de manter a Política de Design Inteligente em qualquer escola dentro do Distrito Escolar da Área de Dover, de exigir que os professores desvirtuem ou desacreditem a teoria científica da evolução e de exigir que os professores façam referência a uma teoria religiosa alternativa conhecida como Design Inteligente" (JONES, 2005, 136-138).

4. Complexidade irredutível e informação

Um dos principais argumentos usados pelo movimento do *Design* Inteligente é o que eles chamam de complexidade irredutível. O bioquímico Michael Behe escreveu um dos livros seminais do *Design* Inteligente em 1996, chamado *A caixa preta de Darwin*, em que argumenta que a evolução não pode explicar como certas estruturas se desenvolveram ao longo do tempo por meio de modificações lentas e sucessivas. Estruturas irredutivelmente complexas têm muitas partes funcionando juntas, de modo que a ausência de uma delas torna a estrutura inteira não funcional. Behe usa a analogia de uma ratoeira para explicar o conceito: uma ratoeira precisa de base, mola, martelo, trava e barra de retenção; sem qualquer uma dessas peças, não é como se a ratoeira fosse um pouco menos eficaz – ela simplesmente não funcionaria para pegar ratos. O mesmo acontece, afirma Behe, com estruturas como flagelos de bactérias ou o sistema de coagulação do sangue. Algumas bactérias têm flagelos que requerem cerca de quarenta proteínas diferentes para funcionar adequadamente. Seria uma coincidência absurda que todas as quarenta tivessem se desenvolvido por mutações aleatórias ao mesmo tempo para fazer a estrutura funcionar; e, sem qualquer uma das quarenta proteínas, ela não funcionaria de jeito nenhum. Portanto, Behe afirma que a melhor explicação é que há um autor inteligente por trás desse desenvolvimento em vez de apenas mutações fortuitas e seleção natural.

Claro que a maioria dos biólogos evolucionistas não se convencem com esse argumento. Alguns anos depois da publicação de *A caixa preta de Darwin*, muitos cientistas apresentaram exemplos de como estruturas que poderiam ser vistas como irredutivelmente complexas podem ter se desenvolvido pouco a pouco por processos naturais, com frequência pela cooptação de estruturas já existentes para outros propósitos. Embora algumas dessas explicações pareçam convincentes, é preciso admitir que há muitas coisas na evolução de estruturas específicas que ainda não compreendemos (e talvez nunca venhamos a compreender). Enquanto essa lacuna em nosso conhecimento persistir, defensores do *Design* Inteligente podem continuar a afirmar que a explicação deles é viável.

> "Por irredutivelmente complexo eu me refiro a um sistema individual composto de várias partes bem ajustadas e interagentes que contribuem para a função básica, de modo que a remoção de qualquer uma das partes faz o sistema parar totalmente de funcionar. Um sistema irredutivelmente complexo não pode ser produzido diretamente (ou seja, aperfeiçoando continuamente a função inicial, que continua a funcionar pelo mesmo mecanismo) por meio de modificações mínimas e sucessivas de um sistema precursor, porque qualquer precursor de um sistema irredutivelmente complexo ao qual falte uma parte é, por definição, não funcional" (BEHE, 1996, 39).

Há outro argumento usado pelos teóricos do *Design* Inteligente para defender sua posição. Na base da complexidade das células, de suas partes componentes e das proteínas de que estas são constituídas está a informação no código genético de todas as coisas vivas. Se novas estruturas aparecem de repente sem precursores, quantidades imensas de informação têm de aparecer de repente no DNA. Mas, mesmo supondo que estruturas irredutivelmente complexas possam ser explicadas de outras maneiras, outro autor de destaque entre os teóricos do *Design* Inteligente, Stephen Meyer, acha que ainda há um problema de informação que não pode ser explicado por mutações genéticas aleatórias e seleção natural.

O DNA funciona como um conjunto de instruções para as células construírem as proteínas específicas necessárias para manter nossas funções biológicas. O genoma humano tem mais de 3 bilhões de pares de bases de comprimento, e o DNA, mesmo dos organismos mais simples, ainda tem centenas de milhares de pares de bases (o menor conhecido até o momento é o genoma de 112 mil pares de bases da *Nasuia deltocephalinicola*, um micróbio que vive dentro de um inseto fitófago). Meyer questiona como quantidades enormes de informações funcionalmente específicas poderiam ter surgido no DNA, para começar. Há quatro bases nitrogenadas diferentes (adenina, timina, guanina e citosina) constituindo os nucleotídeos de que a fita de DNA é formada. Cada três pares de bases codificam um entre os vinte aminoácidos que ocorrem naturalmente; depois, uma cadeia de centenas ou milhares de aminoácidos compõe uma proteína, e a sequência desses aminoácidos determina a estrutura e a função da proteína. Não há controvérsias quanto ao fato de que o DNA é informação – informação crucialmente importante para a vida.

Em seu livro de 2009, *Signature in the Cell*, Meyer examina os candidatos a explicação científica para a origem dessa informação. Estes incluem acaso, auto-organização e a Hipótese do Mundo de RNA. A estratégia de Meyer é similar à de Behe: fazer um levantamento dos melhores candidatos que os cientistas propuseram como explicações "naturais" e argumentar que eles são todos inadequados para a tarefa; depois, lembrar aos leitores que nós sabemos que mentes conscientes podem criar grandes quantidades de informações; por fim, concluir que a melhor explicação disponível para a origem do DNA é que há uma consciência inteligente que é, em última análise, responsável. Meyer publicou outro livro em 2013, *Darwin's Doubt*, em que aplica a mesma estratégia à enorme explosão de formas de vida ocorrida durante o período Cambriano.

Há algumas respostas-padrão para a conclusão do *Design* Inteligente de que o mundo natural só pode ser explicado afirmando que há uma consciência inteligente por trás dele. Uma é que há também evidências consideráveis de *design* ruim em sistemas naturais. Por exemplo, quando o tamanho do cérebro humano aumentou em comparação com o de outros primatas, nossa mandíbula teve de se reduzir para que a cabeça ainda pudesse caber no canal de parto (foi só recentemente que passamos a recorrer a nascimentos por cesariana para evitar as antes muito comuns mortes de mães e bebês no parto). Nossas mandíbulas menores não têm espaço suficiente para todos os nossos dentes, por isso os dentes do siso têm de ser removidos e outros ficam espremidos. Há outros casos de "design" que parecem testemunhar contra um engenheiro sábio e bom que fez as coisas do jeito que são. O famoso exemplo de Darwin foi o da vespa *Ichneumonidae*, que deposita um ovo dentro de uma lagarta e, quando este eclode, as jovens vespas abrem caminho para sair comendo em volta, e mantendo a lagarta viva tanto tempo quanto possível como fonte de alimento. Esses e outros exemplos de "males naturais" são explicados pelos criacionistas da Terra Jovem como resultados do pecado e da Queda. Antes do pecado de Adão e Eva, afirmam eles, não havia esses problemas na natureza (nem mesmo predação). Mas a maior parte dos proponentes do *Design* Inteligente já aceitou a ciência suficientemente para saber que esses "problemas" eram parte da natureza muito antes que os seres humanos entrassem em cena (o problema do mal natural será examinado no capítulo 12).

Outra resposta à conclusão do *Design* Inteligente é que ela deixa de ser ciência se tivermos de postular uma causa sobrenatural no meio de uma explicação natural. Alguns cristãos parecem encontrar conforto nessas intervenções sobrenaturais, acreditando que elas mantêm Deus envolvido nas questões do mundo. Na verdade, porém, introduzir Deus nas lacunas das explicações naturais já é uma concessão ao deísmo que eles estão tentando evitar. Pois a implicação é que, se houver uma explicação natural, então Deus não deve ser necessário. Agarrar-se a essas lacunas parece ser a única maneira, na percepção deles, de manter Deus participante. Contudo, conforme as explicações científicas se tornam cada vez melhores, o Deus das Lacunas tem cada vez menos a fazer. Não há muita diferença entre o deus deísta que deu início às coisas e depois se recostou e ficou assistindo e o deus do *Design* Inteligente que se recosta e assiste por um tempo, depois se insere um pouco no processo para fazer algo funcionar e volta a se recostar e assistir. O Discovery Institute resiste à afirmação de que fazem uso de uma estratégia de um Deus das Lacunas. Eles insistem firmemente que não recorreram à inteligência apenas porque não há outras explicações, mas porque, no fim das contas, essa é a melhor explicação. Na raiz de sua discordância com os outros cientistas, no entanto, está a questão de se ainda é possível considerar que a explicação é científica quando um dos elementos dela é "um autor inteligente fez assim". Examinamos essa questão mais detalhadamente no capítulo 6. Primeiro, temos que dedicar um pouco mais de tempo a investigar como a Bíblia é usada pelos cristãos em discussões de ciência.

Resumo dos pontos principais

1. O Criacionismo da Terra Jovem foi uma reação às tendências "liberalizantes" de alguns cristãos depois do desenvolvimento de teorias modernas da ciência.
2. Os criacionistas da Terra Jovem hoje estão convencidos de que sua leitura literal da Escritura é correta e, portanto, tentam desenvolver teorias científicas alternativas para corroborar essa leitura.
3. O Design Inteligente suprimiu suas motivações religiosas e aceita a maior parte da ciência vigente, mas ainda não é visto como adequadamente científico por cientistas tradicionais e pelos tribunais.
4. O Design Inteligente tenta mostrar que explicações naturais de alguns fenômenos são inadequadas e que a melhor explicação recorre a um autor inteligente.

Leituras adicionais

- DAVIS, Edward B. "Science Falsely So Called: Fundamentalism and Science". In: *The Blackwell Companion to Science and Christianity*. STUMP, J. B.; PADGETT, Alan G. (org.). Malden: Wiley-Blackwell, 2012. Um histórico do fundamentalismo nos Estados Unidos e sua relação com a ciência.
- MEYER, Stephen. "Signature in the Cell: Intelligent Design and the DNA Enigma". In: *The Blackwell Companion to Science and Christianity*. STUMP, J. B.; PADGETT, Alan G. (org.). Malden: Wiley-Blackwell, 2012. Um resumo de seu volumoso livro que argumenta que a informação no DNA é mais bem explicada postulando um autor inteligente.
- MORAN, Jeffrey P. *American Genesis: The Evolution Controversies from Scopes to Creation Science*. Oxford: Oxford University Press, 2012. Um exame das forças sociais que contribuíram para a ascensão do Criacionismo da Terra Jovem e do *Design* Inteligente.
- NUMBERS, Ronald L. *The Creationists: The Evolution of Scientific Creationism*. Nova York: Alfred A. Knopf, 1992. O relato definitivo da história intelectual do criacionismo científico como ele se desenvolveu no século XX.
- ROSENHOUSE, Jason. *Among the Creationists: Dispatches from the Anti-Evolutionist Front Line*. Oxford: Oxford University Press, 2012. Um ateu apresenta um relato esclarecedor e empático de sua participação em conferências de criacionistas da Terra Jovem.

Referências bibliográficas

AUGUSTINE. *The Literal Meaning of Genesis*. Mahwah: Paulist Press, 1982, v. 1.

BEHE, Michael J. *Darwin's Black Box: The Biochemical Challenge to Evolution*. Nova York: The Free Press, 1996.

DISCOVERY INSTITUTE. "About Discovery". Disponível em: <http://www.discovery.org/about.php>, 2016. Acesso em: 17 fev. 2016.

FOWLER, Thomas B.; KUEBLER, Daniel. *The Evolution Controversy: A Survey of the Competing Theories*. Grand Rapids: Baker Academic, 2007.

JOHNSON, Phillip E. "The Wedge: Breaking the Modernist Monopoly on Science". *Touchstone: A Journal of Mere Christianity*, jul./ago. 1999, v. 12, n. 4.

JONES III, John E. "Kitzmiller v. Dover, Memorandum Opinion", 2005. Disponível em: <http://web.archive.org/web/20051221144316/>; <http://www.pamd.uscourts.gov/kitzmiller/kitzmiller_342.pdf>. Acesso em: 17 fev. 2016.

LARSON, Edward J. *Summer for the Gods: The Scopes Trial and America's Continuing Debate over Science and Religion*. Nova York: Basic Books, 1997.

MATZKE, Nick. "But Isn't It Creationism? The Beginnings of 'Intelligent Design' in the Midst of the *Arkansas* and *Louisiana* Litigation". In: *But Is It Science: The Philosophical Question in the Creation/Evolution Controversy*. PENNOCK, R. T.; RUSE, M. (org.). Amherst: Prometheus Books, 2009.

ROSENHOUSE, Jason. *Among the Creationists: Dispatches from the Anti-Evolutionist Front Line*. Oxford: Oxford University Press, 2012.

WHITCOMB, John C.; MORRIS, Henry M. *The Genesis Flood: The Biblical Record and Its Scientific Implications*. Filadélfia: The Presbyterian and Reformed Publishing Company, 1961.

CAPÍTULO 5
A Bíblia

Os cristãos são um povo de um livro. A Bíblia desempenha um papel fundamental e formativo para os cristãos em todas as áreas da vida – incluindo sua abordagem da ciência. Mas, claro, nem todos os cristãos usam ou entendem a Bíblia do mesmo modo. Uma das principais diferenças se dá entre protestantes e católicos.

Não muito depois da Reforma Protestante no século XVI, houve um crescente consenso entre os líderes da Igreja Católica para adotar medidas voltadas à sua própria reforma institucional e administrativa. Os protestantes haviam trazido à tona questões teológicas significativas, e os católicos sentiam necessidade de responder a elas. Em meio a essas questões havia, em destaque, um problema com a doutrina da justificação, que os protestantes proclamaram ser *sola fide, sola gratia* (apenas fé, apenas graça), mas também havia diferenças quanto à Escritura. Os protestantes haviam endossado o princípio da *sola scriptura* também, afirmando que a autoridade final para a doutrina e a prática é a Bíblia, não a Igreja. No famoso discurso de Martinho Lutero diante do sacro imperador romano Carlos V, ele disse que não mudaria suas opiniões e que, "a menos que fosse convencido pela Escritura e pela razão pura – eu não aceito a autoridade de papas e concílios, pois eles se contradizem uns aos outros –, minha consciência permanecerá cativa à palavra de Deus" (BAINTON, 1978, 144).

Os católicos responderam em 8 de abril de 1546 na Quarta Sessão do Concílio de Trento com este decreto sobre a Escritura:

> Ademais, a fim de refrear espíritos imprudentes, decreta que ninguém apoiado em seu próprio julgamento deve, em matérias de fé e moral pertinentes à edificação da doutrina cristã, distorcer as Sagradas Escrituras de acordo com suas

próprias concepções, pretender interpretá-las de maneira contrária à estabelecida pela Santa Madre Igreja, a quem cabe julgar seu verdadeiro sentido e interpretação, ou mesmo contrário ao ensinamento unânime dos padres, ainda que tais interpretações não sejam em tempo algum publicadas (LEITH, 1982, 403-404).

Essa declaração cria as bases para o conflito da Igreja com Galileu. Como foi descrito no capítulo 1, Galileu viu-se envolvido em problemas não tanto por suas descobertas científicas, como por sua pretensão de interpretar a Escritura de forma contrária à da Igreja Católica. A Igreja acreditava que a Escritura era a autoridade e acreditava que ela própria era o intérprete autorizado da Escritura. Ao proclamar *sola scriptura*, os reformadores negavam que a Igreja tivesse tal autoridade. Para eles, apenas a Escritura tinha a autoridade final.

Mas nem sempre é fácil saber o que a Escritura afirma. E, especialmente quando tentamos usá-la em diálogo com a ciência, há a dificuldade de discernir entre as afirmações e os pressupostos ligados à cultura e as afirmações que constituem a mensagem atemporal. É por isso que a Igreja Católica retém para si a autoridade de interpretar a Bíblia e dizer o que ela significa. Para os protestantes que defendem o princípio da *sola scriptura*, há também uma comparação interessante com o conceito dos "Dois Livros" que abordamos no capítulo 1. Vamos falar dessas duas questões primeiro, antes de nos voltarmos para a natureza da Escritura em si e para o que isso representa para sua discussão com a ciência.

Questões a serem abordadas neste capítulo

1. Como a *sola scriptura* se encaixa no modelo dos Dois Livros?
2. Qual é o desafio de interpretar a Escritura no modelo *sola scriptura*?
3. O que o texto em si parece indicar sobre a forma como Deus inspirou a Bíblia?
4. Como essa visão da inspiração afeta as discussões com a ciência?

1. Dois Livros *versus sola scriptura*

Como vimos no capítulo 1, há uma longa tradição de interpretar a ordem criada como outra fonte de revelação de Deus para nós – o livro das obras de Deus. Mas como os dois livros devem ser correlacionados? E o que isso significa para o princípio da *sola scriptura* da Reforma?

A doutrina da *sola scriptura* começou como um meio de unir os protestantes contra a Igreja Católica. Em sua essência, a Reforma Protestante dizia respeito a quem tinha a autoridade para determinar o conteúdo e a prática do cristianismo – indivíduos ou a instituição da Igreja. Na visão dos reformadores, a Igreja havia se tornado corrupta e servia a interesses próprios. Não era mais confiável para regular a si própria, e era necessário recorrer a uma autoridade fora da hierarquia da Igreja. Assim, Martinho Lutero assumiu sua posição contra a Igreja Católica com a Bíblia na mão. Na Bíblia, ele não encontrava nenhuma doutrina sobre papas e purgatório, ou indulgências e o papel das obras na salvação; portanto, rejeitava tudo isso. Sua intenção original não era fundar uma nova denominação, mas não pôde mais haver reconciliação com a instituição depois que ele puxou o tapete de baixo dela ao afirmar o direito dos indivíduos de determinar a ortodoxia por meio de sua própria leitura da Escritura. Depois, porém, essa doutrina que havia começado como um protesto unificador contra a instituição se tornou muito rapidamente a base para infindáveis divisões. A leitura de Lutero para a Escritura foi questionada por Zwinglio e Calvino; a deles foi questionada pelos anabatistas. E assim por diante. Em uma última contagem, o número de denominações cristãs distintas no mundo ultrapassava 33 mil (BARRETT, KURIAN e JOHNSON, 2001, 18).

Em vista dessa situação no cristianismo protestante atual, é evidente que a doutrina da *sola scriptura* envolve mais do que o *slogan* popular e aparentemente piedoso "A Bíblia diz, está dito". Os próprios reformadores – apesar de algumas citações que poderiam ser apresentadas – não teriam defendido essa abordagem para a Bíblia. Eles não defendiam o arqui-individualismo para a leitura da Bíblia que surgiu no contexto americano. Os reformadores entendiam que nossa leitura da Escritura devia ser informada e guiada pela tradição e pelos credos da Igreja. Eles apenas não acreditavam que essa tradição tivesse o mesmo peso que a própria Bíblia. Até John Wesley, teólogo do século XVIII e fundador do metodismo, reconheceu papéis para tradição, razão e experiência na formação do modo como entendemos a Bíblia, mesmo afirmando o tempo todo que a Escritura é a única verdadeira autoridade.

Contudo, nos Estados Unidos no século XVIII, o espírito da democracia permeava a maior parte da vida, e o modo de tratar a ciência e a Bíblia não era exceção. Em vez de serem reguladas por algum processo autoritário, tanto a ciência como a Bíblia eram abordadas de forma democrática. Essa era considerada a proteção mais segura contra as tendências da tradição para corromper (NOLL, 2009, 6). Mas como saber se a sua interpretação estava correta? Ela deveria ser fácil de identificar. Havia o pressuposto subjacente nessa abordagem de que a mensagem da Escritura é clara se ela for lida com atenção.

Desde a época dos padres da Igreja na tradição cristã houve uma abordagem multifacetada para a interpretação da Escritura. Além do significado literal das palavras, os interpretadores "profissionais" também discerniam o sentido espiritual do texto, que podia incluir um sentido alegórico, um sentido tropológico ou moral e um sentido anagógico ou futuro. De modo compreensível, esses sentidos espirituais do texto eram muito mais ambíguos, portanto, caso se desejasse obter uma mensagem clara, teria de haver uma ênfase maior no sentido literal da Escritura.

> **Cassiano e Agostinho sobre o quádruplo sentido da Escritura**
> Agostinho escreveu em seu *Comentário literal ao Gênesis:* "Em todos os livros sagrados, devemos considerar as verdades eternas que são ensinadas [o alegórico], os fatos que são narrados [o literal ou histórico], os eventos futuros que são previstos [o anagógico] e os preceitos ou conselhos que são dados [o tropológico ou moral]" (§ 1.1.1, AGOSTINHO, 1982, 19).
> João Cassiano (c. 360-435) deu um exemplo disso: "A Jerusalém única pode ser entendida de quatro maneiras diferentes: no sentido histórico como a cidade dos judeus, na alegoria como a Igreja de Cristo, na anagogia como a cidade celeste de Deus 'que é a nossa mãe' (Gl 4,26), no sentido tropológico como a alma humana" (CASSIANO, 1985, 160).

Um dos efeitos da ênfase no sentido literal foi diminuir a distinção entre a Escritura e outros livros: se não havia um sentido espiritual legítimo nas palavras, então os textos da Escritura não eram muito diferentes de outros textos que narravam eventos históricos e podiam ser lidos de maneira similar (HARRISON, 1998, 124). Talvez os indivíduos pudessem tirar morais diferentes da história de Jonas, ou de Noé, ou de Adão, mas essas eram aplicações do texto. A Bíblia em si era considerada clara em sua mensagem; esses foram personagens históricos e suas histórias aconteceram exatamente como é descrito – caso contrário, não poderíamos confiar na mensagem da Escritura.

A ênfase no sentido literal da Escritura também estimulou um exame mais cuidadoso da natureza (NOLL, 2009, 2). Uma maneira de ver isso é nos esforços dos estudiosos do Renascimento que fizeram uma análise minuciosa dos textos antigos (incluindo a Bíblia) para compreender as palavras que estavam sendo usadas. Por exemplo, ao traduzir textos do mundo antigo, palavras que representavam os nomes de plantas e animais poderiam ser simplesmente transliteradas, como os tradutores árabes fizeram ao longo de toda a Idade Média, sem se preocupar em correlacioná-las com espécies contemporâneas. Ou poder-se-ia identificar as espécies com base na descrição delas encontrada nos textos. Isso levou o tradutor renascentista a deixar a academia e sair para o campo a fim de fazer observações cuidadosas (HARRISON, 1998, 78).

Com a atenção maior ao mundo natural, a metáfora dos Dois Livros começou a parecer mais simpática para aqueles que estavam envolvidos com ciência e religião. Mas, então, a questão da relação entre as informações desses Dois Livros vinha inevitavelmente à tona. Sem muita reflexão séria, muitos consideravam que devia haver uma correlação direta entre as informações que a Bíblia dá e o que descobrimos na natureza. Um livro popular sobre ciência e cristianismo hoje endossa esse princípio explicitamente: "Se a Escritura tem algo a dizer sobre o mundo natural, o que é revelado na Escritura não deve contradizer o que é revelado estudando o mundo natural propriamente dito" (HAARSMA e HAARSMA, 2011, 73). Entretanto Mark Noll vê essa necessidade de harmonizar a natureza e a Bíblia como um dos pressupostos que criam o conflito entre ciência e religião (NOLL, 2009, 2). Por exemplo, quando Jesus é citado em Mateus dizendo que a semente de mostarda é a menor de todas as sementes (13,31-32) e depois observadores atentos da natureza descobrem que há, na verdade, muitas sementes menores, o que devemos fazer?

Os que seguem o modelo dos Dois Livros não podem simplesmente ignorar as declarações na Escritura que, em uma leitura literal simples, contradizem o que aprendemos na natureza. Claro que, às vezes, o que "aprendemos" na natureza acaba se revelando errado (isto é, aprendemos depois alguma outra coisa que se mostra uma explicação melhor). Contudo não é provável que o sistema solar heliocêntrico venha a ser derrubado; os cientistas também não vão descobrir que houve um dilúvio que cobriu a Terra inteira em algum momento dos últimos milhares de anos; nem a ancestralidade comum da vida será substituída. No entanto, há declarações na Bíblia que parecem contradizer tudo isso. Se estivermos comprometidos com a afirmação de que "o que é revelado na Escritura não deve contradizer o que é revelado se estudando o mundo natural propriamente dito", precisamos de um método mais sofisticado para interpretar a Escritura – que é o que Haarsma e Haarsma defendem, e é o que vamos abordar em seguida.

2. Interpretação

Há um modo de olhar para a ciência e a Bíblia de forma a ver um paralelo – embora não uma correspondência exata – entre a forma como os cristãos usam a Escritura e o modo como os cientistas usam dados empíricos. Com essa visão, é possível afirmar que não há conflito entre o mundo natural e a Bíblia, mas pode haver conflito entre nossa interpretação da Bíblia e nossa interpretação do mundo natural. Essas interpretações são tentativas humanas de compreender e explicar, enquanto a natureza e a Bíblia são revelações dadas por Deus – os Dois Livros

– que não podem contradizer uma à outra. Assim, qualquer conflito percebido é resultado de nossas interpretações equivocadas de uma ou da outra fonte (ou de ambas). Para avaliar essa abordagem, precisamos usar algum tempo para compreender o processo surpreendentemente complexo da interpretação, ou o que é às vezes chamado de hermenêutica.

O primeiro ponto a considerar é que os dados quase sempre subdeterminam as teorias que os explicam. Isso quer dizer que os dados não nos obrigam de forma absoluta a acreditar em uma teoria específica; ou, dizendo de outra maneira, mais de uma teoria pode ser consistente com os dados. Para ilustrar isso de modo um pouco abstrato, e com alguma elegante terminologia latina, digamos que os pontos no diagrama a seguir sejam os *explananda* (as coisas que queremos explicar):

Esses *explananda* são pontos de dados individuais, como as medidas obtidas em um experimento, ou afirmações individuais feitas na Escritura. O que desejamos fazer com teorias científicas ou teológicas é oferecer uma explicação – chamada de *explanans* – que se aplique a esses pontos de dados. Nesta ilustração, digamos que o *explanans* seja a forma sugerida pelos pontos. Assim, se temos esses quatro pontos, a pergunta interpretativa a considerar é: "Que forma eles parecem estar criando?". E a questão da subdeterminação é que mais de uma forma é consistente com esses pontos. De fato, matematicamente falando, há um número infinito de formas que poderiam incorporar esses quatro pontos. Então, nós, talvez inconscientemente, decidimos que a simplicidade é uma virtude de explicações potenciais, e isso estreita o campo de forma considerável, mas, ainda assim, temos vários candidatos viáveis: um losango, um círculo ou uma cruz se encaixariam nesses pontos muito bem.

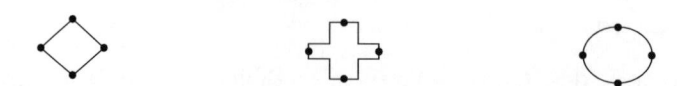

O que as boas explicações devem fazer, portanto, é prever ou ser capazes de incorporar novos pontos de dados que possam ser encontrados, e, presumivelmente, esses pontos de dados futuros ajudarão a esclarecer qual forma é a melhor. Por exemplo, os "teóricos do círculo" diriam que pontos de dados futuros nestas posições seriam evidências que confirmariam sua explicação:

Mas o "teórico do losango" poderia afirmar que os novos pontos de dados têm erros experimentais em excesso, ou mesmo que a explicação básica do losango ainda se mantém, com alguns adornos "circulares" apropriados:

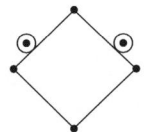

Da mesma forma, teólogos cristãos olham para a Bíblia como uma fonte de revelação sobre Deus. E consideram afirmações individuais feitas ali como parte dos "dados" a ser explicados. Por exemplo, em uma versão muito simplista disso, vemos que a Escritura afirma que Deus é o criador (Gn 1,1) e que Deus criou tudo em seis dias (Ex 20,11). Isso parece mostrar que o Criacionismo da Terra Jovem tem a melhor explicação para os dados. Mas, então, alguém talvez traga outro ponto de dados da Bíblia, "diante de Deus, um só dia é como mil anos" (2Pd 3,8 e Sl 90,4); essa pessoa poderia concluir que a afirmação de seis dias pode ser explicada em um sentido não literal. Outra pessoa poderia trazer um versículo de Romanos (5,14) em que o apóstolo Paulo aparentemente se refere a Adão como uma figura histórica; ela poderia dizer que isso oferece a chave interpretativa para decidir se a explicação teológica correta exige que todos os seres humanos sejam descendentes de um único par de humanos que residia no Jardim do Éden. Outros podem fazer grandes esforços para refutar ou reinterpretar esse ponto de dados de modo que se encaixe melhor em sua explicação.

Infelizmente, esse é o nível em que boa parte do debate bíblico acontece para aqueles que tentam seriamente considerar a Escritura uma fonte com autoridade de revelação. Há um pressuposto subjacente de que cada afirmação direta tirada da Escritura deve ser incorporada ao *explanans*, e a "forma" resultante é declarada a posição bíblica verdadeira. Dentro das denominações cristãs conservadoras, isso levou a afirmações de inerrância bíblica – a afirmação de que a Bíblia (pelo menos em seus manuscritos originais) não contém nenhum erro em suas declarações factuais. A articulação mais bem conhecida dessa posição vem da "Declaração de Chicago sobre a inerrância bíblica", desenvolvida por um grupo de líderes evangélicos em 1978 em uma reunião em Chicago.

> **Trecho da "Declaração de Chicago sobre inerrância"**
> "Sendo totalmente e verbalmente dada por Deus, a Escritura é sem erro ou falha em toda a sua doutrina, e não menos no que afirma sobre os atos de Deus na criação, sobre os eventos da história do mundo e sobre suas próprias origens literárias em Deus, do que em seu testemunho da graça salvadora de Deus nas vidas individuais" (Center for Reformed Theology and Apologetics, 1978).

Como, então, os inerrantistas lidam com as declarações claras na Escritura que contradizem o que descobrimos na natureza? Claro que há alguns que negam que tenhamos descoberto uma ancestralidade comum (discutimos a evolução no capítulo 9) ou evidências claras de que não houve um dilúvio global na história recente. Eles geralmente não negam, no entanto, o heliocentrismo ou que há sementes menores que a semente de mostarda. Em vez disso, precisam empregar uma série de estratégias interpretativas – adornando a "forma" de seu *explanans*. Talvez Jesus estivesse exagerando para dar um efeito melhor ao dizer que a semente de mostarda era a menor; ou talvez ele estivesse se referindo apenas aos tipos de sementes com que seu público estava familiarizado. Talvez, quando Josué ordenou que o Sol se imobilizasse (Js 10), Deus estivesse adaptando sua linguagem a seu público original (como eles teriam reagido se Josué tivesse mandado a Terra parar de girar?!).

Só a sugestão desses casos já deveria nos fazer parar e pensar sobre o pressuposto da *sola scriptura* de que a mensagem da Bíblia é clara e facilmente inteligível. Se essas leituras aparentemente diretas acabaram não se mostrando a maneira correta de ler a Escritura, o que mais podemos estar entendendo errado nessa leitura? Parece que a interpretação é um componente inescapável ao se tentar compreender o que a Escritura quer dizer. Mas, uma vez que se admita isso, a doutrina da inerrância perde muito de sua força. Pouquíssimas pessoas afirmariam que suas interpretações são inerrantes; portanto, assim que elas tentam dizer o que as passagens da Escritura significam, suas interpretações podem ser questionadas por outros que afirmam ter uma interpretação melhor. O sociólogo Christian Smith pesquisou o modo como a Bíblia funciona em contextos protestantes americanos conservadores em que se adere a uma versão de *sola scriptura* (biblicismo) e descreve o problema como segue:

> A mesma Bíblia – que os biblicistas insistem que é clara e harmoniosa – dá origem a entendimentos divergentes entre leitores inteligentes, sinceros e comprometidos quanto ao que ela diz sobre a maioria dos tópicos de interesse. O conhecimento da doutrina "bíblica", em suma, é caracterizado por um pluralismo interpretativo disseminado. O que isso significa, em conse-

quência, é o seguinte: em um sentido crucial, simplesmente não importa se a Bíblia é tudo o que os biblicistas afirmam teoricamente com respeito a autoridade, infalibilidade, coerência interna, perspicuidade etc., uma vez que, em seu funcionamento efetivo, a Bíblia produz um pluralismo de interpretações (SMITH, 2011, 17).

> "Biblicismo" Christian Smith (ibid., 4-5) define o biblicismo com dez pressupostos ou crenças sobre a natureza, o propósito e a função da Bíblia. Alguns deles são:
> - Escrita Divina: A Bíblia, até nos menores detalhes, consiste nas próprias palavras e é idêntica às próprias palavras de Deus escritas de forma inerrante em linguagem humana.
> - Perspicuidade Democrática: Qualquer pessoa razoavelmente inteligente pode ler a Bíblia em seu próprio idioma e entender corretamente o significado claro do texto.
> - Hermenêutica de senso comum: A melhor maneira de entender textos bíblicos é lê-los em seu sentido literal explícito, direto e mais óbvio, como o autor os pretendeu em seu sentido próprio, o que pode ou não envolver levar em conta seus contextos literários, culturais e históricos.
> - *Solo Scriptura*: O significado de qualquer texto bíblico pode ser entendido sem recorrer a credos, confissões, tradições históricas da Igreja ou outras formas de estruturas hermenêuticas teológicas maiores, de modo que formulações teológicas podem ser construídas diretamente da Bíblia e apenas dela.
> - Método Indutivo: Todas as matérias de crença e prática cristãs podem ser aprendidas por intermédio da leitura da Bíblia e reunindo-se, por meio de estudo cuidadoso, as verdades "bíblicas" claras que ela ensina.

Um "pluralismo interpretativo disseminado" é o resultado do que chamamos antes de "questão da subdeterminação". Usando a analogia dos pontos outra vez, há muitas formas diferentes que podem ser encaixadas em uma configuração de pontos. Em certo sentido, isso poderia ser considerado benéfico para a interação da Bíblia com a ciência: o significado da Escritura pode ser suficientemente manipulado para se encaixar em qualquer coisa que a ciência lhe apresentar. Mas isso resolve o conflito potencial à custa de tornar a Bíblia quase insignificante. É algo próximo da abordagem de magistérios não interferentes de Gould (discutida no capítulo 1), segundo a qual a religião é afastada de questões empíricas e confinada ao domínio dos valores.

Na próxima seção, examinamos uma abordagem diferente da Bíblia que reconhece melhor a complexidade do processo de interpretação.

3. Que tipo de inspiração?

A decisão sobre o método adequado de interpretar a Bíblia depende do reconhecimento do tipo de livro que ela é. O que é com muita frequência negligenciado é que ela é, na verdade, uma coleção de livros, e isso é um fato que explica parte das dificuldades de interpretação. Quando o salmista diz que a Terra está firmada sobre colunas (Sl 74), devemos interpretar isso como uma afirmação sobre cosmologia? Quando o apóstolo Paulo diz que as mulheres devem ficar caladas nas igrejas (1Cor 14,34), ele está falando para todos em todas as culturas, ou essa instrução só se aplica ao público original? Devemos ler as narrativas históricas do Gênesis da mesma forma que lemos a narrativa histórica no livro dos Atos? As respostas para essas perguntas dependem de saber algo sobre a origem e o propósito dos textos. A posição cristã tradicional é que Deus inspirou a composição da Escritura. Mas o que isso significa?

O Livro de Oração Comum inclui uma oração para o segundo domingo do Advento, que começa com "Bendito o Senhor, que fez com que toda a sagrada Escritura fosse escrita para nosso aprendizado". Afirmar que o Senhor fez a Escritura ser escrita não responde mais à pergunta sobre inspiração do que o verso do Credo dos Apóstolos "Deus Pai, todo-poderoso, criador do céu e da terra" oferece uma explicação para como Deus trouxe à existência o mundo natural e como ele é hoje. A afirmação de que Deus é o criador é consistente com todo tipo de teorias científicas sobre o desenvolvimento do mundo natural. Portanto, se quisermos saber como Deus criou, precisamos olhar para o mundo natural e investigar o que encontramos ali.

Da mesma forma, a afirmação de que Deus fez a Escritura ser produzida é consistente com uma variedade de teorias sobre o que significa a Bíblia ser inspirada. Deus pode ter feito surgir a Escritura derrubando do céu, de modo sobrenatural, Bíblias totalmente formadas nos bancos de igrejas. Ou Deus pode ter feito a Escritura ser produzida ditando para pessoas que escreveram as palavras exatas que eram sussurradas em seus ouvidos. Ou Deus pode ter influenciado de maneira mais sutil a mente dos autores humanos sem eliminar o elemento humano de sua escrita (sua linguagem, sua cultura e sua visão de mundo). Se quisermos saber qual método de inspiração Deus usou, teremos de examinar o próprio texto e ver que tipo de escrita encontramos ali.

Há mais opções do que essas de como Deus pode ter inspirado a Escritura; vamos examinar apenas duas categorias amplas. A primeira se ajusta de forma geral ao primeiro pressuposto do biblicista conforme descrito por Christian Smith: escrita divina (a Bíblia, até os menores detalhes de suas palavras, consiste nas palavras de Deus e é idêntica às próprias palavras de Deus escritas de forma inerrante em linguagem humana). O método do ditado é uma forma como isso poderia ter acontecido; ou talvez Deus tenha "ditado" de modo inaudível, de forma que o autor humano não estava ciente do fato de que Deus o estava usando, mas Deus mesmo assim fez com que cada palavra fosse escrita exatamente da maneira como desejava.

A outra categoria ampla é o que chamarei de "dar testemunho". Nesse modelo, houve um ato de revelação especial de que os escritos dão testemunho. Para os Evangelhos, essa revelação foi a pessoa de Jesus Cristo, que se tornou humano e morou entre algumas pessoas na Palestina do século I. Para Saulo/Paulo, essa revelação foi o Jesus ressuscitado que apareceu para ele na estrada de Damasco. Poderíamos até dizer que, para os Profetas do Antigo Testamento e João no Novo Testamento, Deus se revelou aos autores em visões (embora, claro, a autoria seja mais complexa do que isso para quase todos os livros bíblicos na forma como os temos hoje). Mas isso difere do modelo de escrita divina no fato de que Deus não predeterminou as palavras que seriam escritas em resposta a essa revelação. Poderíamos dizer que Deus orientou (isto é, inspirou) os pensamentos deles, mas foram os seres humanos, com sua linguagem e seu entendimento do mundo da época, que escreveram as palavras. Portanto, de acordo com essa visão, não podemos pressupor que as palavras da Escritura sejam as próprias palavras de Deus. Elas são as palavras de pessoas e comunidades a quem Deus se revelou.

Então, que tipo de texto esperaríamos encontrar em cada um desses cenários? Uma pergunta que poderíamos fazer seria se esperaríamos que a mensagem da Bíblia fosse clara e consistente (pelo menos quanto aos temas principais) se Deus fosse o principal responsável pelas palavras. Parece que a resposta a isso seria afirmativa. Mesmo que Deus ajustasse as palavras às linguagens e culturas da época, deveríamos imaginar que ele estivesse coordenando toda a mensagem. Se, no entanto, Deus oferecesse a revelação e os autores humanos respondessem (mesmo que Deus estivesse influenciando seus pensamentos em certo grau), pareceria mais provável que pudesse haver diferenças significativas em como esses humanos responderiam. Assim, esses dois modelos de como Deus poderia ter inspirado a Escritura fazem previsões do que deveríamos esperar encontrar na Escritura. O que resta, portanto, é fazer o trabalho empírico de checar se a mensagem da Bíblia é de fato clara e consistente. Se for, isso pode nos dar alguma evidência confirmatória para o modelo da escrita divina; se não for, as evidências podem apontar para o modelo de "dar testemunho".

Quando eu fiz essa pergunta para alguns grupos de cristãos, eles em geral afirmaram que a mensagem da Escritura é clara e consistente quanto aos temas principais de que trata. Mas não é difícil demonstrar que não é bem assim que encontramos os textos, mesmo quanto aos temas mais importantes. Consideremos os relatos da ressurreição de Jesus nos quatro evangelhos:

- Mateus: Maria Madalena e a outra Maria foram até o sepulcro; quando chegaram lá, um anjo apareceu, rolou a pedra da entrada e sentou-se sobre ela. Elas foram embora do sepulcro e se encontraram com Jesus, que lhes pediu que solicitassem a seus irmãos que fossem à Galileia, onde o veriam.
- Marcos: Maria Madalena, Maria mãe de Tiago e Salomé foram até o sepulcro; a pedra já havia sido removida quando chegaram lá. Elas entraram no sepulcro e lá viram um anjo, que lhes ordenou que pedissem aos discípulos que fossem à Galileia, onde veriam Jesus.
- Lucas: Maria Madalena, Joana, Maria mãe de Tiago e as outras mulheres foram para o sepulcro; a pedra já estava removida quando chegaram, e elas entraram no sepulcro. Lá, dois homens apareceram ao lado delas; elas foram embora e contaram aos discípulos, e Pedro correu até o sepulcro para examiná-lo.
- João: Maria Madalena foi ao sepulcro sozinha e viu que a pedra tinha sido removida; ela voltou para contar a Pedro e João, que correram até o sepulcro. Depois que eles foram embora, Maria viu dois anjos no sepulcro e Jesus apareceu para ela. Então, Maria saiu e contou aos discípulos.

Esses relatos conformam-se ao que esperaríamos de relatos de testemunhas humanas. Se um acidente de carro acontecesse em um cruzamento e fosse testemunhado por pessoas em pé nas quatro esquinas, provavelmente teríamos relatos ligeiramente diferentes do que aconteceu, com relação ao fato de o semáforo ter mudado, se o motorista teve culpa etc. As testemunhas certamente dariam uma confirmação adequada para o fato de ter havido um acidente, assim como os autores dos evangelhos atestam claramente o fato de que o sepulcro estava vazio. Mas parece estranho que Deus pudesse ter ditado versões diferentes dos detalhes para cada autor.

Ou consideremos a mensagem da salvação e o que precisamos fazer para sermos salvos. O apóstolo Paulo enfatiza em suas cartas que a salvação vem pela graça por meio da fé – não por obras (por exemplo, Ef 2,8-9); e essa é geralmente considerada a posição ortodoxa. Mas, no livro de Tiago, é dito que uma pessoa é justificada por obras e não apenas pela fé (Tg 2,24); e, na parábola das ovelhas e dos cabritos (Mt 25,31-46), o próprio Jesus é apresentado atribuindo o julgamento final e as recompensas das pessoas às ações que elas fizeram. Poderíamos oferecer exemplos similares para as doutrinas da escatologia (o estudo do fim dos tempos), da predestinação, da expiação e de quase qualquer outra doutrina. Pode ser que indivíduos ou determinadas tradições desenvolvam teologias claras e consistentes com base nessas doutrinas, mas a afirmação aqui é que eles o fazem à custa de ignorar ou minimizar passagens recalcitrantes da Escritura que não se encaixam em sua teoria (como a analogia das formas e dos pontos mais no início deste capítulo). O texto em si é mais complicado do que isso. Essas evidências sugerem que a Bíblia é um registro em que autores humanos – com todas as suas limitações – deram testemunho das revelações divinas entre eles. O que isso poderia significar para sua relação com a ciência hoje?

4. A ciência e a Bíblia

Se a Escritura em si não é sempre clara e consistente, é a meta do teólogo desenvolver explicações (isto é, teologia) que sejam claras e consistentes. Essas explicações, então, proporcionam "lentes" interpretativas pelas quais vemos outras partes da Escritura e o próprio mundo. Tais interpretações, contudo, precisam estar em constante conversa com o resto de nossa experiência. Esse é o ponto mais relevante para a interação da Bíblia com a ciência. Em vez de tentar caçar *insights* científicos na Escritura, devemos abrir espaço para uma conversa contínua entre o que aprendemos sobre a ordem criada e o que encontramos na Escritura. Alguns cristãos se irritam quando falamos em deixar a ciência influenciar nossa interpretação da Escritura, mas não há como negar que isso aconteceu. As alusões óbvias ao movimento do Sol na Bíblia foram em certo momento interpretadas literalmente, mas não são mais, por causa da ciência.

Alguns cristãos poderão afirmar que essa conversa até permite que a ciência corrija (e não apenas influencie) nossa interpretação da Escritura. Em certo sentido, essa poderia ser uma abordagem positiva para a relação entre ciência e Bíblia, pois reconhece que há um aspecto cultural na Escritura e que esse não deve ser tomado como a mensagem inspirada da Escritura. Novas descobertas científicas sobre o mundo (por exemplo, heliocentrismo, idade antiga, descendência comum) podem ajudar a corrigir nossa leitura da Escritura quando tivermos tomado a linguagem cultural como absoluta. No entanto, até mesmo essa abordagem implica que há uma única interpretação correta para a Escritura e, implicitamente, parece ainda se ater à ideia de que a Bíblia é simplesmente uma coleção de declarações verdadeiras (ainda que seu significado, às vezes, seja difícil de discernir).

Outra maneira como poderíamos entender a conversa entre a ciência e a Bíblia é que nosso entendimento em contínua mudança do mundo natural pede interpretações novas da Escritura que sejam relevantes para o contexto em que nos encontramos. Nesse aspecto, os cristãos poderiam aprender algo com a antiga tradição judaica dos fariseus que estudavam a Torá não para descobrir algum significado oficial único na Escritura, mas para encontrar a presença divina nos novos significados que descobrissem por meio da interação com o texto e sua aplicação para as questões prementes de sua época (ARMSTRONG, 2007, 81-82). Há também cristãos que usam uma linguagem similar. O estudioso do Novo Testamento N. T. Wright afirma:

> A Bíblia parece projetada para questionar e provocar cada geração a fazer seu próprio trabalho renovado, lutar e debater-se com o texto [...]. Cada geração deve fazer sua própria leitura renovada com perspectiva histórica, porque cada geração precisa *crescer*, e não só *procurar* as respostas certas e permanecer em condição infantil (WRIGHT, 2014, 29-30).

Wright, sem dúvida, não está defendendo que qualquer interpretação da Escritura seja igualmente boa. A conversa entre a Escritura e nossa experiência é guiada pela tradição da Igreja (tanto de modo geral como dentro das tradições denominacionais específicas) e pela razão. Esse é, na verdade, um compromisso com a fecundidade da Escritura para falar a todas as culturas e gerações.

Esses tipos de perspectivas sobre a interpretação da Bíblia nos levam de volta a considerar os significados espirituais do texto, e não só o sentido literal. O padre Orígenes, da Igreja do século III, também viu que o modo como a Bíblia é construída não se presta a leituras planas e superficiais. Ele achava que era impossível seguir de forma consistente o sentido literal ou histórico da Escritura, chegando a afirmar que, se as pessoas tentassem fazer isso, nunca poderiam reverenciar a Bíblia como um livro sagrado, por causa das inconsistências nesse nível (ARMSTRONG, 2007, 109). Essa não era uma falha do texto, de acordo com Orígenes, mas justamente o que nos impele a considerar significados espirituais mais profundos.

Em conclusão, os cristãos usam a Bíblia de maneiras diversas em relação à ciência. Parece, porém, que a abordagem que é mais consistente com o tipo de texto(s) que encontramos na Bíblia é uma abertura para a conversa entre os testemunhos originais da revelação de Deus e a situação em que nos encontramos hoje. Essa abordagem toma a Bíblia seriamente como inspirada por Deus, mas também cria espaço para a investigação científica. No próximo capítulo, vamos examinar uma das supostas marcas distintivas da investigação científica – o naturalismo metodológico – e verificar como se encaixa em um compromisso com a fé cristã.

> **Resumo dos pontos principais**
> 1. A *sola scriptura* forçou uma ênfase no sentido literal da Escritura, e isso pôs algumas das passagens da Escritura em conflito com o que era aprendido no "livro" da natureza.
> 2. A Escritura subdetermina as doutrinas derivadas dela, e, assim, a *sola scriptura* dá origem a um pluralismo interpretativo disseminado.
> 3. A Escritura em si nem sempre é clara e consistente, sugerindo que Deus não ditou as palavras da Escritura, mas permitiu que os humanos dessem testemunho da revelação de Deus.
> 4. A conversa entre Escritura e experiência (incluindo a ciência) nos permite encontrar significados renovados na Escritura diante do que sabemos sobre o mundo.

Leituras adicionais

- HARRIS, Mark. *The Nature of Creation. Examining the Bible and Science*. Durham: Acumen, 2013. Um exame fundamentado dos textos de criação da Bíblia à luz da ciência contemporânea.
- HARRISON, Peter. *The Bible, Protestantism, and the Rise of Natural Science*. Cambridge: Cambridge University Press, 1998. Examina o papel desempenhado pela Bíblia no desenvolvimento da ciência natural.
- NOLL, Mark. "Evangelicals, Creation, and Scripture: An Overview", 2009. Disponível em: <http://biologos.org/uploads/projects/Noll_scholarly_essay.pdf>. Acesso em: 17 fev. 2016. Uma abordagem concisa das mudanças no entendimento e no uso da Escritura por evangélicos nos Estados Unidos.
- SMITH, Christian. *The Bible Made Impossible: Why Biblicism Is Not a Truly Evangelical Reading of Scripture*. Grand Rapids: Brazos Press, 2011. Um destacado sociólogo cristão mostra como cristãos conservadores usam a Bíblia para defender visões significativamente diferentes.

Referências bibliográficas

ARMSTRONG, Karen. *The Bible: A Biography*. Nova York: Grove Press, 2007.

AUGUSTINE. *The Literal Meaning of Genesis*. Mahwah: Paulist Press, 1982, v. 1.

BAINTON, Roland H. *Here I Stand: A Life of Martin Luther*. Nashville: Abingdon Press, 1978.

BARRETT, David B.; KURIAN, George T.; JOHNSON, Todd M. (orgs.). *World Christian Encyclopedia*. Oxford: Oxford University Press, 2001.

CASSIAN, John. *Conferences*. Trad. Colm Luibheid. Nova York: Paulist Press, 1985.

Center for Reformed Theology and Apologetics. "Chicago Statement on Biblical Inerrancy", 1978. Disponível em: <http://www.churchcouncil.org/ICCP_org/Documents_ICCP/English/01_Biblical_Inerrancy_A&D.pdf>. Acesso em: 17 fev. 2016.

HAARSMA, Deborah B.; HAARSMA, Loren D. *Origins: Christian Perspectives on Creation, Evolution, and Intelligent Design.* Grand Rapids: Faith Alive Christian Resources, 2011.

HARRISON, Peter. *The Bible, Protestantism, and the Rise of Natural Science.* Cambridge: Cambridge University Press, 1998.

LEITH, John H. (org.). *Creeds of the Churches.* Louisville: Westminster John Knox Press, ³1982.

NOLL, Mark. "Evangelicals, Creation, and Scripture: An Overview", 2009. Disponível em: <http://biologos.org/uploads/projects/Noll_scholarly_essay.pdf>. Acesso em: 17 fev. 2016.

SMITH, Christian. *The Bible Made Impossible: Why Biblicism Is Not a Truly Evangelical Reading of Scripture.* Grand Rapids: Brazos Press, 2011.

WRIGHT, N. T. "Do We Need a Historical Adam?". In: *Surprised by Scripture: Engaging the Contemporary Issues.* San Francisco: HarperOne, 2014, 26-40.

CAPÍTULO 6
Naturalismo metodológico

O matemático e filósofo britânico do século XIX Augustus De Morgan incluiu esta agora famosa história em seu *A Budget of Paradoxes*:

> Laplace, certa vez, foi chamado a apresentar uma edição de seu "Systeme du Monde" ao primeiro cônsul, ou imperador, Napoleão, a quem algumas pessoas haviam dito que esse livro não continha nenhuma menção ao nome de Deus e que gostava de fazer perguntas constrangedoras e o recebeu com "Sr. Laplace, disseram-me que o senhor escreveu este livro tão grande sobre o sistema do universo e não mencionou uma vez sequer seu criador". Laplace, que, embora fosse o mais maleável dos políticos, era rígido como um mártir quanto a todos os pontos de sua filosofia ou religião [...], empertigou-se e respondeu sem rodeios: "Je n'avais pas besoin de cette hypothèse-là" [Não tive necessidade dessa hipótese] (DE MORGAN, 1872, 249-250).

O relato de Morgan talvez não seja exato em seus detalhes, mas há provavelmente alguma verdade nesse suposto encontro entre Napoleão e Laplace. O astrônomo William Herschel preservou um registro de uma visita de Napoleão a Malmaison (propriedade de Josefina) em 8 de agosto de 1802, onde Herschel e Laplace estavam hospedados. Depois de uma discussão com Herschel, Napoleão dirigiu-se também a Laplace e teve uma discórdia considerável com ele. Herschel conta:

> A diferença foi ocasionada por uma afirmação do primeiro cônsul [Napoleão], que perguntou em tom de exclamação ou admiração (quando estávamos falando da extensão dos céus siderais) "e quem é o autor de tudo isso?". M. de LaPlace quis mostrar que uma cadeia de causas naturais explicaria a construção e a preservação do maravilhoso sistema; a isso o primeiro cônsul muito se opôs (LUBBOCK, 1933, 310).

Laplace estava defendendo o que filósofos e cientistas hoje chamam de naturalismo metodológico. As crenças teológicas de Laplace são motivo de debate, mas, ainda que ele tenha dito "não tive necessidade dessa hipótese", isso não seria argumento para atribuir-lhe o ateísmo. Ele quis dizer que a explicação científica não precisava recorrer a uma causação sobrenatural.

É bastante fácil dar exemplos nos extremos do espectro do que conta como natural e o que conta como sobrenatural: uma teoria científica que recorre a anjos ou espíritos como a explicação para as órbitas elípticas dos planetas em volta do Sol não se qualificaria como uma teoria científica para os que defendem o naturalismo metodológico; por outro lado, a teoria que afirma que a diversidade da vida que temos hoje pode ser explicada por mutações aleatórias no código genético e pela seleção natural se qualificaria. Contudo, se o naturalismo metodológico for considerado o critério de demarcação para separar a verdadeira ciência da falsa, há algumas áreas cinzentas em que isso não é tão claro – tanto ao longo da história como na prática científica atual. E, mesmo que pudéssemos determinar exatamente o que se entende por naturalismo metodológico, nem todos concordam que essa seja a única maneira adequada de fazer ciência. O objetivo deste capítulo é examinar o conceito de naturalismo metodológico e avaliar a afirmação de que ele é a maneira apropriada (ou a única) de fazer ciência.

> **Questões a serem abordadas neste capítulo**
> 1. Por que é difícil entender o naturalismo metodológico?
> 2. Uma ciência duhemiana é possível?
> 3. O naturalismo metodológico proporciona um critério de demarcação para a ciência?
> 4. Há razão para afirmar o naturalismo metodológico?

1. Definição de naturalismo metodológico

Para começar, precisamos ter uma noção mais clara do que pretendemos dizer com naturalismo metodológico. O segundo termo da expressão é relativamente fácil de entender. É costumeiro contrastar naturalismo *metodológico* com naturalismo *metafísico*. Naturalismo metafísico (às vezes, chamado de naturalismo ontológico) é a ideia de que tudo o que existe são entidades naturais. Isso significa que não são seres sobrenaturais, como deuses ou demônios, e que não há eventos sobrenaturais, como milagres. Em contraste, o naturalismo metodológico não afirma nada sobre haver ou não seres ou eventos sobrenaturais, mas apenas declara que a ciência não deve recorrer a eles em explicações científicas. Portanto, os "métodos" adequados para a investigação científica devem permanecer dentro do reino natural.

Todos os naturalistas metafísicos são naturalistas metodológicos, mas não o inverso. Os cristãos costumam rejeitar o naturalismo metafísico (embora haja alguns que chamem a si mesmos de naturalistas teístas) porque acreditam que Deus é um ser sobrenatural e que Deus pode interagir com o mundo de formas sobrenaturais. A questão para os cristãos, portanto, é saber se é apropriado na disciplina da ciência buscar apenas explicações naturais. Às vezes, isso é explicado como suspender o sobrenatural enquanto se estiver fazendo ciência, ou agir "como se" o naturalismo fosse verdadeiro no sentido metafísico enquanto se trabalha no laboratório, ainda que se aceite o sobrenatural fora do laboratório.

Para os cristãos, não há o pressuposto de que as ferramentas da ciência dão uma descrição exaustiva da realidade. Se eles aceitam o naturalismo metodológico, defendem a afirmação de que a ciência é necessariamente limitada no que pode descobrir sobre a realidade, pelo fato de que não lida com o sobrenatural. Para ter uma ideia melhor de quais são esses limites, precisamos saber algo mais sobre a primeira palavra da expressão – a que se refere o "natural" do naturalismo metodológico. Este acaba se revelando surpreendentemente difícil de definir.

Parece que o termo "naturalismo metodológico" foi criado pelo professor de filosofia Paul de Vries, em 1983, em um trabalho para uma conferência que foi subsequentemente publicado como "Naturalism in the Natural Sciences". Sua afirmação era de que os cristãos devem aceitar o naturalismo metodológico, com o que ele queria dizer que as ciências naturais deviam "estabelecer explicações de fenômenos naturais contingentes estritamente em termos de outras coisas naturais contingentes – leis, campos, probabilidades" (VRIES, 1986, 388). Como essa explicação do termo contém duas ocorrências de "natural", ela não funciona como uma definição a menos que já saibamos quais fenômenos ou coisas devem ser considerados naturais. Com essa abordagem, não podemos determinar quais fenômenos são naturais com base em haver ou não explicações naturais para eles, ou corremos o risco de entrar em um raciocínio circular.

Uma definição que não é tão obviamente circular diz que o naturalismo metodológico "é uma abordagem para a investigação científica que procura estudar os fenômenos em seus próprios termos para compreendê-los como eles de fato são" (BISHOP, 2013, 10). Entretanto, indo só um pouco mais fundo, encontramos o mesmo problema. Como sabemos o que eles de fato são? Por meio da investigação. Mas, nesse caso, não são nossos métodos de investigação que vão definir os parâmetros para os tipos de coisas que encontramos? Usando um exemplo grosseiro, se pescarmos no mar com uma rede com furos de cinco centímetros de diâmetro, é certo que não encontraremos coisas com menos de cinco centímetros de diâmetro. Seria precipitado, porém, concluir que não existem coisas menores no mar. Da mesma forma, se restringirmos nossas investigações científicas a métodos empíricos, teremos certeza de que nossos resultados descreverão completamente os objetos que estudarmos? Só se soubermos de antemão que não há aspectos não empíricos nos objetos.

O filósofo Paul Draper diz que o naturalismo metodológico é a doutrina de que "os cientistas não devem recorrer a entidades sobrenaturais quando explicam fenômenos naturais" (DRAPER, 2005, 279). Claro que não nos tiraria do círculo nas definições usar "sobrenatural" sem mais explicações, mas Draper procura oferecer mais definições. Ele diz que entidades naturais são entidades físicas, ou causalmente redutíveis a entidades físicas. E entidades físicas são "as entidades atualmente estudadas por físicos e químicos" (ibid., 277). Então, pelo menos para o caso de físicos e químicos, isso significa que, quando eles estão explicando os objetos de seu campo de investigação, só devem recorrer ao mesmo tipo de objeto que estão estudando. A questão aqui é que não há uma lista definida e permanente das coisas que os cientistas estudam. Essas mudaram com o tempo. Por exemplo, a astrologia era antes considerada adequadamente científica, mas o estudo da mente não. A maioria dos cientistas de hoje acha que essa situação se inverteu.

O problema de adotar o naturalismo metodológico é que parece que precisamos predeterminar o que conta como natural. E isso envolverá, de um jeito ou de outro, noções e valores metafísicos que não são apropriadamente científicos pelos padrões do naturalismo metodológico. Nesse caso, nossa metafísica vai afetar nossa ciência, na medida em que estivermos comprometidos com uma ciência que seja explicativa. Isso gera a preocupação de que o naturalismo metodológico parece levar ao naturalismo metafísico. Tratar objetos como se fossem inteiramente naturais enquanto se faz ciência compromete-nos implicitamente com a visão de que não há nada relevante neles que não seja natural. Uma forma de evitar essa implicação é negar que o propósito da ciência seja oferecer explicações – sejam estas naturais ou não. Examinamos essa visão de ciência e sua resposta na próxima seção.

2. Duhem e os objetivos da ciência

Pierre Duhem foi um físico francês do final do século XIX e início do século XX que argumentou que a ciência era apropriadamente restrita à observação e à classificação da experiência. Ele achava que dizer que a ciência visa explicar por que nossa experiência é o que é subordinaria necessariamente a ciência à metafísica e, assim, a ciência ficaria atolada em disputas metafísicas que eram improdutivas para seu avanço. Ele próprio era um católico devoto e, portanto, tinha opiniões metafísicas particulares e pronunciadas, mas achava que estas não deveriam ter efeito sobre a sua ciência. Ele resumiu sua posição sobre isso da seguinte maneira:

> Tem-se, então, uma física teórica que não é nem a teoria de um crente nem a de um não crente, mas apenas e simplesmente uma teoria de um físico; admiravelmente adequada para classificar as leis estudadas pelo experimentador, ela é incapaz de se opor a qualquer asserção de metafísica ou de dogma religioso e é igualmente incapaz de dar apoio efetivo a qualquer uma dessas asserções. (DUHEM, 1954, 291).

Em sua opinião, a ciência não tem nada a dizer sobre as causas subjacentes dos fenômenos. Tudo o que os cientistas podem fazer é relatar e tentar classificar os achados puramente empíricos da experimentação; por exemplo, "a temperatura do objeto x aumentou três graus quando realizamos a experiência y" ou "a posição ou a massa de nosso objeto fez isto ou aquilo quando fizemos isto". Essas descrições, para Duhem, seriam científicas, porque nenhuma delas inclui alguma tentativa de explicação. Ir além disso e perguntar "Por que a temperatura de x aumentou três graus?" não pode ser respondido pelo cientista duhemiano. Dizer algo como "porque há uma substância fluida chamada 'calórico' que flui de corpos 'mais quentes' em que o fluido está presente mais densamente para áreas 'mais frias'" não deve fazer parte da ciência. Essa é uma afirmação do filósofo.

C. S. Lewis sobre ciência

"A ciência trabalha por meio de experimentos. Observa como as coisas se comportam. Toda declaração científica, no longo prazo, por mais complicada que pareça, na verdade, significa algo como 'eu apontei o telescópio para tal e tal parte do céu às 2h20 da madrugada em 15 de janeiro e vi isto e isto' ou 'coloquei um pouco disto em um recipiente e o aqueci a tal e tal temperatura e o resultado foi este e este'. Não pensem que estou dizendo qualquer coisa contra a ciência: só estou dizendo qual é o seu trabalho. E, quanto mais um homem for científico, mais (acredito) ele concordaria comigo que esse é o trabalho da ciência – e é um trabalho muito útil e necessário. Mas tentar descobrir por que qualquer coisa veio a estar ali, e se há algo por trás das coisas que a ciência observa – algo de um tipo diferente –, essa não é uma posição científica. Se há 'algo por trás', então, ou terá de permanecer definitivamente desconhecido para os homens ou deverá se fazer conhecer de alguma forma diferente. A afirmação de que existe tal coisa e a afirmação de que não existe tal coisa não são, nenhuma delas, afirmações que a ciência pode fazer. E cientistas reais geralmente não as fazem. Em geral, são os jornalistas e romancistas populares

> que pegaram alguma coisa aqui e ali de ciência mal-acabada que vão atrás dessas questões. Afinal, é de fato uma questão de bom senso. Vamos supor que a ciência um dia se tornasse tão completa de modo a conhecer cada uma das coisas de todo o universo. Não é evidente que as questões 'Por que há um universo?', 'Por que ele existe do jeito que é?', 'Ele tem algum sentido?' permaneceriam inalteradas?" (LEWIS, 2001, 22-23).

Se a ciência puder ser separada da filosofia dessa maneira, então talvez o naturalismo metodológico possa ser consistentemente defendido como a forma adequada de fazer ciência. No entanto, a ideia de Duhem é, de fato, mais sutil que isso. Ele diz que o objetivo das teorias científicas é meramente a classificação do que observamos. No entanto, até mesmo ele achava que, se isso for bemfeito, possibilitará que se façam previsões de como será nossa experiência futura, e previsões corretas "provarão que isso é o reflexo de uma ordem real" (ibid., 29). Duhem chama isso de "classificação natural", e certamente se qualifica como um tipo de explicação.

Nossa meta aqui não é apresentar uma interpretação abrangente de Duhem, mas apenas pegar alguém que foi apregoado como o porta-voz pela separação de ciência e filosofia e mostrar que mesmo ele não consegue escapar de explicações. E, ironicamente, seu próprio trabalho proporcionou a base para a filosofia da ciência do século XX que debilitou de modo convincente a ideia de uma separação nítida entre ciência e considerações filosóficas. Duhem havia dito: "o físico nunca pode submeter uma hipótese isolada a teste experimental, mas apenas um conjunto inteiro de hipóteses" (ibid., 187). Esse princípio foi estendido pelo filósofo Willard Van Orman Quine em meados do século XX (no que é, às vezes, chamado de Tese de Duhem-Quine) por meio da declaração de que todas as afirmações de conhecimento têm uma interdependência com crenças subjacentes e, assim, formam uma "rede de crenças" que confronta a experiência apenas de forma periférica. Bem no fundo da rede – quase imunes à experiência – estão as crenças subjacentes. Depois, o filósofo Thomas Kuhn, em seu livro revolucionário *A estrutura das revoluções científicas*, chamou essas redes de crenças de "paradigmas" e argumentou que paradigmas concorrentes (aqueles com diferentes crenças subjacentes) podem ser "incomensuráveis". Isso quer dizer que eles não podem ser objetivamente comparados e avaliados porque mesmo os padrões de avaliação são partes dos paradigmas. A observação traz em si uma carga de teoria, e fatos e valores estão obrigatoriamente entrelaçados. Esta é exatamente a preocupação de Duhem: uma vez que se envolvam compromissos filosóficos em suas teorias científicas, a ciência não terá mais alcance universal.

> **Willard Van Orman Quine (1908-2000)**
> Um dos mais destacados filósofos analíticos do século XX. Tentou adotar os métodos da ciência para entender a própria ciência no que veio a ser chamado de "epistemologia naturalizada". Parte desse projeto foi a constatação de que nenhuma hipótese é testada em isolamento, mas pressupõe crenças subjacentes. Isso cria a rede de crenças que confronta a experiência como um todo.
>
> **Thomas S. Kuhn (1922-1996)**
> A figura mais importante na filosofia da ciência no século XX. Seu livro *A estrutura das revoluções científicas*, publicado pela primeira vez em 1962, tirou a filosofia da ciência das concepções racionalistas e a-históricas e destacou os aspectos sociais e institucionais da ciência. Seu conceito sobre mudança de teorias ou "mudança de paradigma" tornou-se influente fora da área da ciência e da filosofia.

Vamos aplicar essa trajetória de pensamento à nossa questão sobre o naturalismo metodológico. Já vimos que o compromisso com o naturalismo metodológico não é uma afirmação científica de acordo com sua própria definição de como a ciência deve funcionar. Em vez disso, poderíamos vê-lo como um valor epistêmico que está em ação na produção de conhecimento científico. Isso significa que o naturalismo metodológico é um compromisso com um determinado tipo de fenômeno como o domínio adequado para a explicação científica; e é um compromisso com o modo como teorias devem ser a fim de constituir conhecimento científico; e é um compromisso com certos tipos de raciocínio, evidências e provas em relação a como teorias científicas devem ser estabelecidas. Gerald Doppelt (2007) apresenta uma análise cuidadosa para mostrar que esses valores epistêmicos não são meramente produtos de conhecimento científico – contrapondo-se à noção de que poderíamos usar métodos científicos para mostrar que os valores epistêmicos que usamos em nossas teorias são de fato os mais confiáveis. Críticos poderiam tentar mostrar que, por exemplo, os tipos de fenômenos que examinamos, os tipos de teorias que usamos para explicar os fenômenos e os métodos que usamos para chegar a essas teorias são de fato os mais confiáveis para obter teorias verdadeiras sobre o mundo. Mas isso só empurra o problema para outro nível: o que vale como teorias verdadeiras sobre o mundo? Sucesso preditivo ou poder explicativo? A teoria mais simples ou uma que unifique os fenômenos mais disparatados? E assim por diante. Esses tipos de questões são tão carregados de valores quanto os conjuntos de conhecimento científico que essas questões visam avaliar (ibid., 206).

A conclusão disso é que os objetivos, os problemas e os métodos da ciência mudam de tempos em tempos, variando de acordo com avaliações locais do que é considerado uma teoria científica legítima. É esse reconhecimento que permite ao filósofo cristão Alvin Plantinga usar valores epistêmicos e sistemas metafísicos que são mais consistentes com seu teísmo cristão ao fazer ciência. Ele escreveu uma série de artigos na década de 1990 argumentando em favor do que chamou de ciência agostiniana em contraposição ao percebido naturalismo metodológico da "ciência duhemiana". Agostinho foi invocado por ter falado sobre a batalha entre a Cidade de Deus e a Cidade do Mundo, e por ter dito que os cristãos deveriam adotar conscientemente a postura da Cidade de Deus, mesmo na ciência: "Argumentarei que uma comunidade acadêmica e científica cristã deve trabalhar com a ciência do seu próprio modo, tendo como ponto de partida e como pressuposto o que sabemos como cristãos" (PLANTINGA, 1997, 340).

Neste ponto, é possível levantar a questão de que, mesmo que a ciência não possa operar sem conceitos e compromissos extracientíficos, ainda é possível utilizar apenas metafísica naturalista (coisas como leis naturais e substâncias materiais), e não coisas sobrenaturais como deuses e milagres. Dessa forma, ainda pode-se afirmar que a ciência adequadamente conduzida não contém referência alguma ao sobrenatural. Como tal, o naturalismo metodológico pode ser visto como o que define a ciência, ou demarca sua separação da não ciência. Examinaremos essa proposta na próxima seção.

3. Naturalismo metodológico e a questão da demarcação

No capítulo 4, vimos o julgamento referente ao *Design* Inteligente em Dover, Pensilvânia. Uma das alegações fundamentais da promotoria foi que é intenção da comunidade do *Design* Inteligente mudar o que é aceito como ciência para incluir o sobrenatural. O juiz Jones afirmou que "o Design Inteligente viola as regras básicas da ciência com séculos de existência ao invocar e permitir uma causação sobrenatural", e concluiu: "portanto, é claramente óbvio para o tribunal que o *Design* Inteligente não atende às regras básicas essenciais que limitam a ciência a explicações testáveis e naturais" (JONES, 2005, 64, 70).

Ernan McMullin, um filósofo católico devotado (e colega de longo tempo de Plantinga na Universidade de Notre Dame), aceita a ideia de que a ciência seja limitada. Ele não dá nenhum apoio ao naturalismo metafísico. No entanto, parece concordar com o juiz Jones e sua caracterização do que se classifica apropriadamente como ciência. McMullin diz: "O naturalismo metodológico *não* restringe nosso estudo da natureza; ele apenas estabelece que tipo de estudo se qualifica como *científico*. Se alguém quiser usar outra abordagem para estudar a natureza – e há *muitas* outras –, o naturalista metodológico não terá razão para protestar. Cientistas *têm* de proceder assim" (MCMULLIN, 1991, 168). Para McMullin, outras abordagens poderiam contribuir para nosso conhecimento abrangente da realidade; ele simplesmente não as chama de ciência se elas não se conformam ao naturalismo metodológico.

Há algo a ser dito em favor de reconhecer limites entre as disciplinas. Michael Ruse (2005, 46) compara o naturalismo metodológico a ir ao médico e não esperar receber conselhos políticos. O médico pode ter opiniões políticas muito fortes, mas seria inadequado para ele disseminá-las nesse contexto. Assim, também, o cientista não deve disseminar opiniões religiosas, uma vez que não são relevantes para a tarefa a que ele se propõe. No entanto, Plantinga contrapõe que, ao avaliar as grandes teorias científicas, cruzaremos necessariamente as fronteiras das disciplinas a fim de usar todo o nosso conhecimento que puder ser relevante para a questão. No caso dos cristãos, ele acha que isso permite que se faça uso apropriado da revelação bíblica para avaliar se algo como a teoria do ancestral comum é uma explicação correta. E ele acredita que isso pode ser chamado de ciência agostiniana, ou teísta.

Além disso, já mostramos que o naturalismo metodológico é um compromisso normativo. Portanto, é arrogância de seus proponentes declarar que eles descobriram o critério de demarcação até então obscuro que separa toda a ciência legítima da ilegítima. A universalidade do naturalismo metodológico não se sustenta historicamente – a ciência muda, e não só as conclusões da ciência, mas também os métodos e os objetivos da ciência. O filósofo Jeffrey Koperski resume assim a situação:

> A conclusão é a seguinte: o uso ou a suspensão futura do [naturalismo metodológico] depende do que for descoberto. Se a melhor explicação para algum novo fenômeno for o *design*, até mesmo o *design* sobrenatural, ela ainda se qualificaria como uma explicação científica. Beira a incompetência acadêmica fingir que a ciência tem fronteiras rígidas e, depois, manipular essas fronteiras para manter a ralé de fora. Filósofos da ciência, em particular, deveriam ter mais discernimento quanto a isso (KOPERSKI, 2008, 440).

Até mesmo Quine (um dos principais filósofos naturalistas do século XX) expressa opinião semelhante ao dizer: "Se eu visse um benefício explicativo indireto em postular *sensibilia*, *possibilia*, espíritos, um criador, atribuiria animadamente a eles *status* científico também, junto a postulados manifestamente científicos como *quarks* e buracos negros" (QUINE, 1995, 252).

Portanto, a questão acaba voltando a uma definição de termos: quem decide o que se qualifica como ciência e o que não se qualifica? Isso não pode ser decidido de forma não arbitrária pela ciência ou por análise filosófica. Os significados de termos são uma função de comunidades e de como os termos são efetivamente usados. A história atesta mudanças de normas e valores nesse sentido, e seria ingênuo pensar que eles não vão continuar a mudar. É um fato que a corrente principal da ciência opera neste momento de acordo com o naturalismo metodológico. Os proponentes da ciência agostiniana, do *Design* Inteligente ou de qualquer outra concepção alternativa de ciência são perfeitamente livres para adotar valores locais diferentes da corrente principal quanto ao que eles consideram uma explicação científica legítima. É até possível que eles possam, algum dia, ganhar a batalha e convencer a corrente principal de que sua visão da ciência é "melhor". O máximo que podemos dizer agora é que o naturalismo metodológico é um valor contingente que é aceito pela maioria dos cientistas hoje. Não podemos dizer que ele seja uma condição necessária para qualquer ciência legítima. Mas talvez haja razões pragmáticas para que nós o aceitemos. Vamos examiná-las a seguir.

4. Razões para aceitar o naturalismo metodológico

Pela perspectiva filosófica, não parece haver nenhuma razão necessária ou convincente para reconhecer o naturalismo metodológico como o *sine qua non* da investigação científica. Mas pode haver razões pragmáticas para aceitar o princípio geral do que Alan Padgett chama de "viés para a natureza" das ciências naturais. Em seu modo de pensar, até mesmo abordar o trabalho científico "como se" o naturalismo fosse verdadeiro carrega um risco alto demais de que a metodologia se transforme em uma ontologia. Contudo, reconhecer um viés para a natureza não tem nada a ver com uma ontologia plena ou com uma visão de mundo filosófica. É apenas uma tradição contingente e um viés racional, e, "a menos e até que uma combinação muito significativa e poderosa de evidências e razão force uma mudança importante", as ciências naturais devem manter seu viés para a natureza (PADGETT, 2012, 91). Contra os proponentes do *Design* Inteligente e outros que afirmam estar fazendo ciência quando recorrem a uma agência inteligente, Padgett afirma que isso é ciência social, e não ciência natural de acordo com as definições aceitas. O recurso a uma agência inteligente está no centro das tradições de investigação como a economia e a linguística. Nas ciências naturais, contudo, há uma longa tradição de explicações bem-sucedidas em termos de causas não inteligentes. E, a menos que sejamos compelidos a abandonar isso por tais teorias se se mostrarem incapazes de oferecer o tipo de explicação que queremos, faz sentido continuar a manter essa tradição.

A inserção de agência ou de eventos sobrenaturais em explicações tem um histórico muito fraco. A ciência tem sido notavelmente bem-sucedida em encontrar as causas de fenômenos que antes eram explicados por agentes sobrenaturais – de trovões e eclipses solares a doenças e epilepsia. Claro que isso não significa que a ciência conseguirá explicar tudo no futuro. Mas devemos parar e pensar antes de concluir que encontramos algum fenômeno para o qual nunca haverá nenhuma explicação científica. Fazer de outra forma seria inibir a investigação científica. Tomemos o exemplo de como a primeira célula viva apareceu. Os cientistas não têm modelos muito promissores neste momento para explicar a maneira como isso poderia ter acontecido por meios naturais. Plantinga acha que isso deveria nos permitir concluir que Deus deve ter intervindo de uma forma especial. Ele afirma:

> Se, depois de considerável estudo, não conseguirmos ver como poderia ter acontecido por meio dessas regularidades – se, como é de fato o caso, depois de muitas décadas de estudo, a enorme complexidade e a conexão e a integridade funcionais até mesmo das mais simples formas de vida tornarem cada vez mais improvável que elas possam ter se originado dessa maneira –, a coisa natural a se pensar, pela perspectiva do teísmo cristão, é que provavelmente Deus fez algo diferente e especial ali [...] E por que não se poderia chegar a essa conclusão precisamente como um cientista? Onde está escrito que tal conclusão não pode ser parte da ciência? (PLANTINGA, 1996, 380).

A dificuldade é saber quanto "considerável estudo" é suficiente. A abordagem de Plantinga parece dar licença para desistir da busca. Ele diz que não quer sugerir que a investigação deva ser interrompida, mas que nossas conclusões devem ser sempre provisórias. Devem ser apenas a melhor explicação que temos no presente, e investigações posteriores podem vir a mudá-las. Mas devemos considerar que é a melhor explicação científica que temos no presente dizer "e então um milagre aconteceu" e surgiu a vida? Parece mais de acordo com nosso uso atual dizer "no momento, não temos uma explicação científica para esse fenômeno".

Além disso, o impulso para limitar as explicações científicas a fenômenos naturais é um efeito da mudança que permitiu que a ciência se tornasse tão bem-sucedida. Anteriormente, a investigação do mundo natural era conhecida como filosofia natural, e os filósofos naturais tentavam entender os objetos no sentido aristotélico de conhecer sua essência. Para eles, o mundo real era um amálgama de qualidades e significados que desafiava a matematização. Na revolução científica na física, os cientistas se limitaram às propriedades que pudessem ser matematizadas – às vezes, chamadas de "qualidades primárias". Esses mesmos objetos que eram estudados cientificamente poderiam ter outras perspectivas pelas quais pudessem ser considerados com proveito. Possibilitar a especialização pode ser um estímulo importante para a descoberta. A ciência é uma dessas formas especializadas de olhar para a realidade.

Isso nos traz ao ponto final. Cientificismo é, muitas vezes, o rótulo dado à ideia de que as ciências naturais são a única fonte de conhecimento genuíno sobre o mundo. Pelo que foi discutido neste capítulo, deve-se observar que descrições científicas não são descrições completas da realidade e, assim, o cientificismo é falso. Isso nos dá mais uma razão pragmática para mantermos (mesmo que experimentalmente e sem muita convicção) o naturalismo metodológico. Se fôssemos aplicar o termo "ciência" à busca de conhecimento mais inclusiva e ampla que inclui fontes sobrenaturais para os cristãos, estaríamos concordando com o cientificismo a respeito do papel abrangente da ciência. Sem dúvida, eles não concordariam com o cientificismo quanto ao que se qualifica como ciência, mas haveria uma aceitação implícita do âmbito da ciência. Parece-me que a abordagem mais sensata é concordar com o cientificismo quando este indicar que a ciência se limita a explicações naturais, mas discordar quando se afirmar que a ciência pode explicar tudo.

A implicação correta a ser tirada do compromisso com o naturalismo metodológico não é que a realidade em si seja completamente descritível pela ciência, mas que a ciência proporciona apenas uma visão limitada da realidade. A ciência é um "portal epistemológico" ou uma "janela" para a realidade (Michael Peterson citado em APPLEGATE, 2013, 42-43), e o naturalismo metodológico não implica que ela seja a única. Ainda assim, ela se mostrou uma janela para a realidade imensamente proveitosa e deve ser empreendida com base no naturalismo metodológico até o momento em que outro modo de entender a natureza se mostrar mais proveitoso.

No próximo capítulo, vamos analisar se a investigação científica do mundo pode produzir algum conhecimento de Deus – a teologia natural.

> **Resumo dos pontos principais**
> 1. Não parece haver um modo não circular de determinar o que se qualifica como natural.
> 2. A ciência duhemiana – a afirmação de que a investigação científica pode ser empreendida independentemente de influências filosóficas – não parece possível.
> 3. O naturalismo metodológico é um valor contingente aceito pela maioria dos cientistas atuais, mas não é um critério de demarcação para toda a ciência.
> 4. Parece que é sensato restringir a ciência a explicações naturais.

Leituras adicionais

- NUMBERS, Ronald. "Science without God: Natural Laws and Christian Beliefs". In: *When Science & Christianity Meet*. LINDBERG, David C.; NUMBERS, Ronald L. (org.). Chicago: University of Chicago Press, 2003. Apresenta uma história do naturalismo metodológico.
- PADGETT, Alan. "Practical Objectivity: Keeping Natural Science Natural". In: *The Blackwell Companion to Science and Christianity*. STUMP, J. B.; PADGETT, Alan G. (org.). Malden: Wiley-Blackwell, 2012. Argumenta em favor de um viés da natureza nas ciências naturais.
- PENNOCK, Robert T. (org.). *Intelligent Design Creationism and Its Critics*. Cambridge: MIT Press, 2001. Contém vários dos artigos de Plantinga e McMullin (e outros) sobre naturalismo metodológico.

Referências bibliográficas

APPLEGATE, Kathryn. "A Defense of Methodological Naturalism". In: *Perspectives on Science and Christian Faith*, 2013, v. 65, 37-45.

BISHOP, Robert. "God and Methodological Naturalism in the Scientific Revolution and Beyond". *Perspectives on Science and Christian Faith*, 2013, v. 65, 10-23.

DE MORGAN, Augustus. *A Budget of Paradoxes*. Londres: Longmans, Green, and Company, 1872.

DOPPELT, Gerald. "The Value Ladenness of Scientific Knowledge". In: *Value-Free Science? Ideals and Illusions*. KINCAID, Harold; DUPRÉ, John; WYLIE, Alison (org.). Oxford: Oxford University Press, 2007.

DRAPER, Paul. "God, Science, and Naturalism". In: *The Oxford Handbook of Philosophy of Religion*. WAINWRIGHT, William J. (org.). Oxford: Oxford University Press, 2005.

DUHEM, Pierre. "Physics of a Believer". In: *Aim and Structure of Physical Theory*. Princeton: Princeton University Press, ²1954.

JONES III, John E. United States District Court for the Middle District of Pennsylvania. Case n. 04cv2688. Memorandum Opinion, 2005.

KOPERSKI, Jeffrey. "Two Bad Ways to Attack Intelligent Design and Two Good Ones". *Zygon*, 2008, v. 43, n. 2, 433-449.

LEWIS, C. S. *Mere Christianity*. San Francisco: HarperSanFrancisco, 2001.

LUBBOCK, Constance Ann. *The Herschel Chronicle: The Life-story of William Herschel and his Sister, Caroline Herschel*. Nova York: The Macmillan Company, 1933.

MCMULLIN, Ernan. "Plantinga's Defense of Special Creation". *Christian Scholar's Review*, 1991, v. 21. Citações extraídas da reimpressão em *Intelligent Design Creationism and its Critics*. PENNOCK, Robert T. (org.). Cambridge: MIT Press, 2001, 55-79.

PADGETT, Alan. "Practical Objectivity: Keeping Natural Science Natural". In: *The Blackwell Companion to Science and Christianity*. STUMP, J. B.; PADGETT, Alan G. (org.). Malden: Wiley-Blackwell, 2012.

PLANTINGA, Alvin. "Science: Augustinian or Duhemian?". In: *Faith and Philosophy*, 1996, v. 13, 368-394.

_____. "Methodological Naturalism?". In: *Perspectives on Science and Christian Faith*, 1997, v. 49. Citações extraídas da versão em *Intelligent Design Creationism and its Critics*. PENNOCK, Robert T. (org.). Cambridge: MIT Press, 2001.

QUINE, W. V. O. "Naturalism; Or, Living within One's Means". In: *Dialectica*, 1995, v. 49, 251-261.

RUSE, Michael. "Methodological Naturalism under Attack". *South African Journal of Philosophy*, 2005, v. 24, n. 1, 44-60.

VRIES, Paul de. "Naturalism in the Natural Sciences". *Christian Scholar's Review*, 1986, v. 15, 388-396.

CAPÍTULO 7
Teologia natural

Como foi discutido no capítulo 5, o cristianismo é uma religião fundamentada em episódios supostamente de revelação divina. Os cristãos acreditam que Deus falou com, e por intermédio de, patriarcas hebreus, profetas e Jesus Cristo. A Bíblia é considerada o conjunto reunido dessa revelação (embora seja diversamente interpretada por diferentes comunidades cristãs) e constitui uma parte importante da religião cristã. Por isso, os cristãos (assim como os judeus e muçulmanos) são, às vezes, chamados de "povo de um livro".

Para explicar e defender suas crenças em algumas culturas e comunidades, é suficiente para os cristãos indicar as passagens relevantes da Bíblia, porque essas são reconhecidas como uma fonte de verdade. Mas e quanto a culturas e públicos que não aceitam a Bíblia como uma verdade revelada, ou pelo menos têm desconfiança quanto a isso? Nesses casos, os cristãos precisam recorrer a alguma outra base de justificação – algum outro corpo de dados ou evidências – que tenha uma proveniência mais amplamente aceita. A prática de argumentar para chegar a conclusões teológicas partindo de premissas geralmente aceitas derivadas da razão ou da experiência do mundo natural é tradicionalmente chamada de teologia natural.

Os cristãos com frequência (um tanto paradoxalmente?) recorrem à própria Bíblia em apoio à teologia natural. Duas passagens em particular são citadas; a primeira, do Antigo Testamento:

> Cantam os céus a glória do Senhor,
> o firmamento, a obra de seus dedos.
> Proclama um dia ao outro a sua nova,
> sopra uma noite à outra o seu segredo.

> Não por meio de frases ou palavras,
> nem por vozes que possam ser ouvidas;
> mas soa em toda a terra o que proclamam,
> chega aos confins do mundo o que eles dizem! (Sl 18,1-4).

E da carta aos Romanos no Novo Testamento:

> Realmente, a ira de Deus se revela do alto do céu contra qualquer impiedade e injustiça dos homens; homens que, com sua injustiça, oprimem a verdade. Porque tudo o que se pode conhecer de Deus é manifesto para eles: Deus o manifestou a eles. Desde a própria criação do mundo, a inteligência pode perceber as perfeições indivisíveis de Deus, seu poder eterno e sua natureza divina, através de suas obras. Por isso é que para eles não há desculpas (Rm 1,18-20).

Essas duas passagens parecem sugerir que todas as pessoas podem conhecer pelo menos algumas coisas sobre Deus apenas prestando atenção no mundo à sua volta. Quando essas observações se tornam mais sistemáticas e rigorosas, é a prática da ciência que proporciona dados para os teólogos naturais. Mas o que pode ser conhecido dessa forma "natural"?

> **Questões a serem abordadas neste capítulo**
> 1. Quais são alguns dos argumentos específicos usados pelos teólogos naturais?
> 2. Quais objeções existem contra a prática geral da teologia natural?
> 3. Como uma teologia da natureza difere da teologia natural?

1. Argumentos clássicos da teologia natural

Muitos textos que têm uma seção dedicada à teologia natural apresentam uma série de argumentos para a existência de Deus. Esses são supostamente consistentes com as observações dos textos bíblicos citados anteriormente, no sentido de que se apoiam em dados naturais proporcionados por nossos sentidos e nossa razão. Em uma linguagem mais técnica, esses argumentos derivam conclusões teístas de premissas naturais e neutras. Ou seja, as premissas dos argumentos não pressupõem alguma revelação sobrenatural ou um compromisso ideológico. Elas são tiradas da experiência comum do mundo natural, e de fato há nelas um apelo ao senso comum, na superfície.

Por exemplo, o que é chamado de Argumento do *Design* (ou, às vezes, de Argumento Teleológico) recorre à nossa intuição de que há uma diferença perceptível entre objetos que ocorrem naturalmente e aqueles que não poderiam ter aparecido sem a intervenção de um autor. O argumento teve muitas versões diferentes ao longo dos séculos, e vamos encontrar algumas versões atuais dele mais adiante neste livro. Entretanto a formulação clássica vem da obra de William Paley do início do século XIX (ver o trecho no quadro a seguir). Ele afirmava que, assim como podemos ver que um mecanismo intrincado como o de um relógio não poderia ter se montado sozinho, também podemos "ver" que elementos da natureza são similarmente intrincados e dependentes de um projetista ou de um artesão habilidoso. Paley mencionou especificamente as pupilas humanas e o coração humano como "mecanismos" que apresentam sinais claros de propósito e, portanto, requerem uma explicação e um autor.

> "Vamos supor que, ao atravessar uma charneca, eu batesse o pé em uma *pedra* e me perguntassem como a pedra foi parar ali. Eu poderia responder que, até onde eu saiba, ela esteve ali desde sempre; e talvez não fosse muito fácil demonstrar o absurdo dessa resposta. Mas vamos supor que eu tivesse encontrado um *relógio* no chão e me perguntassem como o relógio apareceu naquele lugar; eu não pensaria em dar a resposta que dera anteriormente, de que, até onde eu sei, o relógio podia ter estado sempre ali. Por que, então, essa resposta não serviria tão bem para o relógio quanto serve para a pedra? Por que ela não é admissível no segundo caso como é no primeiro? Por essa razão, e por nenhuma outra, qual seja, que, quando inspecionamos o relógio, percebemos (o que não poderíamos descobrir em relação à pedra) que suas várias partes são construídas e combinadas com um propósito [...]. Esse mecanismo sendo observado (é necessário de fato um exame do instrumento e, talvez, algum conhecimento prévio do sujeito para percebê-lo e entendê-lo; mas, uma vez sendo, como dissemos, observado e entendido), a inferência, acreditamos, é inevitável; que o relógio precisa ter tido um fabricante; que deve ter existido, em algum momento, e em algum lugar, um artífice ou artífices que o construíram para o propósito a que descobrimos que ele atende; que compreenderam sua construção e projetaram seu uso" (PALEY, 1837, 5-6).

Uma vez mais, há certo apelo ao senso comum nesse raciocínio. Mas, quando o examinamos mais a fundo, vemos que há problemas sérios em argumentar em favor da existência de Deus usando analogias com projetistas humanos. O relógio não foi projetado e criado por uma única pessoa em um instante, mas foi resultado de um longo processo de tentativa e erro de muitos artesãos que gradualmente aperfeiçoaram seu desenho. O filósofo cético escocês David Hume apresentou essa objeção ao Argumento Teleológico em um diálogo usando o personagem Filo. Filo disse que, quando raciocinamos por meio de analogia, o argumento sempre acaba se desfazendo sem provar o caso. Por exemplo, ele questionou, o que podemos inferir sobre o trabalhador que construiu um navio? Que ele era engenhoso? Mas e se descobrirmos que ele era apenas um "mecânico estúpido" que imitou a arte de outros que, "por uma longa sucessão de eras, depois de múltiplas tentativas, erros, correções, deliberações e controvérsias, foi sendo gradualmente aperfeiçoada?" (HUME, 1998, 36). Teremos, então, que dizer do criador do universo que ele talvez tenha estragado e inutilizado muitos universos ao longo das eras e chegado a este apenas por tentativa e erro?

E podemos inferir algo sobre o *status* moral ou mesmo a existência atual do projetista de um relógio ou de um navio examinando-o hoje? Então, por que achamos que o projetista do universo é moralmente perfeito? Essas são perguntas perturbadoras para aqueles que desejam que a versão de Paley do Argumento do *Design* produza uma conclusão teísta.

Ainda assim, seria possível afirmar que o argumento de fato abre a porta para o sobrenatural, ainda que não dê muita informação sobre o tipo de ser sobrenatural que é necessário para explicar esses objetos que supostamente tinham um propósito. Por essa razão, o argumento teve um apelo popular enorme e influenciou significativamente o entendimento da teologia natural no início do século XIX. Mas a sedução do senso comum existente no argumento foi drasticamente solapada na segunda metade do século, quando Darwin sugeriu um mecanismo puramente natural por meio do qual a aparência de propósito poderia ser explicada sem recorrer a um projetista sobrenatural. Claro que esse debate continua até hoje e será examinado mais detalhadamente no capítulo 9.

O Argumento Cosmológico é outro dos argumentos clássicos da teologia natural. Há muitas versões desse argumento, mas, essencialmente, elas se apoiam na ideia, de senso comum, de que tudo que vemos na natureza teve de vir de algum lugar e não pode ter sido autocausado. O teólogo do século XIII Tomás de Aquino deu expressão a isso em sua Segunda Via (ver o quadro a esse respeito) de argumentação para a existência de Deus. Ele afirmou que, pela ordem natural das coisas, podemos observar que um evento ou um objeto é causado para ser do jeito que é em consequência de um evento ou um objeto anterior. Por exemplo, as pessoas não passam simplesmente a existir sem que sua existência seja causada por seus pais. A existência de seus pais também foi causada, e assim por diante. Essa cadeia de causas se aplica igualmente a árvores e montanhas e cachoeiras; a existência dessas coisas é causada por alguma outra coisa. Contudo, Aquino afirma que a cadeia não pode prosseguir para sempre dentro da ordem natural. Portanto, deve haver uma primeira causa – algo que não necessite de uma causa para explicar sua existência. E essa primeira causa é Deus (AQUINO, 2016).

> **As cinco vias de Tomás de Aquino**
>
> Tomás de Aquino foi um monge dominicano da Itália que viveu de 1225 a 1274. Era um escritor prolífico e continua a ser um dos teólogos mais influentes do catolicismo romano. Em sua obra mais conhecida, a *Summa Theologica* (ou resumo de teologia), ele afirma que a existência de Deus pode ser provada de cinco maneiras. Essas se tornaram conhecidas como as Cinco Vias. Resumidamente, elas são:
>
> 1. Como as coisas mudam, deve haver algo que é a causa última de toda mudança.
> 2. Como as coisas são causadas, deve haver uma causa primeira.
> 3. Como o mundo é contingente (não precisava existir), algo teve de trazê-lo à existência.
> 4. Como reconhecemos graus de perfeição, deve haver algo maximamente perfeito.
> 5. Como reconhecemos propósito no mundo, ele deve ter sido projetado.

Opositores do Argumento Cosmológico insistem em afirmar que postular Deus como a causa não causada não é mais explicativo do que postular a própria natureza como autocausada ou eternamente existente. Pois não podemos também perguntar de onde Deus veio ou o que causou Deus? Os apoiadores, no entanto, afirmarão que a distinção relevante é que, embora objetos naturais precisem de causas para explicar sua existência porque não são eternamente existentes, algo que está além da ordem natural das coisas pode não precisar ser causado. É esse tipo de entidade sobrenatural que é necessário para dar início à cadeia causal.

A articulação da cosmologia do *big bang* no século XX pareceu corroborar a ideia de que houve um início do universo, e a intuição de senso comum é que ele não poderia ter começado a existir sem uma causa. Muitos teólogos naturais veem isso como uma confirmação do argumento de Aquino. Mas desenvolvimentos recentes na cosmologia estão indo além do *big bang* em termos puramente naturais. Vamos examinar melhor as implicações disso no capítulo 8.

Mesmo que seja bem-sucedido, o Argumento Cosmológico ainda pode ser contestado por meio da afirmação de que uma causa primeira não remete de fato ao deus do teísmo cristão. No máximo, podemos inferir um ser eternamente existente que poderia iniciar uma reação em cadeia de causas. Para complementar o argumento, alguns teólogos naturais defendem outro dos argumentos clássicos para a existência de Deus: o Argumento Ontológico. Esse argumento não parte de teorias científicas ou observações, mas se encaixa na teologia natural em um sentido mais amplo, porque é um argumento baseado puramente em uma análise lógica do conceito de Deus. Anselmo de Cantuária desenvolveu o argumento pela primeira vez no século XI. Basicamente, ele afirmou que podemos todos formar uma ideia ou um conceito do maior ser imaginável. Propôs-se, então, a mostrar, com base nesse conceito, que tal ser deve existir na realidade não só na imaginação (ANSELMO, 2001, 7). Esse argumento parece superficial para muitos que refletiram a seu respeito. Alguns estudiosos sentem que algo deve estar errado no argumento, mas é difícil identificar exatamente qual é o problema. Para motivar o método de descobrir algo por intermédio de análise conceitual, consideremos o exemplo apresentado a seguir.

Eu tenho uma tia chamada Pat. Mesmo aqueles que não sabem absolutamente nada por experiência sobre minha tia Pat devem ser capazes de deduzir algumas informações sobre essa pessoa com base no conceito de "tia". Claro que a tia Pat é do gênero feminino; caso contrário, não seria uma tia. Em seguida, indo mais a fundo na análise do conceito, pode-se deduzir que a tia Pat deve ter um irmão ou irmã que tem filhos (ou, no sentido mais amplo de tia, poderia ser casada com alguém cujo irmão ou cuja irmã tem filhos). Quando chegamos a compreender plenamente o que se quer dizer por "tia", reconhecemos que essas são características ou propriedades necessárias de todas as tias. Por outro lado, a análise conceitual não revelará que a tia Pat tem cabelo ruivo ou que ela mora no Tennessee, pois estas não são propriedades necessárias de tias.

Da mesma forma, Anselmo afirmou ser capaz de deduzir "existe" como uma das propriedades necessárias de Deus. Seu argumento se apoia em duas premissas essenciais:

1. Deus é o maior ser imaginável.
2. É maior existir do que não existir.

Se ambas as premissas forem verdadeiras, Deus deve necessariamente existir, do mesmo modo como a tia Pat deve necessariamente ser mulher. Para entender por que é assim, imaginemos um ser como Deus que seja todo-poderoso, onisciente etc., mas que não exista realmente; e imaginemos outro ser como Deus que seja todo-poderoso, onisciente etc. e realmente exista. Qual é o maior? O que existe, de acordo com Anselmo. Portanto, o maior ser imaginável deve existir.

Afirma-se, assim, que esse maior ser imaginável tem todas as perfeições tradicionalmente associadas ao Deus do teísmo cristão: Deus é não apenas todo-poderoso e onisciente como também é perfeitamente bom e justo. Não está tão claro, de acordo com os contestadores, que o conceito de Deus realmente inclua todas essas propriedades, ou mesmo que a existência seja uma propriedade que as coisas têm (como ser azul ou ter um metro e oitenta de altura ou ser onisciente). O Argumento Ontológico apoia-se em uma análise muito sutil de linguagem e lógica. Ele continuou a ser levado a sério por alguns filósofos atuais, mas a discussão se tornou muito técnica e menos acessível a não especialistas.

Esta é apenas uma amostra de alguns dos argumentos tradicionais comuns da teologia natural. Nosso objetivo, neste capítulo, não é oferecer uma exposição detalhada desses argumentos, mas mostrar o modo geral de argumentação dos teólogos naturais. O fato de nem todos acharem esses argumentos convincentes parece ser um golpe contra eles. Estes deveriam ser argumentos extraídos de experiências e de dados que estão disponíveis para todos. Por que, então, nem todos aceitam as conclusões?

Alguns acham que, se os argumentos fossem desenvolvidos com mais cuidado, poderiam se tornar racionalmente interessantes. Outros, no entanto, sugerem que toda a iniciativa da teologia natural é equivocada desde o princípio. Vamos nos voltar agora a examinar as objeções.

2. Objeções à teologia natural

Há uma objeção ao projeto geral da teologia natural baseada na doutrina teológica da Queda e do pecado original. Articulada e defendida por João Calvino e Karl Barth, essa objeção afirma que nossa razão natural foi prejudicada pelo pecado e não é confiável. Portanto, qualquer suposto conhecimento que tenhamos obtido por meios naturais é, em si, suspeito. Os cristãos discordam quanto aos efeitos do pecado nas capacidades de raciocínio. A posição extrema defendida por Calvino e seus seguidores parece tornar não apenas a teologia natural, como também torna qualquer tipo de trabalho racional – incluindo a ciência e a teologia – impossível. O sucesso evidente da razão em muitas arenas – mesmo de não crentes "não regenerados" – torna essa objeção inválida para os interessados em um diálogo sério entre ciência e cristianismo.

> João Calvino (1509-1564) e Karl Barth (1886-1968) são dois dos mais importantes teólogos reformados do cristianismo protestante. Calvino nasceu na França e passou a maior parte de sua vida adulta na Suíça, onde foi o chefe da Igreja Reformada em Genebra. Sua obra mais famosa e duradoura é *A instituição da religião cristã*. Barth foi um teólogo suíço e proponente do Movimento da Neo-Ortodoxia no século XX. Sua principal obra é *Church Dogmatics*.

Outra objeção (ou uma versão diferente da mesma objeção), também associada a Barth, precisa ser levada mais a sério. Ele via a teologia natural como uma tentativa de autonomia em relação a Deus. Ou seja, ao desenvolver argumentos para a existência e a natureza de Deus com base na razão natural, as pessoas tentam conhecer Deus independentemente do que Deus lhes revelou. Contudo, como afirmou Barth, não há base mais segura ou certa para nosso conhecimento de Deus do que a palavra de Deus, e qualquer tentativa de encontrar outra base nos leva para mais longe de Deus. Em 1934, o teólogo suíço Emil Brunner declarou que a rejeição da teologia natural por Barth tinha ido longe demais. Ele afirmou, entre outras coisas, que a teologia natural poderia ser a base para a crença e um ponto de contato importante com não cristãos. A famosa resposta em alemão de Barth para Brunner foi "*Nein!*". Ele mantinha com veemência sua ideia de que qualquer tentativa de fundamentar a crença na razão é divorciar a fé da boa-nova de Jesus Cristo conforme revelada por Deus a nós. Nós acreditamos porque Deus falou, declarou Barth (ver BRUNNER e BARTH, 2002, para essa discussão).

> **Epistemologia**
>
> O ramo da filosofia que estuda a teoria do conhecimento. Epistemólogos tentam responder perguntas como "O que é conhecimento?", "Como obtemos conhecimento?" e "Qual é a diferença entre conhecimento e opinião?".

Para muitas pessoas hoje, o pronunciamento dogmático de Barth soa como fideísmo – crença sem base racional. Barth poderia responder alegando que a acusação de fideísmo só faz sentido contra a epistemologia que se desenvolveu no século XVII a partir de Descartes, que é a epistemologia que Barth estava rejeitando. Para seguir essa linha de raciocínio, precisamos de uma breve digressão histórica.

No capítulo 1, encontramos brevemente o acadêmico muçulmano Averróis (1126-1198, também conhecido como ibn-Rushd), que se preocupou com as aparentes discrepâncias entre a verdade revelada do Corão e os ditames da razão. Por exemplo, o Corão ensina claramente que Deus criou o universo, mas Averróis estava filosoficamente convencido de que o universo é eterno. Em consequência disso, ele desenvolveu uma teoria da dupla verdade, de acordo com a qual afirmações aparentemente contraditórias podem ser conciliadas em níveis diferentes. Ele afirmou que o Corão foi escrito para o grande público que não estava intelectualmente preparado para lidar com verdades filosóficas profundas, por isso suas mensagens eram apresentadas de modo alegórico para capturar a imaginação e as emoções dessas pessoas pouco instruídas. Quando entendemos dessa forma, percebemos que não há contradição real com o entendimento verdadeiro das coisas que o filósofo procura.

Esse método da dupla verdade foi influente na história da ciência e da religião porque aparentemente cria uma forma de eliminar algum conflito entre razão e revelação. Mas ele o faz à custa de eliminar da linguagem religiosa afirmações de verdades sobre o mundo, e, no século seguinte, Tomás de Aquino não aceitou essa ideia. Como já vimos, Aquino produziu provas da existência de Deus acreditando que parte do que foi revelado num âmbito sobrenatural também poderia ser demonstrado por meio da razão natural. Ele reconhecia que muitas dessas provas eram difíceis e, concordando com Averróis, admitia que o grande público não as entenderia. Mas, ao contrário de Averróis, Aquino não aceitava que há duas versões da verdade. Há apenas uma verdade, e esta não pode contradizer outra verdade.

Aquino defendeu o conceito de que podemos "aprender" coisas por meio da fé, mas isso é uma espécie diferente de conhecimento em relação ao que podemos "aprender" por meio da razão, e ele se preocupava em não confundir os dois. Ele afirmava que nós "acreditamos" que são verdadeiras as coisas que aprendemos por meio da fé e que "vemos" que são verdadeiras as coisas que aprendemos por meio da razão. Ele afirmava que há algumas coisas em que só podemos acreditar por meio da fé – por exemplo, que Deus é uma Trindade. Isso é algo revelado para nós, e nada na razão vai contradizê-lo, mas também não é possível demonstrar por meio da razão que é verdadeiro. Há outros pontos de revelação, segundo ele, que podem ser demonstrados também pela razão – a existência de Deus e o papel de Deus como criador, por exemplo. Alguns cristãos nunca se dedicarão a compreender as provas racionais para esses pontos; simplesmente, os aceitarão como artigos de fé revelada. Entretanto, para aquele que os vê por meio razão, eles não podem ser também artigos de fé.

Às vezes, a solução de Aquino é chamada de síntese tomista, mas isso é enganoso em certo sentido, porque o que ele fez não é sintetizar teologia e filosofia/ciência em uma só disciplina, mas distinguir claramente domínios separados para elas. Essas disciplinas não contradirão uma à outra quando usadas adequadamente, mas são caminhos separados para a verdade. Aquino juntou esses dois caminhos separados para produzir um único sistema de conhecimento coerente (daí a adequação do termo "síntese"), mas pensadores cristãos posteriores não se preocuparam tanto em fazê-lo. Assim, os dois caminhos de conhecimento começaram a produzir resultados muito diferentes, que, embora não fossem estritamente contraditórios, estavam criando retratos muito diferentes de Deus. Alguns afirmaram que o Deus da revelação nas histórias da Bíblia é uma figura pré-racional, ou mesmo mitológica; a razão produz um conceito muito diferente, o "deus dos filósofos". Jesus como o filho encarnado de Deus não faz parte desse conceito e, como uma figura histórica, tornou-se nada mais do que um bom mestre de moral. A cristologia não recebe nenhuma relevância na teologia natural do período, e somos deixados com um teísmo genérico.

Aqui vemos a relevância da crítica de Barth à teologia natural. Pela sua perspectiva, os teólogos naturais entraram na conversa da separação de fé e razão, e o caráter distintivo do cristianismo é deixado de fora da equação. Filósofos modernos buscaram certezas para suas crenças, e o caminho para a certeza não vinha por intermédio das histórias transmitidas, mas por meio do uso da razão. René Descartes (1596-1650) achou que estava prestando um serviço valioso à teologia dando à crença em Deus e na imortalidade da alma alguma base na razão filosófica. Outros veem essa iniciativa como uma redução do teísmo cristão de Aquino a um teísmo filosófico, que viria a se tornar deísmo e, depois, ateísmo. Para essa objeção, a teologia natural divorciada da revelação é inerentemente instável e incapaz de justificar a fé cristã.

Há ainda mais um desenvolvimento dessa objeção. Quando a razão se torna a única base aceitável para a crença, a experiência religiosa não é mais considerada adequada para fundamentar a fé. Mas alguns afirmam que há algo fundamentalmente errado em eliminar esse elemento subjetivo. O filósofo da religião contemporâneo Paul Moser diz que a teologia natural trata Deus como um objeto, similar aos objetos que a ciência natural investiga. Ao fazê-lo, os argumentos da teologia natural deixam de detectar o ser pessoal que é o Deus revelado a Abraão, Paulo e (mais significativamente) Jesus. Em vez disso, a base cognitiva apropriada para a fé cristã é encontrada na relação que se pode ter com Deus por intermédio do espírito pessoal interveniente de Deus. De acordo com Moser, o objetivo do Deus cristão para nós não é meramente informação intelectual ou cognitiva, mas nossa transformação moral. Os argumentos da teologia natural oferecem evidências de um deus que é estático e se revela independentemente das atitudes volitivas humanas em relação a ele. Mas isso não é o deus que os cristãos deveriam estar buscando, afirma Moser. O Deus cristão se esconde em resposta à resistência volitiva humana, porque Deus não é coercivo, e ele deseja que aprendamos a amar de maneira altruísta como ele faz. O Deus verdadeiro não é revelado nas "evidências para os espectadores" da teologia natural, mas se dá a conhecer para nós apenas quando entramos em relação com ele. E Deus entra em relação conosco apenas quando estamos dispostos a passar pela transformação moral que ele almeja para nós; ou seja, quando demonstramos um amor perfeito por todas as pessoas, mesmo por nossos inimigos, porque essa é a natureza de Deus (MOSER, 2012, 156-157).

O argumento de Moser é forte por uma perspectiva cristã subjetiva, mas os críticos farão a objeção de que ele não deixa espaço suficiente para o papel das evidências objetivas. Poderiam os argumentos tradicionais ter algum valor para fazer parecer plausível a existência de algo como Deus? Então, talvez, depois de aceitar a possibilidade de existir algo sobrenatural, a pessoa esteja mais disposta a buscar uma relação com o tipo de deus que Moser descreve. Dessa maneira, evidências objetivas poderiam abrir uma porta para a crença em Deus que vá além das evidências para os espectadores.

Contudo, precisamos examinar mais uma objeção à teologia natural, qual seja, que, a princípio, ela nem sequer é possível. Se a teologia natural pretende ser argumentação a partir de premissas objetivas ou neutras que qualquer pessoa possa aceitar, a filosofia da última metade do século XX questiona seriamente se isso de fato existe. Isso porque muitos afirmariam que não existem premissas neutras. Assim como os teólogos naturais do período Moderno achavam que a separação de fé e razão lhes permitia demonstrar afirmações teológicas apenas por meio da razão, eles também acreditavam que uma distinção nítida entre fatos e valores serviria a seus interesses. Fatos eram considerados objetivos, publicamente acessíveis e tratados como ciência; valores, por outro lado, eram considerados questões subjetivamente escolhidas de consciência. Os teólogos naturais supostamente se apoiavam nesses fatos objetivos para derivar suas conclusões.

Entretanto, embora muitas pessoas hoje ainda aceitem cegamente a legitimidade da distinção fato-valor, a história de suas dificuldades é bem conhecida nos círculos da filosofia da ciência (por exemplo, PUTNAM, 2002). Em resumo, foi David Hume quem articulou classicamente a distinção fato-valor, afirmando que não se pode derivar um "deve ser" de um "é". Para dar base a essa distinção, ele precisava de uma noção clara de uma "questão de fato", que ele diferenciou de "relações de ideias". Sua definição de um fato como algo que pode nos dar uma impressão sensorial tornou-se profundamente problemática com a continuidade do desenvolvimento das ciências físicas em que não observáveis como elétrons podem desempenhar papéis muito importantes. Os empiristas lógicos da primeira metade do século XX tentaram várias soluções para manter o domínio do fato puro e intocado. Mas W. V. O. Quine (1980) acabou mostrando, de modo satisfatório para a maioria dos filósofos, que uma separação nítida entre questões de fato (o que ele chamou de proposições sintéticas) e relações de ideias (proposições analíticas) é impossível de ser obtida. Em vez disso, experimentamos o mundo por meio de complexas redes de crenças, e o resultado é que crenças não podem ser adequadamente classificadas em crenças puramente factuais e compromissos com valores. O que acontece é que encontramos um profundo entrelaçamento de fatos e valores. E, mais especificamente para o domínio da ciência, Thomas Kuhn (1970) expressou a famosa ideia de que teorias científicas são mais como paradigmas por meio dos quais nós vemos o mundo. Até mesmo a observação de "fatos" é influenciada por, e carregada de, nossos complexos sistemas de crenças; e os valores são uma parte indelével da ciência.

3. Teologia natural para o século XXI

Então, o que resta para a teologia natural? Certamente, existem argumentos oferecidos que, supostamente, partem da natureza para defender a existência de Deus. Eles convenceram algumas pessoas e até contribuíram para sua conversão ao cristianismo. Isso não foi colocado em dúvida. A questão relevante aqui, no entanto, é se isso é realmente teologia natural no sentido de começar com premissas objetivas neutras e argumentar para chegar a conclusões teológicas. E, se não for, o que será feito da teologia natural?

Há cada vez mais pressão para transformar a prática clássica da teologia natural no que poderia ser mais adequadamente chamado de teologia da natureza. A natureza era entendida como o domínio dos fatos, neutra em relação a valores, da qual os teólogos naturais derivavam premissas para seus argumentos. Mas, consistente com a dissolução da distinção fato-valor, surge a noção de que a própria natureza não é um conceito completamente objetivo. O conceito de natureza é uma construção social que foi produzida de formas significativamente diferentes ao longo dos séculos (McGRATH, 2009, 6).

O filósofo grego Aristóteles, da Antiguidade, dividiu a realidade em natureza, arte e acaso. A arte (*techne*) era entendida como o resultado da intervenção humana no mundo, como prédios e jogos de futebol e conferências de filosofia. A natureza (*physis*) era a designação para as coisas que ocorriam regularmente sem necessidade de participação humana, como a formação de montanhas, as estações do ano e as marés. E havia também a categoria do acaso (*tyche*), que ele aplicava a ocorrências aparentemente aleatórias e imprevisíveis que não dependiam da ação humana, como o aparecimento de um cometa desconhecido ou o clima em um dia específico. Claramente, a natureza era considerada regular e não necessitava de nenhuma intervenção de algum agente. A regularidade que fosse imposta de fora (isto é, cuja ocorrência não fosse natural) era excluída do conceito de natureza.

Durante a revolução científica nos séculos XVII e XVIII, o conceito de natureza foi transformado. Começou-se a considerar que a característica definidora de natureza era que ela se constituía de corpos extensos que podiam ser tratados no âmbito matemático. Os cientistas obtinham cada vez mais sucesso ao decifrar a matemática na natureza e tornavam-se, por sua vez, cada vez mais hábeis em impor regularidades matemáticas aos seus artefatos. Na época de Paley, no início do século XIX, as categorias de Aristóteles já haviam se tornado imprecisas. A "natureza" era vista pelos teólogos naturais como um mecanismo gigante similar a um relógio. Máquinas não eram parte da natureza para Aristóteles; eram produtos de artesãos. Contudo, no período Moderno, os teólogos naturais podiam olhar para a natureza e contemplar o trabalho de um artesão: corações e olhos humanos não poderiam existir do modo como são por si próprios; eles mostram marcas claras de propósito, portanto deve haver um Grande Projetista.

> "Uma teologia natural cristã dá uma base teórica robusta para esse processo de contemplar, compreender e apreciar a natureza, ao proporcionar um arcabouço intelectual que afirma e legitima uma atenção ampliada ao mundo à nossa volta" (McGRATH, 2008).

O desenvolvimento da mecânica quântica no século XX ajudou a enfraquecer a visão mecanicista da natureza. Hoje, há muitos conceitos concorrentes de natureza entre os quais escolher, nenhum deles sem vieses ou noções preconcebidas: ambientalistas, entusiastas de esportes ao ar livre, panteístas hindus e outros veem a natureza cada um de um modo diferente. Em todos esses casos, a imagem preferida da natureza corresponde às ideias preconcebidas de uma comunidade específica que são interpretadas em seu objeto de atenção. A natureza não é um conceito não interpretado.

Assim, até mesmo os cientistas trabalham com um conceito de natureza que não é meramente "o que é dado". Vemos as coisas "como" algo de acordo com pressuposições teóricas – especialmente quando nos afastamos de observações individuais de uma árvore ou um elefante ou uma cachoeira e falamos sobre uma entidade coletiva gigantesca que chamamos de natureza. Mas, em vez de desanimar com essa situação ou fingir que não é assim, o cientista-transformado-em-teólogo contemporâneo Alister McGrath (2009) a vê como uma oportunidade para recuperar a noção cristã de natureza como criação. A natureza não é "não interpretada", mas isso não significa, em algum sentido pós-moderno, que cada interpretação é tão boa quanto qualquer outra. Ver a natureza como criação de Deus pode ser uma interpretação, mas, se os cristãos estiverem certos, será a interpretação *correta* do que a natureza é.

Nesse sentido, os teólogos naturais cristãos verão a ordem natural imbuída de propósito e, quanto mais os cientistas revelarem o comportamento ordenado e regular da ordem natural, mais os teólogos naturais celebrarão a provisão de Deus para a criação. Os cientistas descobrem "fatos" sobre a ordem natural que são surpreendentes e incríveis (no sentido literal de não se conseguir acreditar com facilidade) – talvez as constantes físicas que parecem ter sido selecionadas para possibilitar a vida; talvez as convergências evolutivas que parecem estar conspirando para produzir formas de vida como nós. Pela perspectiva de McGrath, eles não são tão incríveis quando vistos pela lente do teísmo cristão. Ele afirma que isso é simplesmente o que os cristãos esperariam do Deus revelado na tradição cristã.

Como os dados podem ser interpretados de diferentes maneiras, há muito espaço para discordâncias sobre a significação de questões específicas que encontramos na intersecção de ciência, filosofia e cristianismo. Discordância, porém, não significa que não possa haver diálogo. Mentes generosas e reflexivas encontrarão muito proveito em refletir sobre essas questões e conversar com outros que as vejam de modo diferente. É para as questões específicas que vamos nos voltar agora.

> **Resumo dos pontos principais**
> 1. Os argumentos teleológicos, cosmológicos e ontológicos são alguns dos argumentos tradicionais dos teólogos naturais.
> 2. Alguns argumentam que a teologia natural suplanta a revelação, e outros, que ela trata Deus como um objeto e não como um ser pessoal merecedor de culto.
> 3. Uma teologia da natureza argumenta que a natureza exibe as qualidades que esperaríamos encontrar na criação de Deus.

Leituras adicionais

- BUCKLEY, Michael. *At the Origins of Modern Atheism*. New Haven: Yale University Press, 1987. Argumenta que os teólogos não deveriam ter ignorado a cristologia em sua defesa da fé.
- CRAIG, William Lane; MORELAND, J. P. (org.). *The Blackwell Companion to Natural Theology*. Oxford: Blackwell Publishers, 2009. Uma coletânea de artigos detalhados sobre os argumentos típicos oferecidos por teólogos naturais para a existência de Deus.
- McGRATH, Alister E. *The Open Secret: A New Vision for Natural Theology*. Oxford: Blackwell Publishers, 2008. Argumenta que a teologia natural se refere fundamentalmente a ver a natureza de uma determinada maneira: para os teólogos naturais cristãos, pelas lentes da teologia cristã.
- MOSER, Paul. *The Evidence for God: Religious Knowledge Reexamined*. Cambridge: Cambridge University Press, 2010. Defende que a teologia natural não é capaz de revelar o Deus cristão relacional.
- PRUSS, Alexander; GALE, Richard. "Problems for Christian Natural Theology". In: *The Blackwell Companion to Science and Christianity*. STUMP, J. B.; PADGETT, Alan G. (org.). Malden: Wiley-Blackwell, 2012. Detalha os problemas que alguns estudiosos encontram nos argumentos clássicos da teologia natural.
- STUMP, J. B. "Natural Theology after Modernism". In: *The Blackwell Companion to Science and Christianity*. STUMP, J. B.; PADGETT, Alan G. (org.). Malden: Wiley-Blackwell, 2012. Considera a possibilidade da teologia natural depois que a distinção fato-valor é dissolvida.

Referências bibliográficas

ANSELM. *Proslogion*. Trad. Thomas Williams. Indianapolis: Hackett Publishing Company, 2001.

AQUINAS, Thomas. "Whether God Exists?", 2016. In: *Christian Classics Ethereal Library*. Disponível em: <http://www.ccel.org/ccel/aquinas/summa.FP_Q2_A3.html>. Acesso em: 17 fev. 2016.

BRUNNER, Emil; BARTH, Karl. *Natural Theology: Comprising "Nature and Grace" by Professor Dr. Emil Brunner and the reply "no!" by Dr. Karl Barth*. Trad. Peter Fraenkel. Eugene: Wipf and Stock Publishers, 2002.

HUME, David. *Dialogues Concerning Natural Religion*. POPKIN, Richard H. (org.) Indianapolis: Hackett Publishing Company, ²1998.

KUHN, Thomas. *The Structure of Scientific Revolutions*. Chicago: University of Chicago Press, ²1970.

McGRATH, Alister E. *The Open Secret: A New Vision for Natural Theology*. Oxford: Blackwell Publishers, 2008.

_____. *A Fine-tuned Universe: The Quest for God in Science and Theology*. Louisville: Westminster John Knox Press, 2009.

MOSER, Paul. "Religious Epistemology Personified: God without Natural Theology". In: *The Blackwell Companion to Science and Christianity*. STUMP, J. B.; PADGETT, Alan G. (org.). Malden: Wiley-Blackwell, 2012.

PALEY, William. *Natural Theology*. Boston: Gould, Kendall and Lincoln, 1837.

PUTNAM, Hilary. *The Collapse of the Fact/Value Dichotomy*. Cambridge: Harvard University Press, 2002.

QUINE, W. V. O. "Two Dogmas of Empiricism". In: *From a Logical Point of View*. Cambridge: Harvard University Press, ²1980.

CAPÍTULO 8
Cosmologia

O estudo da cosmologia tem sido há muito tempo matéria para diálogo e discussão entre ciência e religião. Já desde o *Timeu* de Platão, no século IV a.C., encontramos tensão entre o que hoje chamamos de explicação natural da existência do cosmo e uma explicação sobrenatural. Poderíamos esperar que, conforme a ciência avançasse e desenvolvesse teorias mais precisas, as explicações teológicas fossem perdendo a força – como aconteceu em relação a explicações de fenômenos relacionados ao clima. Mas essa expectativa não se aplica à cosmologia. As fantásticas descobertas da cosmologia do século XX – relatividade geral, o *big bang*, nucleossíntese estelar, buracos negros e assim por diante – não expulsaram aqueles que veem a mão de Deus em ação no universo. E, no caso do ajuste fino, um entendimento melhor da ciência do cosmo reforçou ou mesmo ressuscitou um impulso teológico entre alguns pensadores. Neste capítulo, tentaremos entender a conexão entre cosmologia e teologia olhando para alguns de seus pontos de contato centrais atualmente: o *big bang*, ajuste fino e a hipótese do multiverso.

> **Questões a serem abordadas neste capítulo**
> 1. O que é o *big bang*?
> 2. Como devemos responder ao aparente ajuste fino que observamos no universo?
> 3. O que podemos concluir sobre multiversos?

1. Cosmologia do *big bang*

O que isso significa?

O termo "*big bang*" se refere a um par de conceitos científicos diferentes, e é importante esclarecê-los. Às vezes, o termo "*big bang*" é usado como um rótulo para o modelo de nosso entendimento atual do desenvolvimento do cosmo. Como tal, ele se refere a toda a história da expansão do universo. Alternativamente, se falamos do "*big bang*" como um evento singular, as coisas ficam mais confusas, porque não sabemos de fato a que isso se refere. O cosmólogo Sean Carroll define esse sentido de "*big bang*" meramente como um termo genérico para nossa falta de entendimento completo sobre a gênese de nosso universo (CARROLL, 2012, 186). A partir de cerca de um segundo após o evento do *big bang*, o que se observa pode nos levar a desenvolver teorias muito precisas e chegar a evidências empíricas impressionantes. Essas teorias e evidências formam a base do modelo do *big bang* que está firmemente estabelecido como a explicação cosmológica principal. Antes desse primeiro segundo, porém, as coisas são significativamente imprecisas.

Não é de fato tão ruim de cerca de 10^{-43} segundo depois do começo até um segundo. Durante esse período, os cosmólogos acreditam que nosso entendimento atual de física (mecânica quântica e relatividade geral) é capaz de descrever o desenvolvimento do universo. O problema é que não sabemos como essas duas teorias altamente confirmadas se encaixam, por isso ficamos com uma forma de descrever o universo em grandes escalas (relatividade geral) e outra em pequenas escalas (mecânica quântica). Antes de 10^{-43} segundo – a era conhecida como o tempo de Planck, em homenagem ao físico Max Planck, um pioneiro da teoria quântica – essas duas escalas precisariam ser integradas para conseguirmos entender o que acontece, portanto nossa incapacidade de fazer isso impede que tenhamos mais do que especulações.

A teoria em si origina-se do trabalho científico de um padre belga chamado Georges Lemaître. Em 1931, ele escreveu uma carta breve para a revista *Nature* sugerindo que o início do universo tivesse sido como um átomo que decaiu e iniciou a expansão cósmica (LEMAÎTRE, 1931, 706). O termo "*big bang*" foi cunhado pelo cosmólogo Fred Hoyle como uma expressão para ridicularizar a teoria que estava sendo proposta por George Gamow e outros de que o universo estava se expandindo. Em uma declaração para a rádio BBC em 1949, Hoyle usou o termo "*big bang*" três vezes para se referir à teoria de Gamow (KRAGH, 2013, 15). Hoyle continuou a defender um modelo do universo conhecido como teoria do "estado estacionário" até as décadas de 1950 e 1960. Mas as evidências em favor do modelo do *big bang* tornaram-se cada vez mais convincentes e, em uma atitude um tanto rara na comunidade científica, Hoyle admitiu publicamente na *Nature* que sua teoria do estado estacionário estava errada (ver o quadro a seguir, com a citação). Quais são as evidências em favor do *big bang*?

> "A opinião se direcionou, de modo geral, à ideia de que as equações da física contêm uma singularidade. Sempre tive uma objeção arraigada a essa conclusão. Parece tão objetável, para mim, quanto descobrir fenômenos no laboratório que não só desafiassem as leis físicas atuais como também desafiassem todas as leis físicas possíveis. Por outro lado, não vejo objeção à suposição de que as leis atuais são incompletas, porque elas são quase certamente incompletas. A questão, portanto, se apresenta na forma de como as leis físicas devem ser modificadas a fim de evitar uma singularidade universal; em outras palavras, como evitar um colapso da física. Foi com essa perspectiva em relação ao problema que vários de nós sugeriram, cerca de vinte anos atrás, que a matéria poderia ser criada continuamente. A ideia era manter o universo em um ponto estacionário com a criação de matéria compensando os efeitos da expansão. Nessa teoria, a densidade do universo não seria maior no passado do que é no presente. Pelos dados que apresentei aqui, parece provável que a ideia terá agora de ser descartada, pelo menos na forma em que se tornou amplamente conhecida – o universo em estado estacionário" (HOYLE, 1965, 113).

Quais são as evidências?

Como a maioria de nossas teorias atuais sobre o cosmo, a teoria do *big bang* encontra sua origem em Albert Einstein. Em 1915, Einstein formulou suas equações para a teoria da relatividade geral. Estas explicaram a gravidade não como alguma força misteriosa que vem do Sol e segura a Terra em órbita, ou da Terra para nos manter sobre sua superfície, mas como a natureza da matéria/energia para deformar o próprio espaço. Assim como a trajetória de uma bola de golfe é afetada no campo por uma depressão que a faz desviar para baixo, também corpos que se movem no espaço são atraídos "para baixo" em direção às depressões no espaço causadas por objetos com muita massa.

As equações de Einstein descrevem com precisão matemática o estado de matéria/energia em cada ponto do universo e em cada momento. Mas ele ficou alarmado pela implicação matemática de que a densidade de matéria/energia não pode permanecer a mesma ao longo do tempo. Em virtude das "depressões" gravitacionais por todo o espaço e da gravitação universal entre todos os objetos, essa densidade sempre teria de estar aumentando ou diminuindo. E, como a quantidade de matéria/energia permanece constante, a única maneira de afetar a densidade geral é mudar o volume de seu recipiente. Ou seja, o próprio espaço precisa estar sempre se expandindo ou contraindo. Isso contradizia a visão aceita de um universo estático de modo tão drástico que Einstein se sentiu compelido a introduzir um fator adicional em suas equações – chamado de constante cosmológica. Essa constante supostamente descreveria uma força difusa que eliminaria a implicação indesejada dos cálculos matemáticos. Mais tarde, Einstein chamou essa atitude *ad hoc* de seu maior erro, pois não passou muito tempo até que os dados empíricos proporcionassem evidências que confirmavam que o espaço estava de fato se expandindo.

Em 1929, Edwin Hubble observou, pelo que era então o maior telescópio da Terra, que a luz de galáxias mais distantes era mais vermelha do que a luz de estrelas de nossa própria galáxia. Isso significava que o comprimento de onda dessa luz era maior do que o da luz emitida por estrelas mais próximas. Pressupondo que a composição das estrelas seja essencialmente a mesma, a diferença no comprimento de onda poderia ser explicada mais plausivelmente supondo que as galáxias distantes estão se afastando de nós. Isso é uma aplicação às ondas de luz do bem conhecido efeito Doppler em ondas sonoras. Pense em estar de pé na lateral da pista durante uma corrida de motocicletas. Quando uma motocicleta em velocidade (e muito barulhenta) se aproxima de você, o som é percebido em um tom mais agudo. Quando ela passa e se afasta na distância, o tom que ouvimos fica perceptivelmente mais grave. A motocicleta em si continua a fazer um som constante, mas, pela perspectiva do ouvinte, as ondas sonoras vão ficando mais juntas umas das outras quando a motocicleta está se aproximando e mais espaçadas quando a motocicleta se afasta. Isso corresponde aos tons mais agudos e mais graves que ouvimos. Isso também ocorre com as ondas de luz se movendo pelo espaço. Em vez de ouvir um tom mais grave, ondas de luz que estão normalmente na faixa do laranja ou do amarelo são percebidas por nós como se estivessem mais na faixa do vermelho. Por isso, o efeito de galáxias se distanciando é conhecido como desvio para o vermelho.

Às vezes, falamos informalmente como se as estrelas e as galáxias estivessem se movendo para longe de nós no espaço. De acordo com a teoria de Einstein, porém, é o próprio espaço que está se estendendo e expandindo. Portanto, as ondas de luz nesse espaço entre nós e as estrelas distantes estão sendo ampliadas em comprimentos de onda mais longos conforme o espaço se expande.

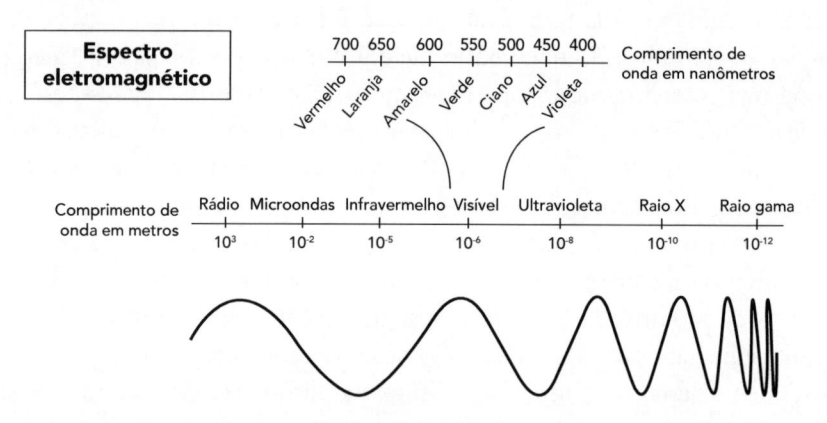

Fig. 8.1 – Comprimentos de onda do espectro eletromagnético.

Se o espaço está se expandindo conforme nos movemos pelo tempo, decerto deveríamos ser capazes de virar o relógio para trás (teoricamente falando) e calcular quando todo o espaço estava comprimido em um ponto singular. Esse seria o "início" do universo ou o evento do *big bang*. As primeiras medições da taxa de expansão não foram muito precisas, e o primeiro cálculo de Hubble para a idade do universo foi de 1,8 bilhão de anos. Isso era problemático, uma vez que os geólogos afirmavam que a própria Terra era mais velha que isso. Esses erros nos primeiros dados impediram a comunidade de cosmólogos de chegar a um consenso. Mas outra descoberta empírica que aconteceu na década de 1960 decidiu a questão.

No final da década de 1940, George Gamow conjecturou que, se o universo começou com um "*big bang*", uma grande explosão, os fótons em número imenso que foram emitidos ainda deveriam estar espalhados pelo espaço hoje. Mas o espaço é muito maior agora e, assim como uma lata de aerossol esfria quando o conteúdo é liberado, os fótons em um universo em expansão "esfriarão" (claro que o volume da lata permanece constante enquanto o conteúdo se reduz, mas é o mesmo princípio de manter o conteúdo constante enquanto se aumenta o volume do recipiente). Quando fótons esfriam, sua frequência diminui, e eles passam do domínio do visível para a faixa do infravermelho e, depois, das microondas. Alguns dos associados de Gamow calcularam que essa radiação de fótons hoje deveria estar cerca de cinco graus acima do zero absoluto, o que punha sua frequência na faixa de microondas da radiação eletromagnética. Mas esses cálculos foram ignorados pela comunidade de físicos e ninguém dedicou os recursos necessários para testar essa previsão empírica.

Foi só em meados da década de 1960 que a teoria da radiação cósmica de fundo em microondas foi revivida por uma dupla de físicos em Princeton. Coincidentemente, enquanto eles trabalhavam na teoria, dois físicos da Bell Laboratories ligaram para saber se eles teriam alguma ideia da razão de sua nova antena de comunicação por rádio apresentar um ruído constante, seja qual fosse a direção para a qual a apontassem. Para resumir a história, eles haviam acidentalmente detectado a radiação prevista por Gamow. E o valor observado era notavelmente próximo da previsão original. Hoje, a temperatura da radiação foi medida com precisão pela sonda orbital WMAP (Wilkinson Microwave Anisotropy Probe) como 2,725 graus acima do zero absoluto.

Qual é a significância para o cristianismo?

À primeira vista, o modelo do *big bang* para o universo, com sua datação muito específica da idade do universo, parece estar em tensão com as crenças cristãs tradicionais. Alguns cristãos fizeram uma leitura da Bíblia considerando que ela fornecesse uma datação específica para a idade do universo, e a idade obtida por esse método é radicalmente diferente. A mais infame delas foi proposta por James Ussher, arcebispo anglicano e primaz de toda a Irlanda, no século XVII. Juntando as genealogias da Escritura, ele determinou que o momento da criação foi em 23 de outubro de 4004 a.C.! Mas, mesmo os estudiosos bíblicos conservadores atuais admitem que essas genealogias não têm o propósito de revelar a datação do universo, e a maioria conciliou sua fé com a ideia de uma Terra antiga (ver capítulo 4 para algumas considerações sobre os criacionistas da Terra Jovem recalcitrantes).

Depois que a datação foi acomodada nas crenças cristãs, alguns viram aqui uma oportunidade de consonância com a doutrina de *creatio ex nihilo*. O Argumento Cosmológico já existe há muito tempo e pode ser encontrado em muitas variedades diferentes. Uma versão que foi particularmente adaptável às descobertas científicas do século XX é o Argumento Cosmológico *kalām*. Ele foi desenvolvido por teólogos muçulmanos na Idade Média, principalmente por Al-Ghazâlî (*c.* 1055-1111). O principal defensor do argumento em tempos recentes foi o apologista cristão William Lane Craig (nascido em 1949). Ele apresenta o argumento em sua forma mais simples como se segue:

> Premissa 1: O que quer que comece a existir tem uma causa.
> Premissa 2: O universo começou a existir.
> Conclusão: Logo, o universo tem uma causa.

O argumento sempre teve defensores com bases filosóficas, mas, como as evidências científicas disponíveis em séculos anteriores se encaixavam mais facilmente em um quadro do universo estático e eternamente existente, foi só recentemente que o argumento atraiu atenção científica. Sem dúvida, é a segunda premissa que é relevante para o *big bang*. Craig está convencido de que as evidências científicas para a premissa agora fazem o argumento funcionar. E ele acha que a causa do universo indicada pela conclusão é, mais plausivelmente, uma causa não causada, sem início, não espacial e imaterial – o que se encaixa bem na concepção tradicional do Deus cristão. Além disso, Craig argumenta que é até possível defender que essa causa seja pessoal. Ele afirma não só que não há atualmente nenhuma explicação científica de um primeiro estado do universo, mas também que nunca poderá haver. Em vez disso, é à explicação pessoal (ver os comentários sobre isso no capítulo 10) que se deve recorrer para tal evento (CRAIG e SINCLAIR, 2009). Claro que nem todos aceitam essa linha de raciocínio.

Uma objeção anterior à premissa de que o universo começou a existir foi que as evidências podem apoiar igualmente um universo oscilante. Ou seja, talvez o universo se expanda até que sua gravidade desacelere, interrompa e reverta a expansão, culminando em um *"big crunch"*, ou grande colapso, que ricocheteia e começa tudo outra vez. Essa especulação, no entanto, parece ter sido solidamente refutada. Os ganhadores do Prêmio Nobel de física de 2011 (Perlmutter, Schmidt e Riess) mostraram que a expansão do universo não só não está diminuindo, como de fato está se acelerando – tornando, assim, implausível a afirmação de que somos parte de um universo eternamente oscilante.

Em seu conhecido livro *O grande projeto*, Stephen Hawking apresenta outra objeção ao Argumento Cosmológico. Ele traça um paralelo com a eliminação da borda do mundo quando constatamos que a Terra é redonda. Agora, descobrimos que o tempo pode se comportar como outra dimensão do espaço em eventos extremos de deformação como as condições iniciais do universo. Assim, o "início" torna-se um momento contínuo e sem contorno, que não tem nenhum momento anterior a ele – assim como o Polo Sul não tem nenhum ponto mais ao sul. Se andarmos para o sul, veremos que há um ponto em que começamos a nos dirigir de volta para o norte ainda que tenhamos continuado sempre em linha reta (embora na superfície de uma esfera); Hawking afirma que, se viajássemos de volta no tempo até o início, perceberíamos que o tempo se dobra sobre si mesmo, e a continuidade da viagem na mesma direção começaria a nos levar para a frente no tempo outra vez (HAWKING e MLODINOW, 2010, 133-136).

Deve ser observado que a objeção de Hawking desloca o foco da segunda premissa do argumento *kalām* para a primeira. Há um início do universo em seu modelo; só que não há um contorno de tempo nesse evento; portanto, torna-se sem sentido falar de uma causa que precede o início. Se Hawking estiver certo, o início de nosso universo poderia ser descrito como um evento quântico não causado. Mas, como a era Plank do modelo do *big bang* ainda está envolta em mistério, em vista de nossa falta de uma teoria bem-sucedida de gravidade quântica, qualquer explicação do "início" é especulativa neste momento e não tem apoio empírico direto. Uma das candidatas que tem recebido uma atenção significativa nos últimos tempos postula que nosso universo começou como uma fase de um multiverso mais abrangente. A teoria do multiverso poderia oferecer ao cético quanto à religião uma maneira de evitar as implicações teológicas do Argumento Cosmológico e também representa uma objeção ao outro tópico importante que está na intersecção de cristianismo e cosmologia: o ajuste fino. Antes de examinar o mérito da ideia do multiverso, vamos nos voltar para o ajuste fino.

2. Ajuste fino

O que isso significa?

Ajuste fino veio a ser o termo usado para uma versão contemporânea do Argumento Teleológico ou do *Design* (*telos* é uma palavra grega que significa "fim" ou "propósito"); outras versões do qual existem há séculos. Tomás de Aquino incluiu um argumento do *design* em suas famosas Cinco Vias para demonstrar a existência de Deus. Ele afirmou que é óbvio que os corpos naturais existem para determinados propósitos e que esses propósitos precisam ter vindo de um ser externo a eles, a quem chamamos de Deus (AQUINO, 2016). Outra versão particularmente influente do Argumento do *Design* surgiu no século XIX quando a investigação biológica descobriu a complexidade dos sistemas vivos (isso é discutido no capítulo 7, sobre teologia natural). A versão do ajuste fino do Argumento do *Design* apoia-se nas descobertas empíricas da física e da cosmologia nos séculos XX e XXI. Essencialmente, o argumento afirma que é muito improvável que a existência do universo como o encontramos tenha acontecido por acaso. Portanto, o argumento conclui, a existência de um projetista que determinou – ou ajustou – muitos dos aspectos do universo é a melhor explicação para as evidências.

Quais são as evidências?

O tipo de evidência necessário para um argumento como este deve satisfazer a duas condições: (1) as evidências devem ser estatisticamente improváveis; e (2) elas devem se conformar a algum padrão externo ao próprio evento. Por exemplo, vamos supor que a placa de um automóvel fosse composta de sete números e que esses números fossem atribuídos aleatoriamente na hora do licenciamento do carro. Nessas condições, receber qualquer número específico é estatisticamente improvável (1 em 10 milhões). Mas isso só satisfaz à primeira condição, e, apenas com base nisso, não ficaríamos surpresos ao receber um número de placa "improvável". Mas suponhamos que eu receba um número de placa que corresponda exatamente ao número do meu telefone. Ainda que esse número não seja mais estatisticamente improvável do que qualquer um dos outros, uma reação normal seria desconfiar que a atribuição dos números é realmente aleatória. Seria uma reação razoável pensar que alguém deve ter manipulado o processo de atribuição para fazer o resultado se conformar às minhas circunstâncias pessoais – talvez minha esposa tenha encomendado uma placa personalizada para mim ou o departamento de licenciamento tenha começado a usar rotineiramente os números de telefone que tem nos arquivos.

> Não confunda *inflação* cósmica com mera *expansão*. O modelo tradicional do *big bang* para o cosmo postulou que o espaço está se expandindo; a teoria da inflação faz um adendo a esse modelo sugerindo que houve um período de expansão extremamente rápida no universo inicial.

A situação das evidências para o ajuste fino no cosmo é similar a essa história – com uma única notável alteração. Entre os valores possíveis para algumas constantes físicas, leis da natureza ou condições iniciais, não achamos que eles tenham probabilidade semelhante de ocorrer. Em vista do que sabemos das leis da física, esses valores deveriam ter caído dentro de uma faixa específica. No entanto, os valores observados nem chegam perto de corresponder a essas expectativas. É como se as placas de carros aleatoriamente distribuídas fossem todas numéricas, e, no entanto, quando a minha placa aparecesse, ela fosse composta só de letras... soletrando meu sobrenome – mais razão ainda para desconfiar de que o resultado não foi de fato aleatório.

Por exemplo, com base nas teorias atuais muito bem-sucedidas de inflação cosmológica, há um tipo de energia que permeia todo o espaço, chamada de "energia do vácuo". É essa energia que responde pela rápida inflação do universo muito no início de sua história, e o valor observado da energia do vácuo é de menos de 10^{-8} ergs por centímetro cúbico. Mas, com base em cálculos de teorias quânticas de campos muito bem estabelecidas, esperaríamos que o valor fosse de cerca de 10^{112} ergs por centímetro cúbico – uma diferença enorme de 120 ordens de magnitude, chamada de "a pior previsão teórica na história da física" (HOBSON, EFSTATHIOU e LASENBY, 2006, 187). Contudo, se houvesse muito mais energia do vácuo do que o valor observado, o espaço estaria se expandindo com tanta rapidez que estrelas e galáxias não poderiam ter se formado – presumivelmente uma condição necessária para que a vida se desenvolvesse. Portanto, se as coisas tivessem acontecido do jeito como esperamos que elas aconteçam por si, não parece que o universo teria sido hospitaleiro para a vida. Mas aqui estamos nós. Assim, quando entendemos o valor da energia do vácuo e as leis físicas que dão origem a ele, isso é algo como receber uma placa de carro supostamente aleatória que traz o seu nome.

Há outros exemplos de ajuste fino entre as constantes físicas (ver REES, 2000, e COLLINS, 2009). Não sabemos de nenhuma razão para que a força da gravidade tenha o valor (relativamente fraco) que tem. Ela é a força que se contrapõe à força expansiva da energia escura, portanto uma ligeira diferença nela teria efeitos catastróficos similares a mudar a força de expansão: se a gravidade tivesse sido mais forte ou mais fraca por uma diferença de apenas uma parte em 10^{60}, o universo em explosão teria se estendido rápido demais ou entrado novamente em colapso sobre si mesmo sem permitir que a vida se formasse. De modo similar, a distribuição e a densidade inicial de massa/energia no início do universo precisaram ser incrivelmente "ajustadas" para que nosso universo se desenvolvesse (às vezes, isso é chamado de problema da planicidade). De acordo com Roger Penrose, um dos principais físicos teóricos de nossa época, a precisão necessária para um universo habitável era de uma parte em 10^{124} (PENROSE, 2011, 127). Esse número incompreensível é aproximadamente igual à fração do espaço que um próton ocupa em relação a todo o universo visível! Além desses casos, poderíamos falar da força nuclear forte, do Princípio de Exclusão de Pauli e da massa de prótons. Esses também são exemplos de ajuste fino que fazem parecer que o universo foi "projetado" tendo a vida humana em mente.

Poderíamos esperar que o tipo de evidência citada acima fosse altamente controverso. Mas esse não é o caso aqui. Quase todos os físicos concordam que há uma aparência de propósito nesses dados. A questão é como poderíamos explicar essa aparência.

> "Nosso mundo cotidiano, claramente moldado por forças subatômicas, também deve sua existência à taxa de expansão bem ajustada de nosso universo, aos processos de formação de galáxias, à formação de carbono e oxigênio em antigas estrelas e assim por diante. Algumas poucas leis físicas básicas estabeleceram as 'regras'; nosso surgimento de um simples *big bang* foi sensível a seis 'números cósmicos'. Se esses números não tivessem sido 'bem ajustados', o desdobramento gradual de camada após camada de complexidade teria sido suprimido" (REES, 2000).

Qual é o significado para o cristianismo?

O que as evidências de ajuste fino significam para o cristianismo ou para o teísmo em geral? Depende de como se pesa a plausibilidade relativa das seguintes opções para explicar as evidências:

1. Apenas tivemos sorte. Seria possível dizer simplesmente que vencemos probabilidades incríveis e as coisas funcionaram em nosso favor. Quanto mais aprendemos sobre essas probabilidades, porém, menos plausível esta resposta parece ser.
2. A vida poderia ter sido diferente. Todos esses parâmetros terminam dizendo algo como: "A vida como a conhecemos não poderia ter existido". É possível que a vida pudesse prosperar em condições significativamente diferentes? Talvez não devêssemos excluir essa possibilidade, mas não temos como imaginar como a vida poderia existir sem estrelas e estruturas atômicas relativamente estáveis.

3. A ciência está errada. Poder-se-ia afirmar que as teorias científicas que formam o modelo em relação ao qual as evidências são entendidas estão drasticamente erradas. Afinal, houve revoluções científicas no passado que alteraram teorias radicalmente. É verdade, mas mesmo uma revolução tão radical quanto a de Einstein não joga fora a física newtoniana; ela a incorpora em uma teoria mais geral. Qualquer teoria que possa vir a ser desenvolvida no futuro terá de fazer o mesmo com a física quântica e a relatividade geral. Elas são muito bem confirmadas para serem eliminadas.

As três primeiras opções são possíveis no sentido mais amplo do termo, mas poucas pessoas as consideram plausíveis. Em vez disso, o debate hoje é focado em duas outras opções:

4. Foi Deus que fez. Os cristãos veem as evidências exatamente como o tipo de evidência que esperaríamos ver se houver um criador e projetista do universo interessado na existência de vida como a nossa. Isso não equivale a uma prova dedutiva da existência de Deus, mas a ideia é de que esta seja a melhor explicação para as evidências.
5. As probabilidades melhoram em um multiverso. Tem sido cada vez mais popular entre os cosmólogos supor que nosso universo seja apenas um entre um número enorme de universos, cada um deles com um conjunto diferente de leis e constantes. Desse modo, não é surpreendente que o nosso tenha as características que tem, já que ele é o único onde nós poderíamos estar.

Sem dúvida que é possível para os cristãos aceitar também a hipótese do multiverso como o meio pelo qual Deus fez o universo existir. Mas a opção relevante a ser considerada aqui é se uma teoria do multiverso pode explicar as evidências de ajuste fino com uma base puramente naturalista. Portanto, é para o multiverso que precisamos nos voltar.

3. O multiverso

O que isso significa?

O termo "multiverso" obviamente vem da combinação do prefixo "multi-" com "universo", mas, como tal, ele parece um paradoxismo. O UNI-verso pressupõe a única realidade abrangente de tudo o que existe. Como poderia haver mais de um desses? Mas poderia haver algumas maneiras diferentes. O cosmólogo Brian Greene discute nove tipos diferentes de multiversos em seu livro *A realidade oculta*

(2011). Há a teoria dos muitos mundos, originada da física quântica, de acordo com a qual é levantada a hipótese de que, dos muitos resultados possíveis de eventos quânticos, todos eles são realizados em universos paralelos que se separaram um do outro. Há também diversas variedades de multiversos que derivam de diferentes considerações da teoria das cordas. E há alguns que usam as realidades possíveis de simulações de computador para gerar um multiverso. O tipo de multiverso que nos interessa especialmente aqui, porém, vem da teoria inflacionária da cosmologia.

> Aberto, fechado ou plano?
> Como a gravidade deforma ou curva o próprio espaço de acordo com a teoria da relatividade geral de Einstein, podemos nos indagar sobre a curvatura geral do espaço. Isso estará relacionado à densidade média de matéria/energia no espaço, o que afeta o destino último do universo. Se houver mais do que a densidade crítica, o espaço se fechará sobre si mesmo como o equivalente tridimensional da superfície de uma esfera; e, se não houver nenhum outro fator afetando o processo (como uma constante cosmológica), o espaço acabará por parar de se expandir e se contrairá de volta a uma singularidade. Se houver menos do que a densidade crítica, o espaço será aberto como a superfície de uma sela e se expandirá para sempre. Se houver exatamente a densidade crítica, o espaço será plano como uma folha de papel e a taxa de expansão se reduzirá a zero no infinito (uma vez mais, a menos que haja outros fatores).

Já no final da década de 1970, o cosmólogo Alan Guth estava desenvolvendo a teoria da inflação como a solução para dois problemas que intrigavam os cosmólogos. Um desses problemas é conhecido como o problema do horizonte. Ele surge por causa da uniformidade observada da radiação cósmica de fundo em microondas discutida anteriormente. No momento da explosão do *big bang*, deve ter havido regiões do espaço com temperaturas muito diferentes. Para que a equalização delas ocorresse, as regiões mais quentes e mais frias precisariam estar em contato entre si. Contudo, no modelo anteriormente aceito, essas regiões do espaço se separaram antes que a equalização pudesse acontecer. Assim, a hipótese inflacionária de Guth sugere que a expansão do universo em seu estágio mais inicial tenha sido mais lenta do que o modelo anterior prevê. Dessa maneira, regiões mais quentes e mais frias poderiam estar em contato por tempo suficiente para se equalizar. E, então, para chegar à separação espacial que observamos hoje, houve um período de inflação extremamente rápido.

O segundo problema que a inflação solucionou para Guth se refere à questão da planicidade já mencionada. A densidade inicial de matéria/energia parece ter sido precisamente ajustada para possibilitar um universo plano. A hipótese inflacionária de Guth, no entanto, mostra que, se o universo passasse por uma inflação extremamente rápida, por mais denso que o universo inicial fosse, a densidade se ajustaria ao valor crítico que possibilitaria um universo "plano".

Claro que não podemos voltar e observar se a inflação realmente ocorreu ou não. Mas as evidências empíricas estão aumentando conforme as previsões da teoria inflacionária são confirmadas. A inflação é importante para a teoria do multiverso porque não conhecemos nenhuma razão científica pela qual bolhas inflacionárias não pudessem ocorrer em mais de uma área de um universo muito maior. Os dados empíricos que temos agora são tão consistentes com a existência de muitas regiões diferentes de espaço-tempo que inflam como se inflassem com a existência apenas de nosso próprio "universo" inflado. Se houvesse muitos, eles estariam separados entre si por uma distância além da capacidade de serem conectados por qualquer sinal à velocidade da luz, portanto permaneceriam para sempre completamente isolados uns dos outros.

A razão de tal cenário de multiverso ser visto como uma resposta para o ajuste fino das constantes físicas, portanto, vem de sua possível conexão com a teoria das cordas. A teoria das cordas é a melhor tentativa até o momento de unificar as forças fundamentais, e ela sugere que, dependendo das diferentes maneiras como o período de inflação pode começar e terminar, as constantes físicas de um universo-bolha poderiam ser diferentes. Poderíamos dizer que as leis são constantes em todo o multiverso, mas elas podem se manifestar de forma diferente em diferentes regiões. Por analogia, a composição da água permanece a mesma, mas ela pode ser manifestada em três fases diferentes: líquida, sólida e gasosa. A teoria das cordas sugere que há um número enorme de fases possíveis em que o espaço-tempo poderia se manifestar – até 10^{500}. Essas corresponderiam a 10^{500} regiões diferentes de espaço-tempo em que as constantes físicas são diferentes – resultando em universos com propriedades muito diferentes. Entre esse número imenso, alguns desses universos têm combinações de constantes físicas que permitem que a vida se desenvolva. Em tal cenário, não é surpreendente que estejamos em um desses universos, pois eles são os únicos em que poderíamos estar.

Quais são as evidências?

Esta é uma seção curta, porque não há nenhuma evidência empírica direta de que existam multiversos do tipo que acabamos de descrever. Isso não significa, no entanto, que não haja razões para pensarmos que possam existir multiversos por aí. Essa não é apenas uma ideia *ad hoc* que surgiu do nada para refutar a aparência de desígnio, como alguns dos defensores do ajuste fino parecem acusar. Ela é uma implicação da teoria das cordas e da cosmologia inflacionária; nenhuma das quais é confirmada em si, mas ambas parecem ser sugeridas pela matemática da cosmologia. Houve muitas teorias que foram sugeridas, primeiro, pelos matemáticos sem nenhuma prova empírica e só mais tarde foram confirmadas por experimentos. Dois dos sucessos mais espetaculares nesse sentido foram os buracos negros e a radiação cósmica de fundo em microondas. É certamente precipitado afirmar que sabemos que somos parte de um multiverso. Mas também seria precipitado afirmar que não somos.

Qual é a significância para o cristianismo?

Nem todos avaliam o problema do ajuste fino do mesmo modo. As reações individuais a ele podem ser entendidas como uma função da aplicação do viés do observador ao problema. Alguns tentaram conciliar a enorme improbabilidade de o único universo se comportar da maneira como se comporta com o viés do observador. Sim, eles disseram, é imensamente improvável que o universo seja hospitaleiro para a vida, mas não poderíamos encontrá-lo de nenhum outro jeito – porque de outra maneira não estaríamos aqui para observá-lo. Tal reação às evidências parece equivocada e não é explicação nenhuma. É como se você fosse posto diante de um pelotão de fuzilamento de atiradores especiais e, depois da ordem para atirar e do barulho das armas, visse que continuava ileso. "Você não deveria se surpreender com o resultado", alguém diz, "porque não poderia ter observado se ele fosse qualquer outro". Certamente essa resposta é insatisfatória e mal direcionada, porque o ponto relevante continua sem explicação. Por que as coisas não aconteceram do jeito como esperaríamos que acontecessem? Que outro fator pode ter influenciado no processo? Foi apenas uma extraordinária coincidência todos os atiradores especiais terem errado? Ou alguém com um interesse em minha sobrevivência manipulou o processo de alguma maneira – talvez carregando todas as armas com festim?

Se houver apenas nosso próprio universo com suas leis e constantes físicas observadas, esse cenário parece captar a questão e fazer a balança pender em favor de interpretações cristãs. É muito absurdamente improvável que as coisas tenham acontecido desta maneira a não ser que alguém que tenha um interesse em nossa sobrevivência manipulasse o sistema. Isso não é uma prova irrefutável da existência de um deus criador, mas parece de fato ser a explicação mais plausível para um conjunto de eventos que requer uma explicação – assim como receber uma placa de carro personalizada ou sobreviver ao pelotão de fuzilamento requerem uma explicação. A possibilidade de um multiverso, no entanto, muda a história e, com ela, a aplicação do viés do observador.

Considere a enorme improbabilidade de cada um de seus ancestrais ter sobrevivido até o ponto de ter filhos. Pressupondo que as condições prevalentes nos países de terceiro mundo de hoje sejam representativas da história de nossa espécie, apenas dois terços das crianças sobrevivem até os 5 anos de idade. Se multiplicarmos essa proporção pelas centenas de gerações de ancestrais humanos que você tem (sem falar nos milhares e em milhões de gerações de ancestrais não humanos antes disso), as chances são praticamente nulas de que todas essas pessoas sobrevivessem até a idade de ter filhos.

Mas agora parecemos ter uma aplicação legítima do viés do observador. Claro que você não estaria aqui se eles não tivessem sobrevivido, mas sua surpresa com essa situação não deve ser a mesma que a surpresa por sobreviver ao pelotão de fuzilamento. No exemplo genealógico, algumas pessoas de fato sobrevivem e, por meio delas, um princípio de seleção está em funcionamento sobre um vasto número de pessoas (e pessoas potenciais). Não é de fato uma surpresa (e não requer explicações adicionais) que você se encontre como um descendente da linha bem-sucedida de procriadores.

Se houver um multiverso com um vasto número de diferentes bolhas locais, um processo de seleção similar ao exemplo dos ancestrais está em ação. A maioria dos universos não seria hospitaleira para uma vida como a nossa, mas alguns universos seriam. E, claro, nós nos encontramos em um universo dos que são favoráveis à vida. Esse fato não precisa de mais explicações ou de intervenção sobrenatural.

Conclusão

Alguns cristãos são rápidos em ressaltar que a existência de um multiverso não encerraria as implicações teológicas da cosmologia. Não é inconsistente com a teologia cristã pensar que a criação de Deus é muito mais vasta do que imaginávamos. De fato, uma forma de contar a história da doutrina de criação cristã é esse entendimento progressivo que vem desde os mitos cosmológicos do Oriente Próximo, passando pelo modelo ptolomaico do cosmo, o sistema copernicano, até o *big bang*; multiversos são apenas mais um passo. Além disso, o filósofo cristão Robin Collins parece ter observado corretamente que um multiverso apenas empurra o problema do ajuste fino para outro nível; agora, temos de perguntar por que existe um mecanismo que gera esses multiversos; alguns dos quais são favoráveis ao surgimento de vida inteligente (COLLINS, 2012). A ciência parece ser incapaz de responder de forma definitiva a essa última questão, mas o cosmólogo ateu Sean Carroll não se perturba com essa incapacidade. Talvez seja simplesmente um fato bruto que o universo existe e exibe os tipos de regularidades que encontramos nele. A necessidade de explicações metafísicas está enraizada em uma visão fundamentalmente teleológica do universo. Carroll acha que a teleologia é um construto humano, ou algo acrescentado ao modo como as coisas realmente são (CARROLL, 2012). Os cristãos discordam.

E, assim, o debate continua.

> **Resumo dos pontos principais**
> 1. O *big bang* é uma teoria científica bem confirmada de que toda a matéria e toda energia que observamos hoje vieram de um ponto.
> 2. O aparente ajuste fino de constantes físicas sugere que nosso universo tenha sido projetado tendo nosso tipo de vida em mente, ou que nós sejamos um entre um número imenso de universos.
> 3. Embora não haja confirmação empírica da existência de multiversos, o conceito é consistente com o que sabemos e proporciona uma resposta fascinante para as evidências de ajuste fino.

Leituras adicionais

- CARROLL, Sean. "Does the Universe Need God?". In: *The Blackwell Companion to Science and Christianity*. STUMP J. B.; PADGETT, Alan G. (org.). Malden: Wiley-Blackwell, 2012. Uma exposição muito clara da tentativa de explicar a cosmologia por uma base completamente naturalista.
- COLLINS, Robin. "The Fine-tuning of the Cosmos: A Fresh Look at Its Implications". In: *The Blackwell Companion to Science and Christianity*. STUMP J. B.; PADGETT, Alan G. (org.). Malden: Wiley-Blackwell, 2012. Um filósofo cristão examina respostas para o ajuste fino, incluindo um argumento não abordado aqui.
- CRAIG, William Lane; SINCLAIR, James D. 2009. "The *Kalam* Cosmological Argument". In: *The Blackwell Companion to Natural Theology*. STUMP J. B.; PADGETT, Alan G. (org.). Malden: Wiley-Blackwell, 2012. Desenvolve o argumento com muitos detalhes técnicos.
- GREENE, Brian. *The Hidden Reality: Parallel Universes and the Deep Laws of the Cosmos*. Nova York: Alfred A. Knopf, 2011. Um livro popular de ciências sobre multiversos escrito por um dos líderes em cosmologia.
- REES, Martin. *Just Six Numbers: The Deep Forces that Shape the Universe*. Nova York: Basic Books, 2000. Apresenta as evidências científicas por trás de seis dos casos mais espetaculares de aparente ajuste fino.

Referências bibliográficas

AQUINAS, Thomas. "Whether God Exists?", 2016. In: *Christian Classics Ethereal Library*. Disponível em: <http://www.ccel.org/ccel/aquinas/summa.FP_Q2_A3.html>. Acesso em: 17 fev. 2016.

CARROLL, Sean. "Does the Universe Need God?". In: *The Blackwell Companion to Science and Christianity*. STUMP J. B.; PADGETT, Alan G. (org.). Malden: Wiley-Blackwell, 2012.

COLLINS, Robin. "The Teleological Argument: An Exploration of the Fine-tuning of the Universe". In: *The Blackwell Companion to Natural Theology*. STUMP J. B.; PADGETT, Alan G. (org.). Malden: Wiley-Blackwell, 2009.

_____. "The Fine-tuning of the Cosmos: A Fresh Look at Its Implications". In: *The Blackwell Companion to Science and Christianity*. STUMP J. B.; PADGETT, Alan G. (org.). Malden: Wiley-Blackwell, 2012.

CRAIG, William Lane; SINCLAIR, James D. "The *Kalam* Cosmological Argument". In: *The Blackwell Companion to Natural Theology*. STUMP J. B.; PADGETT, Alan G. (org.). Malden: Wiley-Blackwell, 2009.

GREENE, Brian. *The Hidden Reality: Parallel Universes and the Deep Laws of the Cosmos*. Nova York: Alfred A. Knopf, 2011.

HAWKING, Stephen; MLODINOW, Leonard. *The Grand Design*. Nova York: Bantam Books, 2010.

HOBSON, M. P.; EFSTATHIOU, G. P.; LASENBY, A. N. *General Relativity: An Introduction for Physicists*. Cambridge: Cambridge University Press, 2006.

HOYLE, F. "Recent Developments in Cosmology". In: *Nature*, 1965, v. 208, 111-114.

KRAGH, Helge. "What's in a Name: History and Meanings of the Term 'Big Bang'". arXiv:1301.0219v2 [physics.hist-ph], 2013.

LEMAÎTRE, Georges. "The Beginning of the World from the Point of View of Quantum Theory". In: *Nature*, 1931, v. 127, 706.

PENROSE, Roger. *Cycles of Time: An Extraordinary New View of the Universe*. Nova York: Alfred A. Knopf, 2011.

REES, Martin. *Just Six Numbers: The Deep Forces that Shape the Universe*. Nova York: Basic Books, 2000.

CAPÍTULO 9
Evolução

Há mais de trinta anos o Gallup faz a seguinte pergunta a uma amostra aleatória de americanos:

Qual das afirmações a seguir mais se aproxima de suas ideias sobre a origem e o desenvolvimento dos seres humanos?

1. Os seres humanos se desenvolveram ao longo de milhões de anos a partir de formas menos avançadas de vida, mas Deus guiou esse processo.
2. Os seres humanos se desenvolveram ao longo de milhões de anos a partir de formas menos avançadas de vida, mas Deus não teve participação nesse processo.
3. Deus criou os seres humanos de uma só vez e essencialmente na forma atual nos últimos 10 mil anos.

O número de pessoas que escolhem a resposta número 3 tem se mostrado notavelmente consistente ao longo desses anos, tendo variado apenas ligeiramente de 44% em 1982 para seu valor mais recente de 42% em 2014 (GALLUP, 2014). Nessa pesquisa mais recente, quando se levam em conta apenas os entrevistados que informaram frequentar a igreja semanalmente, a porcentagem dos que escolheram a resposta criacionista sobe para 69%. Claramente, para os cristãos, há um problema que se percebe com a evolução.

Uma análise mais complexa das crenças dos americanos sobre a evolução foi feita por Jonathan Hill. Ele receia que as escolhas forçadas da pesquisa do Gallup condensem e mascarem algumas crenças mais matizadas, e elas não dão nenhuma indicação do nível de segurança das crenças das pessoas. Por isso, ele aplicou uma nova pesquisa nacionalmente representativa ao público americano em seu projeto de Estudo Nacional de Religião e Origens Humanas (HILL, 2014 e 2014a). Nessa pesquisa, ele desmembrou a pergunta criacionista e perguntou aos entrevistados se eles acreditavam no seguinte:

1. Os humanos não evoluíram de outras espécies.
2. Deus participou da criação dos humanos.
3. Os humanos foram criados nos últimos 10 mil anos.

Ele concluiu que apenas 14% afirmaram acreditar nas três sentenças e que apenas 10% acreditaram nelas e tinha certeza de sua crença. Por outro lado, apenas 6% das pessoas tinham certeza de que os humanos evoluíram e de que Deus não teve nenhuma participação nesse processo. Portanto, talvez os dados de Hill sugiram que as opiniões dos americanos sobre as origens não sejam tão polarizadas quanto o Gallup nos levou a acreditar.

Ainda assim, há uma preocupação difundida mesmo entre os cristãos que aceitam a ciência da evolução de que existam dificuldades para encaixar essas duas perspectivas. Neste capítulo, procuraremos pressupor que os achados da ciência evolutiva contemporânea (e os campos afins) estejam essencialmente corretos: a vida se originou no planeta há cerca de 3,8 bilhões de anos, e toda a vida que existe hoje (incluindo a dos seres humanos) está relacionada a uma descendência comum. Esses princípios, claro, não são isentos de contestação entre algumas comunidades cristãs, como vimos no capítulo 4. O propósito deste capítulo, no entanto, não é retomar esses argumentos, mas fazer um levantamento das implicações para o cristianismo do paradigma evolutivo contemporâneo e examinar os pontos de contato produtivos entre a evolução e o cristianismo.

> **Questões a serem abordadas neste capítulo**
> 1. As histórias da criação na Bíblia podem ser conciliadas com a evolução?
> 2. Deus realmente criaria por meio de um processo que envolve aleatoriedade e morte?
> 3. Em vista da evolução, podemos ainda afirmar que os humanos são criados à imagem de Deus?
> 4. Refletir sobre a evolução poderia ajudar os teólogos cristãos?

1. Evolução e a Bíblia

No capítulo 5, examinamos algumas das questões gerais relacionadas à ciência e à Bíblia para os cristãos. Nesta seção, vamos ver mais especificamente por que alguns cristãos acreditam que a evolução – e a evolução humana em particular – representa problemas para a interpretação da Bíblia.

Para os cristãos que entendem a Bíblia seriamente como algum tipo de revelação divina, há dificuldades óbvias com a evolução. Os dois primeiros capítulos de Gênesis parecem descrever a origem das espécies de plantas e animais de hoje em termos muito diferentes dos termos a que os cientistas chegaram. Além disso, recorrendo a diversas partes da Bíblia, conseguimos montar uma cronologia que comprova uma criação muito recente. Como os cristãos que aceitam o modelo evolutivo geral conciliam isso com sua crença na verdade e na confiabilidade da Escritura?

Durante o século XX, uma perspectiva bastante popular entre os cristãos foi o concordismo, que busca mostrar que tanto a ciência como a Bíblia dão informações confiáveis sobre a origem da Terra e da vida nela. Em oposição aos criacionistas da Terra Jovem, os concordistas aceitaram, de maneira geral, as conclusões da ciência convencional sobre a idade da Terra, e, assim, seu desafio era encontrar interpretações adequadas da Bíblia que abrissem espaço para isso. Uma abordagem foi a Teoria do Intervalo, de acordo com a qual houve um intervalo de tempo muito longo entre "Deus criou o céu e a terra" em Gênesis 1,1 e "Haja luz" em Gênesis 1,3 (o primeiro dia da criação). Os dias da criação em Gênesis 1 prosseguiram conforme registrado depois desse longo intervalo de tempo. Os teóricos do Intervalo costumam afirmar que os fósseis que descobrimos são vestígios da criação muito antiga em Gênesis 1,1, que foi destruída (talvez como resultado da rebelião de Satanás) antes dos seis dias de criação que começam no versículo 3. Eles dizem que todas as formas de vida atuais descendem dessas que foram criadas muito recentemente. Embora essa teoria tenha sido difundida na primeira metade do século XX, há pouquíssimos teóricos do Intervalo hoje.

Outra abordagem concordista que tem muito mais adeptos contemporâneos é a Teoria do Dia-Era. De acordo com essa interpretação de Gênesis 1, a palavra hebraica para dia (*yom*) também pode significar um período indefinido de tempo – do mesmo modo como dizemos, hoje, "nos velhos dias". Desse modo, eles consideram os seis dias de criação como sucessivas "eras" durante as quais os eventos descritos em cada dia foram realizados no decorrer de longos intervalos de tempo. O mais destacado dos teóricos do Dia-Era atuais é Hugh Ross, que acredita que Deus fez milhões de atos de criação especial ao longo dessas eras para produzir a variedade de espécies que vemos hoje.

Outros concordistas aceitam que a evolução ocorreu para plantas e espécies inferiores de animais. Eles indicam a linguagem usada no Gênesis, que sugere um papel mais indireto para Deus: "Disse Deus: 'Verdeje a terra com o que é verdejante'" (1,11), "Pululem as águas de seres animados" (1,20) e "Produza a terra seres vivos de diferentes espécies" (1,24). Mas, quando Deus cria os humanos, há uma mudança para uma linguagem mais direta: "Por fim, Deus disse: 'Façamos o Homem à nossa imagem'" (1,26). Isso não parece mais o método indireto de deixar a terra produzir. Desse modo, concordistas geralmente entendem que a criação dos seres humanos deve ter sido distinta e que Deus não usou formas de vida preexistentes para produzi-los. Em vista de sua interpretação da Bíblia, esses concordistas tiveram que desenvolver uma interpretação alternativa para as evidências biológicas diferente da que a vasta maioria dos cientistas aceita hoje. Outra interpretação mais recente da Escritura tenta evitar esse conflito.

John Walton é professor de Antigo Testamento no Wheaton College – uma das mais importantes instituições evangélicas dos Estados Unidos. Ele desenvolveu uma interpretação do Gênesis que remove o conflito com a ciência atual. As teorias científicas se ocupam da criação material, que é de onde as coisas físicas vieram, e com muita frequência leitores modernos da Escritura esperam que ela esteja respondendo a essa mesma preocupação. Contudo, de acordo com Walton, os autores do Gênesis não estavam de forma alguma tratando dessa questão. De forma consistente com sua cultura do antigo Oriente Próximo, os autores humanos das narrativas da criação estavam contando a história da criação no sentido da atribuição de funções. O sol foi "criado", de acordo com essa perspectiva antiga, não quando átomos de hidrogênio e hélio começaram a se fundir e produzir quantidades imensas de energia, mas, sim, quando Deus fez o Sol para brilhar *para nós* e em nosso benefício.

Walton acredita que, em última análise, o material também foi criação de Deus, mas não é disso que o Gênesis trata. De acordo com sua interpretação, Gênesis 1,1 é o título do capítulo do relato da criação; assim, concluímos que o estado original das coisas nesse capítulo é que "a terra estava informe e vazia" (1,2). As atividades criadoras de Deus registradas nos seis dias da criação, portanto, consistem em dar funções ao material que já está lá. Nessa visão, simplesmente não há um relato bíblico das origens do material, portanto não existe conflito com as teorias científicas modernas a esse respeito.

Sobre o tema da evolução humana, Walton adota uma abordagem similar. Ele acredita de fato que Adão e Eva foram pessoas históricas reais, por razões bíblicas, mas não acredita que uma interpretação adequada da Bíblia obrigue os cristãos a pensar que eles foram os primeiros seres humanos ou os ancestrais de todos os seres humanos (WALTON, 2013, 113). Adão, conforme apresentado no Gênesis, é um arquétipo para toda a humanidade. Ele é "todos os homens", representando o pecado, a mortalidade e a função sacerdotal de todos os seres humanos. Uma vez mais, há precedentes no antigo Oriente Próximo para ler as narrativas do Gênesis dessa maneira. Assim, Walton conclui que a Bíblia não oferece um relato da formação material dos seres humanos como espécimes biológicos e, portanto, não contradiz nada que a ciência da evolução descobriu sobre nossas origens materiais.

Outros interpretadores cristãos veem alguma validade na abordagem de Walton, mas acham que é forçado afirmar que os autores do Gênesis não estavam fazendo nenhuma afirmação sobre as origens materiais do mundo e dos seres humanos. Em vez disso, eles acham que a Bíblia é revelação divina que vem envolta nos conceitos culturais dos autores e do público original e, como tal, reflete crenças científicas antigas que simplesmente estavam erradas. Por exemplo, quando os autores do Antigo Testamento falavam do "firmamento", eles realmente acreditavam que havia uma cúpula sólida que segurava as águas no céu. E quando Paulo, no Novo Testamento, referiu-se ao universo em três camadas com o céu acima da terra e um mundo subterrâneo abaixo (ver Fl 2,10), ele realmente acreditava que essa era uma imagem precisa da realidade. Mas os autores bíblicos simplesmente estavam errados a respeito dessas coisas. Denis Lamoureux diz que isso, no entanto, não afeta a verdade da Escritura, porque devemos distinguir entre as verdades espirituais inerrantes da Bíblia e a ciência antiga incidental por meio da qual essas verdades foram comunicadas ao seu público antigo (LAMOUREUX, 2008, 110).

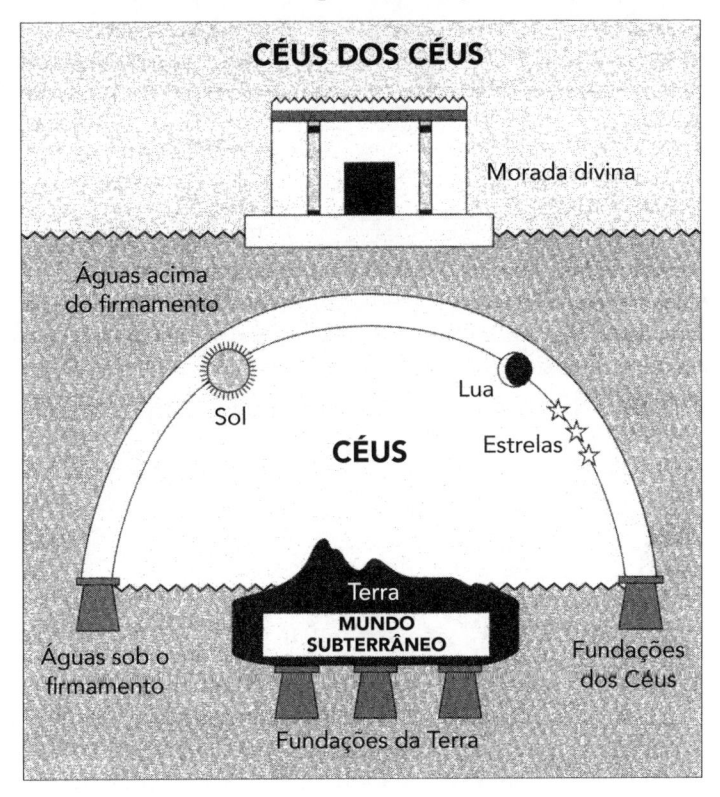

Fig. 9.1 – O universo em três camadas. Desenhado por Kenneth Kully.

O estudioso da Bíblia Peter Enns afirma mesmo que, quando o apóstolo Paulo se referiu a Adão em Romanos e em 1 Coríntios, ele sem dúvida acreditava que Adão fosse uma pessoa real e o pai de toda a raça humana. Como tal, Paulo usou a história de Adão – que todos em sua comunidade aceitariam – para transmitir a teologia do pecado, da morte e da necessidade de salvação em Cristo. O fato de Paulo estar errado sobre o papel histórico de Adão não invalida a teologia que ele articula. Enns declara:

> Paulo, como um judeu do século I, deu testemunho do ato de Deus em Cristo da única forma como se poderia esperar que ele fizesse, por meio de expressões e categorias antigas conhecidas por ele e por sua tradição religiosa há séculos e séculos. Pode-se acreditar que Paulo está correto no âmbito teológico e histórico a respeito da questão do pecado e da morte e da solução que Deus proporciona em Cristo sem ter de acreditar também que suas pressuposições sobre as origens humanas sejam corretas. A necessidade de um salvador não requer a existência de um Adão histórico (ENNS, 2012, 143).

Outros cristãos veem a necessidade de manter algum tipo de Adão e Eva históricos. Eles aceitam que a ciência não corrobora que Adão e Eva tenham sido um primeiro casal ancestral para toda a humanidade, mas, em vez disso, tentam lhes dar algum papel representativo de toda a humanidade, ainda que não tenham uma relação biológica com toda a humanidade. Contudo, Enns afirma que essa visão de Adão e Eva é totalmente estranha ao Adão e Eva da Escritura, portanto não há nenhuma boa razão para defendê-la. Em vez disso, devemos reavaliar a mensagem de Paulo diante do que sabemos sobre o mundo hoje. E, de fato, isso é exatamente o que Paulo fez em sua época – reavaliar a história do Gênesis e apropriar-se dela para o seu próprio tempo. Há mais questões referentes à Queda e ao pecado original no relato evolutivo. Estas serão examinadas no capítulo 12.

2. Criação por aleatoriedade e morte

Declarações diretas da Bíblia sobre a cronologia da criação não são as únicas questões que a teoria da evolução apresenta para o cristianismo. Há outras questões mais sutis que derivam do entendimento de Deus como diretamente envolvido na criação *versus* o processo aparentemente aleatório da evolução. Poderia Deus realmente ter almejado a criação dos seres humanos deixando que a evolução seguisse seu curso? Além disso, o modo evolutivo de criar só pode produzir novas espécies à custa de outras por meio de longos processos envolvendo muitas mortes e sofrimento. O Deus cristão realmente criaria dessa maneira?

A princípio, precisamos reconhecer que nós, humanos, criamos jogos que incorporam acaso e achamos que os jogos são mais justos e mais interessantes por causa desse elemento de acaso. Seja o rolar de um dado, o embaralhar de cartas de baralho, ou eventos aleatórios para uma simulação de computador, essas são partes importantes da experiência desses jogos. Isso não quer dizer que tais jogos sejam correlações diretas (ou mesmo boas analogias) de como Deus cria por meio da evolução. Simplesmente estabelece que a inclusão do acaso não parece, em si, incompatível com o modo como agentes inteligentes poderiam montar um sistema. Para Deus, permitir algum grau de aleatoriedade pode ser o modo de dar ao universo uma existência com alguma autonomia em relação a Deus. Se não houvesse nenhuma contingência, o universo "não teria sido nada mais do que um ornamento ligado passivamente ao ser divino, em vez de ser uma realidade por si próprio" (HAUGHT, 2009, 8).

Além disso, usar aleatoriedade não parece inconsistente mesmo em processos para os quais o criador queira garantir algum fim particular. Por exemplo, governos descobriram como projetar e implantar um sistema aleatório que gera receita confiavelmente sem elevar impostos: a loteria. Percebeu-se que as pessoas entregam de bom grado pequenas somas de seu dinheiro se tiverem uma chance de obter uma grande compensação. Ao controlar as probabilidades dos bilhetes vencedores, os organizadores da loteria podem prever com boa precisão quanto dinheiro o sistema produzirá no longo prazo. A cada dia, as receitas líquidas podem ser muito diferentes, conforme alguém escolha ou não o número vencedor. Entretanto, em períodos de tempo mais longos, os processos aleatórios se equilibram e um resultado previsível é alcançado.

> **Simon Conway Morris (1951-)**
>
> Paleobiólogo na universidade de Cambridge, mais conhecido por seu trabalho sobre os fósseis da explosão cambriana. Stephen Jay Gould afirmava que, se a fita da vida fosse rebobinada e reproduzida outra vez, a vida resultante seria muito diferente. Por meio da documentação de inúmeros casos de convergência evolutiva, Simon Conway Morris diz que a evolução tende para (ou converge para) soluções similares, e, assim, a fita da vida reproduzida outra vez seria notavelmente a mesma.

Alguns pensadores evolutivos hoje veem o mesmo tipo de ideia ser aplicado à evolução, por causa da descoberta da convergência. Isso é o reconhecimento de que, de diferentes pontos de partida na história evolutiva da vida, resultam repetidamente formas similares. Simon Conway Morris foi um dos principais expositores desse fenômeno, e, em seu livro *Life's Solution*, ele detalha inúmeros exemplos de convergência evolutiva, da fotossíntese, passando pelo olho-câmera, à cognição. Em contraste com seu rival, Stephen Jay Gould, que afirmava que, se rebobinássemos a fita da vida e a deixássemos correr outra vez, os resultados seriam amplamente diferentes, Conway Morris diz que obteríamos essencialmente o mesmo tipo de coisas. Ele não afirma que a evolução é determinista, nem nega o papel da contingência na evolução. Mas, em termos gerais, acredita que a convergência aponta para uma previsibilidade inerente na evolução. Ele afirma:

> [...] as áreas abertas à ocupação biológica são muito mais altamente restritas do que é frequentemente imaginado, e, embora, de fato, pela nossa perspectiva, a Árvore da Vida tenha ocupado uma área imensa, essa é uma fração infinitesimalmente pequena de todas as possibilidades teóricas (CONWAY MORRIS, 2012, 262).

Mesmo se aceitarmos que a evolução pode de fato ser mais previsível do que supõem algumas de suas descrições, há ainda uma questão sobre esse processo ser ou não consistente com conceitos tradicionais de Deus. Voltando à comparação com a loteria, isso faz parecer que Deus só está interessado nos ganhadores. Mas, para que o sistema funcione, quantas pessoas têm de perder? Em termos evolutivos, está bem estabelecido que mais de 99% de todas as espécies que já existiram estão agora extintas. Estamos sugerindo que Deus acha bom que isso aconteça? A sobrevivência do fraco à custa do forte parece ir contra a mensagem de Jesus. Supondo que Deus de fato pretendesse criar as espécies que vemos hoje, não parece uma forma particularmente malévola de conseguir isso se for à custa dos perdedores desafortunados no processo evolutivo?

Uma resposta para essa dificuldade é afirmar que a morte e o sofrimento são uma parte necessária do processo. Assim como Deus não pode dar livre-arbítrio às pessoas sem a consequência de que algumas delas usarão seu livre-arbítrio para maus propósitos, também (diz a resposta) Deus não pode criar os seres humanos por meio de processos naturais sem longos períodos de tempo durante os quais a sobrevivência dos mais aptos segue seu curso e produz vencedores e perdedores evolutivos. Essa resposta pode conter alguma verdade, mas ainda parece alterar significativamente a concepção tradicional de Deus.

Alterar essa concepção não é tão ruim, de acordo com alguns. Algumas pessoas acham que herdamos uma visão de Deus da Revolução Científica em que Deus é entendido como um engenheiro divino. Nessa visão, o sistema criado parece grosseiramente ineficiente e inapropriado para o que deveria ser o maior engenheiro imaginável. Mas essa não é a imagem de Deus que surge da teologia da Bíblia. Lá vemos Deus como alguém que esvazia a si próprio ao se tornar Jesus

Cristo e que vê que sofrimento e morte são uma expressão de amor (HAUGHT, 2009). Tais conceitos talvez nos permitam compreender o processo da evolução de maneira diferente: em vez de um *design* ineficiente, ele se torna mais uma narrativa dramática com tensão e resolução, fracasso e sucesso.

Ainda assim, poderia haver a objeção de que essa história parece sugerir uma desconsideração insensível pelos "perdedores" na narrativa evolutiva. Sem dúvida, Deus, conforme revelado em Jesus Cristo, não exibe tal atitude. Ao contrário, Jesus deu tratamento preferencial aos pobres e desalentados. "Os últimos serão os primeiros e os primeiros serão os últimos" (Mt 20,16). Há uma resposta escatológica para essa acusação que é examinada no capítulo sobre o problema da dor e do sofrimento (capítulo 12). Aqui, vamos analisar o problema pela perspectiva da metafísica ou, mais especificamente, da ontologia.

Ontologia é o estudo da existência e dos tipos de coisas que existem, e a questão específica aqui é que tipo de *status* dar às "espécies" nesse sentido. Nossa linguagem usa termos que se referem a grupos de indivíduos como gatos, palmeiras e peixes dourados. Mas o que é que nos permite agrupar esses indivíduos similares? Tradicionalmente, o conceito de espécie era usado e implicitamente entendido como algo estático e imutável. A evolução questiona isso. Claro que, entre indivíduos com diferenças significativas, é fácil colocá-los em grupos distintos: gatos, palmeiras e peixes dourados. No entanto, quando as diferenças são muito pequenas e, especialmente, quando olhamos para uma população ao longo do tempo, vemos que isso é muito mais difícil.

Os descendentes de qualquer dupla específica de pais terão forte semelhança, mas, depois de muitas gerações, essa semelhança com os ancestrais será consideravelmente menor. Na linhagem humana, cerca de 50 mil gerações atrás, chegamos ao *Homo erectus* – uma espécie de hominídeo que viveu há aproximadamente 1 milhão de anos, possivelmente em grupos de caçadores-coletores que usavam ferramentas e fogo. Mas esse ancestral era um ser humano? A maioria dos biólogos diria que não. Entretanto não há uma linha clara demarcando quando o *Homo erectus* se torna *Homo sapiens*. O mesmo pode ser dito das outras linhas de descendência que resultaram nos organismos que vivem hoje. E há outras linhas de descendência que terminam sem novos descendentes. Isso é o que chamamos de "extinção", mas, se é difícil definir uma "espécie", é difícil dizer o que foi extinto. Tudo o que podemos dizer é que algum grupo de indivíduos não teve mais descendentes.

O ponto é que, quando dizemos que é algo ruim uma espécie se extinguir, estamos pressupondo que existe uma entidade acima e além dos indivíduos que deixa de existir quando todos os indivíduos desse grupo deixam de existir. Mas o grupo em questão parece ser definido de forma bastante arbitrária. É apenas sob o pressuposto do essencialismo (a ideia de que existe uma essência específica do que é ser um cachorro ou um pássaro dodô) que essa objeção sobre a extinção de espécies na evolução ganha alguma força. A vida de um cachorro ou de um dodô não é afetada pelo fato de sua "espécie" ser extinta algumas gerações depois que ele viveu.

Nesse sentido, poderíamos dizer que a doutrina da "sobrevivência do mais apto" que se tornou quase sinônimo de evolução não precisa perturbar as sensibilidades cristãs. Pela perspectiva da evolução, uma "espécie" não é bem-sucedida se não transmite seus genes para outra geração. Mas, se não existem espécies, não podemos dizer que elas foram malsucedidas. Tudo o que podemos afirmar é que há alguns indivíduos que não procriaram. E, pela perspectiva do cristianismo, esses indivíduos não têm menos valor do que aqueles que procriaram. Há vidas individuais, e estas têm o mesmo tipo de vida quer seus descendentes tenham vivido e prosperado, quer não.

Contudo, alguns desses indivíduos têm vidas difíceis. Alguns são comidos por outros indivíduos ou sofrem de outras maneiras. Não há como negar que, durante as escalas de tempo evolutivas, muitos, muitos indivíduos morrem prematuramente e de formas terríveis. Essa é uma versão do problema do mal que é distinta do problema da extinção de espécies. Vamos falar desse problema no capítulo 12. Há outra questão para a teologia cristã tradicional que é mais pertinente a este capítulo e que é uma consequência direta da negação do essencialismo: o caráter único dos seres humanos.

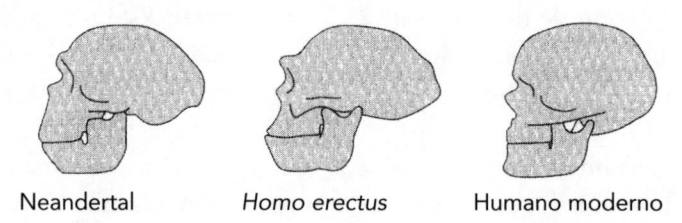

Neandertal　　　Homo erectus　　　Humano moderno

Fig. 9.2 – Formas de crânios da espécie *Homo*.

3. O caráter único dos seres humanos

A teologia cristã tradicional atribuiu um lugar especial entre toda a criação para os seres humanos: somos feitos à imagem de Deus. A teoria evolutiva questiona esse pensamento com sua descoberta de que fomos criados em continuidade com todas as outras coisas vivas. O bispo anglicano Samuel Wilberforce deu expressão ao pensamento que acompanha a evolução na mente de muitos cristãos ainda hoje. Em 1860 (o ano seguinte à publicação de *A origem das espécies* de Darwin), ele escreveu:

> Essa ideia [a evolução dos seres humanos por seleção natural] é totalmente incompatível não só com expressões individuais na palavra de Deus sobre esse tema da ciência natural com o qual ela não está imediatamente preocupada, como também, o que, em nossa opinião, é de muito mais importância, com toda a representação da condição moral e espiritual do homem que é o seu assunto próprio. A supremacia derivada do homem sobre a terra; o poder do homem de articular a fala; o dom da razão do homem; o livre-arbítrio e a responsabilidade do homem; a queda e a redenção do homem; a encarnação do Filho Eterno; a morada do Espírito Eterno – tudo isso é igualmente e completamente inconciliável com a noção degradante da origem bruta daquele que foi criado à imagem de Deus e redimido pelo seu Filho Eterno que assumiu para si mesmo a natureza dele (WILBERFORCE, 1874, 94).

O problema que Wilberforce identificava foi articulado em termos de "origem bruta" dos seres humanos. Algumas pessoas hoje ainda expressam essa preocupação, achando preferível e mais dignificante que seu primeiro ancestral tenha vindo do pó em vez de ter se originado de um primata antigo. Em sua visão, o primeiro ser humano resultou do sopro de Deus naquele pó. Mas por que Deus não poderia ter soprado em alguns hominídeos antigos, conferindo-lhes, assim, a humanidade e a imagem de Deus? É difícil entender por que um desses cenários seria preferível a não ser por invocação do literalismo bíblico. E, se invocarmos esse literalismo, teremos de dizer que todas as pessoas são feitas de pó (Sl 103,14 e Ecl 3,20).

Contudo, alguns acharão que invocar algum sopro misterioso de Deus para distinguir humanos de não humanos não está de acordo com o que sabemos sobre a biologia humana hoje. Mesmo os antigos reconheciam que há "sopro" em outros organismos também. Poderíamos dizer que Deus deu "alma" aos humanos, mas, nesse caso, estaríamos indo além do que o texto bíblico afirma e importando nossas próprias ideias. Isso leva alguns a afirmar que a imagem de Deus não consiste em alguma entidade específica que Deus pôs nos seres humanos, mas em certas capacidades que temos e que outras formas de vida não têm. Em geral, considera-se que essas capacidades sejam a linguagem, a razão e a moralidade. Assim, poderíamos resolver o problema da espécie afirmando que qualquer organismo individual que tenha essas qualidades é um indivíduo que traz em si a imagem de Deus.

Dois questionamentos poderiam ser feitos sobre esse entendimento. Primeiro, não está claro se capacidades como linguagem, razão e moralidade são "tudo ou nada". Quando olhamos para o reino animal hoje, vemos que há indícios dessas capacidades em animais "inferiores" e que mais trabalhos estão sendo feitos para elucidar o fato de que essas capacidades se desenvolvem gradativamente. Isso significa que outros animais trazem em si a imagem de Deus em algum grau? E, no desenvolvimento do *Homo sapiens* ao longo das eras, não teria havido um ponto distinto em que essas capacidades aparecessem repentinamente. Uma maneira de responder a esse questionamento é aceitar que a imagem de Deus poderia vir em graus e se desenvolver gradualmente. Até mesmo a teologia tradicional tem de lidar com isso no caso de crianças: em que ponto uma criança se torna moralmente responsável? Não podemos determinar tal ponto exceto arbitrariamente. Assim também na história evolutiva dos seres humanos: do mesmo modo que não podemos estabelecer um ponto preciso em que não humanos se tornam humanos, não é possível oferecer uma demarcação precisa entre os indivíduos que trazem em si a imagem de Deus e os que não a trazem.

Mas há um segundo problema nesse tipo de interpretação da imagem de Deus que leva algumas pessoas a duvidar dele como solução: se a imagem de Deus depende de haver linguagem, razão e moralidade, o que dizer de um indivíduo isolado a quem faltem esses atributos? Uma pessoa que entra em coma por causa de um acidente perde o contato com a imagem de Deus? Crianças pequenas não têm acesso a imagem de Deus? A maioria dos cristãos não se sentiria à vontade com essas implicações, pois haveria, nesse caso, uma degradação dos menos afortunados que está em tensão com a atitude de Jesus.

Por fim, poderíamos entender a imagem de Deus em outro sentido. Em vez de ser encontrada em alguma entidade particular (como uma alma) ou em alguma capacidade específica (como razão ou moralidade), seria possível afirmar que podemos identificar os seres humanos como portadores da imagem de Deus por causa de sua relação com Deus. Isso nos leva a aceitar que não é por causa de sua natureza (o que causaria problemas em vista das dificuldades com o essencialismo em um entendimento evolutivo) que eles têm acesso à imagem de Deus, e, sim, porque Deus escolheu entrar em uma relação especial com eles. Talvez em algum ponto no desenvolvimento evolutivo Deus tenha reconhecido um grupo de nossos ancestrais como portadores da imagem e entrado em uma aliança com eles e com seus descendentes. Se tal relacionamento tivesse começado antes que a linhagem que levou aos neandertais e denisovanos[1] se dividisse, estes também teriam acesso à imagem de Deus (uma questão importante, uma vez que há indícios

---

1 Referência à descoberta ocorrida em 2008 na caverna de Denisova, na região da Sibéria; nesse local foram encontrados restos de uma possível nova espécie de hominídeos que viveu há cerca de 50 mil anos. (N. do E.)

de cruzamentos entre *Homo sapiens* e esses dois grupos). Entendida dessa forma, a imagem de Deus é um conceito teológico relacionado à eleição: Deus escolheu indivíduos para um fim particular –não por causa de algum mérito inerente, mas para servir. Como em outros casos de eleição divina, diz Joshua Moritz, "a pessoa ou o povo escolhido é eleito para servir como agente de Deus em relação a um objeto mais abrangente do amor de Deus" (MORITZ, 2014b). Como tal, a imagem de Deus está fundamentada não em nossa biologia, mas na escolha de Deus para que sejamos seus representantes diante de toda a criação.

Talvez a evolução tenha nos ajudado a chegar a uma visão teológica mais precisa nesse caso. Às vezes, teme-se que a evolução (e a ciência, de modo mais geral) faça apenas a teologia recuar, porque força revisões de crenças tradicionalmente mantidas. Mas, como vimos nos três primeiros capítulos, as relações entre ciência e teologia são mais complexas do que isso. Concluímos este capítulo destacando aspectos da evolução que podem nos ajudar a recuperar uma teologia mais embasada e mais precisa.

4. Consonância entre evolução e cristianismo

É difícil postular uma leitura direta da teologia cristã com base na natureza, como os teólogos naturais tentaram algumas vezes fazer. Há uma noção disseminada de que Darwin desferiu um golpe de morte na teologia natural. O *design* aparente que observamos na natureza não aponta de forma inequívoca para as intenções e a providência de um criador, como antes se acreditava. Podemos nos admirar com a beleza e a complexidade da natureza, o que pode nos levar à alegria pela provisão de Deus para toda a criação. Mas há também um lado sombrio na criação com a dor e o sofrimento, o que parece ir contra a bondade de Deus.

Mesmo dentro desse cenário da natureza, alguns teólogos cristãos conseguem ouvir as ressonâncias da teologia cristã tradicional, adotando a perspectiva de uma teologia da natureza. Em oposição à teologia natural, que tenta derivar conclusões teológicas de premissas científicas, uma teologia da natureza começa com compromissos teológicos e procura interpretar os achados científicos de uma forma que seja consistente com eles. Assim, se olharmos para a dor e o sofrimento na natureza pela perspectiva da teologia cristã – e da teologia da cruz em particular –, o que veremos não será tão perturbador. O teólogo luterano George Murphy afirma:

> Se Deus está disposto a compartilhar o sofrimento e a morte das criaturas a fim de realizar seu propósito para a criação, não deve nos surpreender que ele tenha criado um mundo em que, desde o início, a morte foi parte do processo que levaria a criação a esse objetivo (MURPHY, 2014c, 5).

Examinaremos melhor outros aspectos dessa questão do mal no capítulo 12.

Os cristãos também poderiam dizer que o entendimento do processo da evolução ajuda a preparar nossa mente para ver Deus trabalhando com paciência e por caminhos que envolvam sofrimento a fim de realizar seus propósitos. Até mesmo o criacionista da Terra Jovem precisa admitir que a criação é um processo. Vemos que as ilhas havaianas ainda estão sendo criadas por meio de processos vulcânicos que acrescentam terras a elas. Não há como supor que Deus tenha dito "Façam-se as ilhas havaianas!" e que elas tenham, assim, imediatamente surgido completamente formadas. Isso também pode ser dito em relação às estrelas, que ainda estão em processo de formação. E, claro, podemos dizer o mesmo a respeito das pessoas. Quanto mais aprendemos sobre a ordem natural das coisas, mais vemos Deus trabalhando por intermédio de processos naturais. Deus criou as coisas naturais com a capacidade de promover o processo criativo. Sendo onipotente, Deus poderia ter criado as coisas – incluindo todas as pessoas na história do mundo – em uma única pincelada. Mas Deus parece gostar do processo de permitir que as coisas se façam por sua própria conta. A ordem criada depende de Deus para sua existência, mas Deus lhe concedeu um grau de autonomia.

No entanto, esse não é um Deus deísta que se recosta e assiste ao desenrolar da coisa toda sem se envolver. A realidade da evolução convergente nos permite ver o processo como algo em que Deus está influenciando as coisas criadas em direção às metas que ele tem para a criação. Essa afirmação teleológica não deve ser interpretada no sentido do *Design* Inteligente, que vê Deus interrompendo o curso natural dos eventos para alcançar seus propósitos. Neste sentido, Deus é visto trabalhando por meio das causas naturais. A evolução se encaixa muito bem nesse processo em termos amplos. Quando nos aprofundamos, porém, surge a questão sobre o modo como podemos entender o papel e a ação de Deus em relação à descrição científica de causas naturais. Esse é o tema do próximo capítulo.

Resumo dos pontos principais

1. É difícil interpretar as histórias da criação literalmente, mas há uma variedade de estratégias hermenêuticas para compreendê-las à luz da ciência atual.
2. As associações negativas com aleatoriedade e extinção de espécies podem ser mitigadas em parte se nos afastarmos da compreensão de Deus como um engenheiro e do essencialismo.
3. A imagem de Deus pode ser entendida de várias maneiras, e talvez a mais consistente com a evolução seja como um conceito relacional.
4. Ao adotar a perspectiva de uma teologia da natureza, podemos ver consonâncias entre a evolução e a teologia cristã.

Leituras adicionais

- ALEXANDER, Denis. "Creation and Evolution". In: *The Blackwell Companion to Science and Christianity*. STUMP, J. B.; PADGETT, Alan G. (org.). Malden: Wiley-Blackwell, 2012. Um resumo conciso das questões centrais nos nossos dias.
- CONWAY MORRIS, Simon. *Life's Solution: Inevitable Humans in a Lonely Universe*. Cambridge: Cambridge University Press, 2003. Uma obra acadêmica que demonstra que a evolução convergiu para soluções similares, muitas vezes.
- ENNS, Peter. *The Evolution of Adam: What the Bible Does and Doesn't Say about Human Origins*. Grand Rapids: Brazos Press, 2012. Um exame objetivo das implicações da ciência evolutiva para a interpretação da Escritura.
- HAUGHT, John F. "God and Evolution". In: *The Oxford Handbook of Religion and Science*. CLAYTON, Philip (org.). Oxford Handbooks Online, 2009. Uma obra perspicaz sobre o uso da evolução por Deus para produzir a diversidade de vida na Terra.

Referências bibliográficas

CONWAY MORRIS, Simon. "Creation and Evolutionary Convergence". In: *The Blackwell Companion to Science and Christianity*. STUMP, J. B.; PADGETT, Alan G. (org). Malden: Wiley-Blackwell, 2012.

ENNS, Peter. *The Evolution of Adam: What the Bible Does and Doesn't Say about Human Origins*. Grand Rapids: Brazos Press, 2012.

GALLUP. "In U.S., 42% Believe Creationist View of Human Origins", 2014. Disponível em: <http://www.gallup.com/poll/170822/believe-creationist-view-human-origins.aspx>. Acesso em: 17 fev. 2016.

HAUGHT, John F. "God and Evolution". In: *The Oxford Handbook of Religion and Science*. CLAYTON, Philip (org.). Oxford Handbooks Online, 2009.

HILL, Jonathan. "The Recipe for Creationism", 2014a. Disponível em: <http://biologos.org/blog/the-recipe-for-creationism>. Acesso em: 17 fev. 2016.

_____. "Rethinking the Origins Debate". In: *Christianity Today*, 4 fev. 2014.

LAMOUREUX, Denis O. *Evolutionary Creation: A Christian Approach to Evolution*. Eugene: Wipf & Stock, 2008.

MORITZ, Joshua. "Chosen by God". Disponível em: <http://biologos.org/blog/series/chosen-by-god-biblical-election-and-the-imago-dei>, 2014b. Acesso em: 17 fev. 2016.

MURPHY, George. "Human Evolution in Theological Context". Disponível em: <http://biologos.org/uploads/projects/murphy_scholarly_essay.pdf>, 2014c. Acesso em: 17 fev. 2016.

WALTON, John H. "A Historical Adam: Archetypal Creation View". In: *Four Views on the Historical Adam*. BARRETT, Matthew; CANEDAY, Ardel (org.). Grand Rapids: Zondervan, 2013.

WILBERFORCE, Samuel. "Darwin's Origin of Species". In: *Essays Contributed to the Quarterly Review*. Londres: John Murray, 1874.

CAPÍTULO 10
Ação divina

Terminamos o capítulo anterior questionando como Deus trabalha nas causas naturais e por meio delas para alcançar seus objetivos em relação à ordem criada. Essa questão se tornou particularmente crítica depois da Revolução Científica, por volta do século XVII, quando houve um impulso para explicar os eventos em termos de suas causas eficientes. Desde a época de Aristóteles, as explicações eram feitas com base em quatro tipos diferentes de causas. Essas causas são frequentemente ilustradas tendo uma estátua como analogia. Consideremos a estátua de *Davi*. Se buscarmos uma explicação para essa estátua, veremos que Aristóteles diria que há quatro respostas diferentes, mas complementares:

- A causa eficiente da estátua é o cinzelamento do bloco de mármore por Michelangelo para lhe dar a forma que ela tem agora.
- A causa material da estátua é a substância de que ela é feita – o mármore –, a qual insere alguma limitação no que ela poderia ser (não poderíamos fazer uma estátua duradoura de manteiga).
- A causa formal da estátua é o tipo de coisa que ela é; de acordo com a metafísica tanto de Platão como de Aristóteles, há essências das coisas que determinam o tipo de coisa que um objeto pode ser.
- A causa final da estátua é o propósito para o qual ela foi feita.

A ciência se tornou extraordinariamente muito bem-sucedida, pelo menos em parte, limitando-se a causas eficientes. Explicações científicas eram consideradas completas quando a história das causas eficientes para alguma coisa ou para um evento era compreendida. A explicação científica para o Grand Canyon precisa recorrer apenas à água, que, ao longo do tempo, escavou o cânion. Na perspectiva da investigação científica moderna não cabe uma reflexão sobre qual pode ser a causa final – o propósito – do cânion. Essa limitação às causas eficientes é o que torna a ação divina um problema tão difícil. Não há espaço nas explicações científicas para a ação proposital de qualquer agente – humano ou divino –, de modo que, depois que compreendemos as causas eficientes de algo, nossa mente atual está condicionada a pensar que não há mais nada a ser dito.

Começamos este capítulo retomando parte da história dessa perspectiva e, depois, exploramos outros esquemas de pensamento pelos quais poderíamos mais proveitosamente compreender a ação divina.

> **Questões a serem abordadas neste capítulo**
> 1. De onde veio o deísmo?
> 2. Quais são as objeções teológicas a milagres?
> 3. O que é ação divina objetiva não intervencionista?
> 4. De que outra maneira os cristãos poderiam entender a ação divina?

1. O desenvolvimento do deísmo

Antes da Revolução Científica, fazia muito sentido para as pessoas afirmar que Deus atuava nas causas naturais e por meio delas. O gigante do pensamento medieval, Tomás de Aquino, disse em sua *Summa Theologica*:

> A providência divina trabalha por meio de intermediários. Pois Deus governa os inferiores por intermédio dos superiores, não por alguma impotência de sua parte, mas pela abundância de sua bondade que comunica às criaturas também a dignidade de causa (*Summa* 1.22.3; AQUINO, 2016).

E, mais adiante:

> Mas, como as coisas que são governadas devem ser levadas à perfeição pelo governo, tanto melhor será esse governo quanto maior for a perfeição a que forem levadas as coisas governadas. Ora, é maior perfeição em uma coisa ser boa em si mesma e também a causa de bondade em outras do que apenas ser boa em si mesma. Portanto, Deus governa as coisas de modo a fazer algumas delas serem causas de outras no governo; como um mestre que não só comunica o conhecimento aos seus discípulos, mas também lhes dá a faculdade de ensinar a outros (1.103.6; ibid.).

Essa é a doutrina da causação secundária e, por meio dela, era legítimo tanto dizer que Deus causou um evento, como dizer que o evento aconteceu por causas naturais.

Dessa maneira, é legítimo atribuir causalidade a Deus por tudo, na medida em que Deus é a base do ser de todas as coisas. Como tal, Deus é a causa primária de todas as coisas. Mas há também eventos que têm causas secundárias na agência de seres criados. Deus criou coisas que poderiam ser causas genuínas. É possível usar essa mesma forma de raciocínio afirmando que uma arquiteta construiu um prédio, ainda que ela não tenha de fato despejado nenhum concreto, nem instalado os encanamentos nem feito qualquer outra das tarefas envolvidas na construção efetiva do prédio. Houve outras pessoas que fizeram isso de acordo com os parâmetros que ela estabeleceu. E é inteligível até mesmo dizer que o prédio não saiu exatamente do modo como ela planejou se alguns dos trabalhadores não tiverem executado os planos da forma como ela pretendia.

A analogia com a ação de Deus no mundo é óbvia. Mas esse modo tomista de entender a ação divina caiu em desuso e criou o problema que enfrentamos hoje. Um pensador muito influente da geração seguinte desenvolveu uma ideia que impossibilitava a noção de dupla agência de Tomás de Aquino. Guilherme de Ockham (c. 1287-1347) fez a afirmação famosa de que não devemos multiplicar as entidades ou explicações desnecessariamente (o princípio hoje conhecido como Navalha de Ockham). Isso acabou promovendo a ideia de que, uma vez que tenhamos entendido como algo funciona naturalmente, não é mais necessário ou prudente recorrer também a Deus como uma explicação. Assim, ou foi Deus que fez ou foram causas naturais.

> **Navalha de Ockham**
>
> Guilherme de Ockham (c. 1287-1347) foi um teólogo e filósofo franciscano. A doutrina que leva seu nome é geralmente considerada o princípio de que a explicação mais simples tende a ser a correta. Ou seja, a navalha "corta" hipóteses desnecessárias. A enunciação mais próxima do princípio nas obras de Ockham é: "uma pluralidade jamais deve ser postulada sem necessidade" (MAURER, 1999, 124).

Depois da Reforma Protestante, um popularizador da teologia de João Calvino deu mais clareza a esse impulso *ou/ou*. William Perkins (1558-1602) havia escrito um livro chamado *A Golden Chain* em 1590. Nesse livro, ele criou um diagrama que dividia toda a teologia nos dois decretos eternos de Deus: eleição e reprovação. O diagrama mostrava como o envolvimento causal de Deus no mundo deriva de seus decretos eternos em uma cadeia contínua de causa e efeito. Esse modo de dicotomizar veio a ser conhecido como casuística e permeou o ambiente de pensamento de governos, moralidade e ciência. Foi o modo dominante de pensar sobre problemas no mundo anglófono. Sua aplicação no mundo natural significava que os cientistas só tinham duas opções: (1) os fenômenos ocorriam pela ação direta de Deus ou (2) os fenômenos ocorriam como resultado das leis da natureza. Não havia uma terceira alternativa pela qual Deus estivesse ativo em e por meio de causas naturais (POE e DAVIS, 2012, 87-88).

Perkins não foi um pensador original nem um estilista literário notável, mas conseguiu traduzir em obras populares o pensamento daqueles que o eram, e essas obras tiveram uma enorme influência sobre os calvinistas anglófonos de seu tempo (MERRILL, 1966, xviii). Seu pensamento levou diretamente ao ambiente intelectual em que o deísmo floresceu. A princípio, ainda havia muitas lacunas no entendimento científico do mundo, fazendo com que Deus parecesse estar significativamente envolvido em sua operação. Mas, quando a ciência foi sendo mais bem compreendida, Deus foi relegado ao papel de estabelecer as coisas no início. Para aqueles que não podiam aceitar esse Deus ausente, a única alternativa foi um Deus milagreiro que rompesse constantemente a ordem natural das coisas intervindo e passando por cima das leis (deísmo episódico). Precisamos ter algum cuidado para distinguir esta última opção da crença cristã na possibilidade de milagres. Este é o próximo tópico.

2. Milagres

Na Bíblia, muitos dos "milagres" registrados não são necessariamente eventos que contradizem as leis da natureza. Na verdade, a questão de violar uma lei da natureza não era um conceito que estivesse na mente dos autores bíblicos, uma vez que a dicotomia estrita entre o natural e o sobrenatural é um elemento de nossa perspectiva moderna, não da perspectiva deles. O que interessava aos autores bíblicos era saber se um "sinal e prodígio" era um milagre verdadeiro ou um falso milagre – os primeiros eram sinais do reino e do reinado de Deus; os segundos eram usados por seres mal-intencionados para afastar as pessoas de Deus (Mt 24,24). Portanto, a questão para eles não era violar uma lei da natureza, especialmente porque esse é um conceito que não se encaixa diretamente nos interesses deles. Mas, quando nós examinamos o tempo em que eles viveram, é legítimo que analisemos seus testemunhos em relação a eventos que violam o que hoje sabemos ser leis da natureza. Como os cristãos atuais devem pensar na possibilidade de tais ocorrências?

Milagres são, com frequência, considerados incompatíveis com a perspectiva científica moderna. O teólogo liberal Rudolf Bultmann, do século XX, é famoso por ter afirmado:

> É impossível usar luz elétrica e conexão sem fio e fazer uso de descobertas médicas e cirúrgicas modernas e, ao mesmo tempo, acreditar no mundo de espíritos e milagres do Novo Testamento (BULTMANN, 1972, 5).

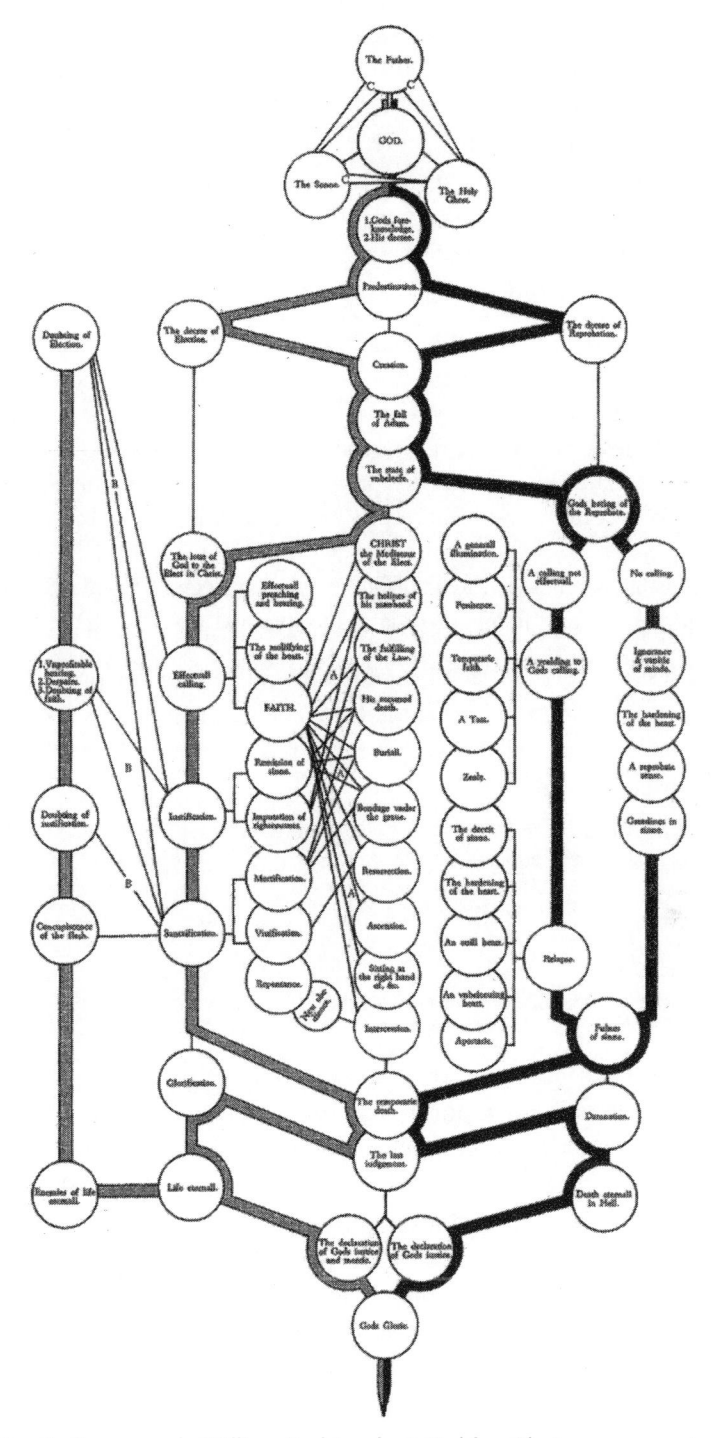

Fig. 10.1 – O diagrama de William Perkins de *A Golden Chain*, que organiza todas as doutrinas cristãs de acordo com a teologia calvinista de eleição e reprovação.

A ideia aqui é que chegamos a entender o mundo suficientemente bem para manipulá-lo e produzir tecnologia moderna; portanto, seria incoerente pensar que a ordem natural nem sempre segue essas leis que descobrimos. Mais especificamente, considera-se que um entendimento científico do mundo inclua a convicção de que o universo é causalmente fechado. Ou seja, não há nada externo ao funcionamento do universo que possa ter efeitos sobre os objetos e os processos dentro do universo. O teólogo anglicano John Macquarrie explica:

> A concepção tradicional de milagre é inconciliável com nosso entendimento moderno, tanto da ciência como da história. A ciência funciona sob o pressuposto de que qualquer evento que acontece no mundo pode ser explicado em termos de outros eventos que também pertencem ao mundo; e, se em algumas ocasiões não conseguimos dar uma explicação completa de algum acontecimento – e, presumivelmente, todas as nossas explicações não chegam a ser completas –, a convicção científica é de que a continuidade das pesquisas trará à luz novos fatores na situação, mas fatores que se revelarão tão imanentes e pertencentes a este mundo quanto os já conhecidos. (MACQUARRIE, 1977, 248).

Assim, nessa concepção, a entrada de Deus no sistema de processos naturais para fazer algum milagre, como transformar água em vinho, constituiria uma intrusão e uma violação das leis da natureza; portanto, é excluída por uma perspectiva apropriadamente científica.

Fechamento causal do mundo físico

Um pressuposto de boa parte do trabalho científico é o fechamento causal do mundo físico. Essa é a ideia de que todo evento físico tem uma explicação física. Ou seja, nada fora do físico, como uma intervenção sobrenatural, pode ser a causa de qualquer evento físico. O entendimento usual de milagre viola esse princípio.

Contudo, na citação de Macquarrie, é reconhecido que existe um pressuposto nessa visão: o fechamento causal do mundo físico. As leis da natureza como as descobrimos são descrições do caminho que as coisas seguem se não sofrerem interferência de fora do sistema. Uma pessoa não pode andar sobre a água, e a água não se transforma em vinho quando compreendemos as propriedades da água. Essas propriedades da água são determinadas pela natureza das moléculas de H_2O. Entretanto, se essas moléculas fossem manipuladas, de alguma maneira, de fora do sistema de causa e efeito que entendemos, é possível que a água tivesse outras propriedades.

Por analogia, pensemos em um jogo de xadrez que transcorra de acordo com as regras normais. Um jogador poderia se encontrar em uma posição em que um xeque-mate fosse iminente. Mas, se alguém atuando fora das regras do jogo pegasse seu rei e o movesse pelo tabuleiro para outra casa, o rei poderia estar seguro. As regras do xadrez não permitem isso, mas, obviamente, as regras do xadrez não governam toda a realidade. Da mesma forma, poderíamos dizer que as regras da ciência não admitem que água seja transformada em vinho, mas quem pode dizer que essas regras governam toda a realidade? O que é metafísico ou teológico é um pressuposto da ciência, e não uma conclusão científica. Talvez Deus trabalhe fora dessas regras normais de tempos em tempos.

Há outra objeção à intervenção miraculosa de Deus baseada não em nosso entendimento da ciência, mas em nossas intuições morais. Ela é, às vezes, chamada de Argumento da Negligência, e diz o seguinte: há ações que esperaríamos que fossem tomadas por um ser divino benevolente e poderoso, como o alívio do sofrimento de inocentes. Mas existem muitos casos de sofrimento em que Deus não intervém, portanto concluímos que ou não existe Deus ou Deus não pode ou não quer intervir na ordem natural das coisas. Wesley Wildman compara isso a um pai ou uma mãe amorosos:

> Quando meus filhos se põem em perigo por sua ignorância ou teimosia, eu não hesito, como alguém que procura ser um bom pai, em intervir, para protegê-los de si mesmos, ensinar-lhes o que eles não sabem e, assim, ajudá-los a se tornar pessoas responsáveis... Eles de fato precisam experimentar os efeitos de suas escolhas, sejam estas boas ou ruins, mas eu seria corretamente considerado negligente como pai se lhes desse tanta liberdade a ponto de que eles se machucassem ou machucassem a outros por ignorância, ou curiosidade inadequada, ou maldade (Citado em CLAYTON e KNAPP, 2011, 45).

Wildman prossegue dizendo que Deus, conforme tradicionalmente entendido, não passa nesse teste de responsabilidade moral. A essência do argumento é que, se Deus pode intervir às vezes, é razoável para nós esperar que Deus interferisse em muitas outras situações. Portanto, como Deus obviamente não intervém nessas muitas outras situações, não é razoável pensar que ele intervenha seja quando for. Uma resposta a essa objeção é que simplesmente não sabemos por que Deus escolhe intervir em alguns casos e não em outros. Poderíamos atribuir isso ao mistério de Deus e à afirmação de que os caminhos de Deus não são como os nossos. Talvez Deus tenha razões imperiosas que não compreendemos agora para não intervir em todos os casos em que acreditamos que ele deveria intervir. Examinamos essa linha de resposta para o problema do mal mais detalhadamente no capítulo 12.

Outra resposta ao Argumento da Negligência é dizer que, se Deus interviesse em todos esses casos, isso destruiria a regularidade das leis necessária para o desenvolvimento de agentes racionais e autônomos como nós. Portanto, seria moralmente incoerente que Deus interviesse apenas em uma parte do tempo. Usando essa linha de raciocínio, Clayton e Knapp concluem que Deus não pode intervir na ordem de causalidade física. Mas eles permanecem abertos à intervenção de Deus no domínio da mente (CLAYTON e KNAPP, 2011, 44 s.). Não temos espaço aqui para examinar esse argumento fascinante, e concluímos esta seção apenas observando que nem todos os cristãos concordam quanto à natureza e à extensão da intervenção miraculosa. Esse não é o único modo de ação divina que precisamos considerar; há também o que poderíamos chamar de ação providencial de Deus, que orienta o curso dos eventos de formas não miraculosas. Nós voltaremos para isso mais adiante.

3. Ação divina objetiva não intervencionista

Robert Russell e John Polkinghorne são duas das principais figuras no diálogo contemporâneo entre ciência e cristianismo. Ambos contribuíram de modo significativo para discussões sobre a ação divina encontrando um "eixo causal" na ordem natural em que Deus poderia agir e fazer uma diferença no resultado dos eventos sem intervir no sentido de passar por cima da lei natural. Russell cunhou um termo para esse tipo de ação, chamando-a de "ação divina objetiva não intervencionista" (NIODA em inglês [*non-interventionist, objective divine action*]). É uma ação objetiva (e não subjetiva) no sentido de que há eventos que não teriam acontecido do jeito como aconteceram se Deus não tivesse agido de uma forma especial ou distinta. A ação divina é não intervencionista se os eventos que a ação ocasiona vão além do que pode ser descrito por leis naturais, mas não violam essas leis (RUSSELL, 2008, 580-583).

Para que haja uma NIODA, portanto, a natureza deve ser tal que a ciência possa identificar condições necessárias para alguns eventos, mas não condições suficientes. Ou seja, deve haver pelo menos alguns processos naturais que possam ser legitimamente descritos como indeterminados. Pela perspectiva da ciência, assim, uma descrição completa das condições iniciais de alguns sistemas e um conhecimento abrangente das leis naturais são ainda insuficientes para prevermos com 100% de precisão estados posteriores desses tipos de sistemas.

Para Russell, as condições para a NIODA são satisfeitas por interpretações não deterministas da física quântica. De acordo com a interpretação de Copenhague (a mais popular entre os físicos, mas não a única interpretação), os eventos no nível quântico são genuinamente aleatórios. A questão não se deve ao fato de que meramente não entendemos quais outras variáveis ocultas existem, mas, sim, que sabemos que não pode haver nenhuma variável oculta. Desse modo, as equações que descrevem estados quânticos podem apenas oferecer um conjunto de possibilidades ou potenciais para o sistema quântico. Não há causas suficientes para esses eventos pela perspectiva da ciência. A ação de Deus, portanto, assume a forma de realizar um desses resultados potenciais. Essa ação não viola nenhuma lei da natureza, porque, de acordo com as equações, o resultado realizado era uma das possibilidades que poderiam ocorrer. Assim, a ação de Deus funciona dentro dos limites das leis naturais, mas permanece oculta da análise científica.

Uma das indagações feitas por Russell é se esse tipo de ação no nível quântico tem algum efeito sobre eventos macroscópicos. Normalmente, entendemos que as probabilidades no nível quântico se estabilizam em escalas maiores, de modo que eventos macroscópicos como a órbita de um cometa em torno do Sol são previsíveis. Não adiantaria nada Deus ter influência no nível quântico se isso não afetasse o curso de eventos em nossa escala. Porém Russell afirma que eventos no nível quântico de fato explicam o tipo de providência geral que associamos à ação de Deus no mundo. Ele diz que é a estatística associada a elétrons, prótons, fótons e outras entidades no nível quântico que dá origem às propriedades da matéria descritas pela física, a química e a biologia (ibid., 590). Uma das possibilidades particularmente fascinantes neste aspecto é se as mutações "aleatórias" do DNA poderiam ser guiadas pela ação de Deus no âmbito quântico. Se assim for, poderíamos falar legitimamente de Deus criando intencionalmente os seres humanos (e outras espécies), ainda que as análises científicas do desenvolvimento de nossa espécie sempre detectem apenas processos aleatórios.

John C. Polkinghorne (1930-)

Um dos três "teólogos cientistas" (ao lado de Ian Barbour e Arthur Peacocke) que estiveram entre as figuras mais importantes para a transformação de ciência e religião em uma disciplina acadêmica. Polkinghorne começou sua carreira como físico na University of Cambridge, onde pesquisou partículas elementares e contribuiu para a descoberta dos *quarks*. Em 1979, saiu da universidade e entrou no seminário para se formar sacerdote pela igreja anglicana, tendo depois escrito livros importantes sobre ciência e cristianismo. Ministrou as prestigiosas Gifford Lectures em 1993-1994, que se tornaram seu livro *The Faith of A Physicist* (1994), e recebeu o Prêmio Templeton em 2002.

Fig. 10.2 – John C. Polkinghorne.

A concepção de John Polkinghorne é similar à de Russell, mas, em vez de localizar o eixo causal na natureza nos eventos quânticos, Polkinghorne sugere que possamos encontrá-lo em processos caóticos. Nesse sentido técnico, sistemas caóticos são aqueles que são tão sensíveis às condições iniciais e às mais tênues perturbações ambientais que seus estados futuros não podem ser calculados com precisão. Esse fenômeno é às vezes chamado de efeito borboleta, por causa do título de um artigo de 1972 de Edward Lorenz: "Predictability: Does the Flap of a Butterfly's Wings in Brazil Set off a Tornado in Texas?" ("Previsibilidade: o bater das asas de uma borboleta no Brasil desencadeia um tornado no Texas?"). A ideia é que fenômenos de grande escala podem ser influenciados por eventos de escala muito pequena. Um exemplo interessante disso é o pêndulo duplo, cujo movimento se torna imprevisível muito rapidamente (TROY, 2007).

Em geral, processos caóticos são considerados deterministas. Temos uma limitação epistemológica no sentido de que não conhecemos com precisão suficiente as condições iniciais; portanto, não podemos prever os estados futuros desses sistemas. Todavia, Polkinghorne acha que poderia haver uma indeterminabilidade ontológica em sistemas caóticos. Ele diz que a matemática determinista que usamos para descrever esses sistemas poderia ser apenas uma abstração ou uma representação ideal do que é, na realidade, uma estrutura mais aberta e flexível. Assim, se realmente houver indeterminações nesses sistemas caóticos, Deus poderia determinar resultados específicos que são reconhecidos como possibilidades pelas leis físicas sem intervir nessas leis nem violá-las. E, como a própria teoria do caos reconhece que diferenças sutis podem dar origem a efeitos significativos, Deus pode influenciar o curso dos eventos.

A teóloga e física alemã Lydia Jaeger faz objeções ao modo como Russell e Polkinghorne introduzem a ação divina na ordem natural. Ela comenta que, em sistemas quânticos, pelo fato de a indeterminação ser objetiva – os estados realmente não são determinados –, nem mesmo um ser onipotente poderia determinar os valores sem violar as leis da mecânica quântica (JAEGER, 2012, 298). E, quanto aos sistemas caóticos, parece a ela haver algo fundamentalmente errado em usar a ciência para desenvolver o entendimento altamente bem-sucedido do cenário determinista do mundo e depois descartá-lo de uma forma *ad hoc* para encaixar Deus no cenário (ibid., 298-299).

O objetivo dos modelos de Russell e Polkinghorne parece correto: oferecer uma descrição da ação contínua de Deus no mundo e, ao mesmo tempo, reconhecer o caráter da ordem natural associada a leis que a ciência descobriu e descreveu. De acordo com Jaeger, no entanto, essas propostas continuam a tratar a ação de Deus como apenas mais uma das causas dentro da ordem natural – uma parte da cadeia de causalidade eficiente que os cientistas estudam. Mas fazer isso é sucumbir ao cientificismo – a ideologia que afirma que o modo de explicação científico é o único tipo legítimo de explicação. Jaeger afirma que não pode haver solução para a questão da ação divina enquanto continuarmos operando dentro desse modelo.

Além disso, embora possa haver uma probabilidade de que esse Deus que interage com o mundo por meio de eixos causais não intervenha, esse acaba não sendo o caso. É um tipo de intervenção diferente daquele de um Deus que viole constantemente as leis naturais. No entanto esse Deus "não intervencionista" de fato intervém na estrutura causal do mundo: a própria definição de NIODA afirma que, se Deus não tivesse agido, o curso das coisas teria sido diferente. Esse entendimento da situação nos força a ver as coisas da mesma forma dicotomizada que Perkins nos lança: ou a natureza é deixada por sua própria conta para produzir um certo efeito ou Deus faz algo para mudar o caminho que a natureza teria seguido. Essa é uma das dificuldades de tentar localizar a ação de Deus dentro da ordem causal descoberta pela ciência.

Ademais, é difícil ver como essa abordagem não deslizaria para a visão deísta ou semideísta da ação de Deus. Na concepção de Russell, Deus determina os resultados de todos os eventos quânticos ou só de alguns deles? Se a primeira opção for a correta, como escaparíamos da implicação de que Deus determina completamente todos os eventos? Se for a segunda, então, como Aubrey Moore observou no final do século XIX, "uma teoria de intervenção ocasional implica como seu correlativo uma teoria de ausência habitual" (MOORE, 1905, 184). Isso resulta em uma forma de deísmo. A mesma linha de raciocínio se aplicaria também ao modelo de Polkinghorne.

> "A única concepção totalmente impossível de Deus, nos dias atuais, é a que o representa como um visitante ocasional. A ciência empurrou o Deus do deísta cada vez para mais longe e, no momento em que ele parecia prestes a ser lançado para fora em definitivo, o darwinismo apareceu e, sob o disfarce de um inimigo, fez o trabalho de um amigo. Prestou para a filosofia e a religião um inestimável benefício, mostrando-nos que precisamos escolher entre duas alternativas. Ou Deus está presente em toda parte na natureza ou não está em lugar nenhum" (MOORE, 1891, 73).

Parece que qualquer abordagem que procure dar uma explicação cientificamente aceitável da ação divina encontrará a mesma dificuldade. O problema com esse método é que Deus se torna apenas um dos fatores causais (eficientes) ao lado das causas naturais e concorrendo com elas. Este é, em última análise, um cenário reducionista do mundo. Se estivermos interessados em encontrar uma versão mais teologicamente satisfatória, precisaremos olhar para a ação divina de uma forma totalmente diferente. Jaeger acha que o problema da ação divina é resolvido quando compreendemos que descrições da ação de Deus pertencem a um aspecto diferente da realidade. Examinaremos essa abordagem na próxima seção.

4. Alternativas para explicar a ação divina

Os cristãos que aceitam que o mundo natural é criação de Deus têm um ponto de partida diferente para considerar a ação divina. Eles não devem começar por uma aceitação do mundo conforme descrito pela física e, então, tentar encaixar a ação de Deus nesse quadro. Em vez disso, afirma Jaeger, o ponto de partida para os cristãos deve ser a dualidade de criador e criação (JAEGER, 2012, 304). Nesse quadro do mundo, a ordem criada é inteiramente dependente da ação graciosa de Deus e deve a ela sua origem e sua existência continuada. Na ação providencial de Deus, as leis da natureza são vistas como uma descrição da ação fiel contínua de Deus para a realização de sua vontade. O fato de que podemos usar tanto a linguagem da física como a linguagem da teologia para descrever a ação providencial de Deus não significa que física e teologia sejam a mesma coisa (ou redutíveis uma à outra), mas aponta, antes, para o fato de que há diferentes níveis ou aspectos da realidade e que esses não podem ser reduzidos um ao outro.

O próprio Polkinghorne aponta para essa concepção com seu famoso exemplo da chaleira com água fervendo. Ele pede que pensemos nos tipos de explicações que poderiam ser dadas para a água estar fervendo na chaleira (POLKINGHORNE, 1995). O físico poderia dar uma explicação em termos do circuito elétrico fechado com tal e tal resistência no elemento de aquecimento do fogão, que transmite calor para a base da chaleira, o que, por sua vez, faz as moléculas de água se moverem mais rapidamente dentro da chaleira; o movimento cada vez mais rápido das moléculas acaba se tornando suficiente para fazer a pressão de vapor da água subir acima da pressão atmosférica e a água ferver. Isso é uma explicação perfeitamente legítima e cientificamente completa. Não precisamos recorrer a nada fora das leis naturais para explicar esse processo.

Mas também poderíamos dar uma explicação para o mesmo evento em outro nível. Pois também é uma explicação correta da situação dizer que a água na chaleira está fervendo porque minha esposa quer fazer uma xícara de chá! Esse segundo tipo de explicação é o que poderíamos chamar de uma explicação pessoal. Ele recorre a um tipo diferente de realidade – a realidade de pessoas que não são redutíveis às leis da física – e oferece uma explicação em termos mais apropriados para essa realidade. Se Deus é um ser pessoal como os credos cristãos atestam, é perfeitamente legítimo explorar esse aspecto pessoal da realidade em termos teológicos e, ao mesmo tempo, encorajar outros a explorar o nível de descrição mais apropriado para as leis e as forças fundamentais da natureza. E, do mesmo modo como as duas explicações para a água fervendo na chaleira não estão em conflito, as explicações científica e teológica de um evento também não conflitam.

Alguns poderiam criticar essa abordagem dizendo que ela sucumbe à tese da independência discutida no capítulo 1, em que ciência e teologia não têm nenhum campo comum. A versão mais popular disso foi a abordagem dos "magistérios não interferentes" de Stephen Jay Gould, em que a ciência é mantida separada da teologia atribuindo-se a elas objetos de estudo diferentes: a ciência estuda o mundo empírico e a teologia estuda valores. Mas há uma diferença importante na abordagem que está sendo recomendada neste capítulo: as explicações científicas e as explicações pessoais (ou teológicas) estão se referindo à mesma coisa, apenas recorrendo a aspectos diferentes dela.

Poderíamos também considerar um artista e um químico que estejam ambos examinando um retrato de uma pessoa. Ao descrever o retrato, o artista falaria das sombras e da perspectiva do quadro, bem como do estado de espírito e dos traços faciais da pessoa retratada. O químico usaria um vocabulário muito diferente para descrever a composição da própria tinta. Não há espaço na análise química para se referir ao rosto de uma pessoa. Claro que a existência de um rosto no retrato é certamente dependente das propriedades químicas da tinta, mas, ao falar como um artista, é o rosto que é a entidade realmente existente.

Uma objeção possível seria que, em última análise, os termos e os conceitos do artista podem ser reduzidos às propriedades químicas da tinta: o rosto é, de fato, apenas uma certa configuração de moléculas que têm determinadas propriedades de reflexão da luz. Esse tipo de objeção é, em poucas palavras, o cerne da questão de compreender a ação de qualquer agente. Pois, se seguirmos a estratégia reducionista, veremos que as únicas entidades reais são as da física; tudo o mais de que falamos é meramente uma convenção. É mais fácil dizer "árvore" do que dar a descrição científica de suas partículas e de seus processos subatômicos. O mesmo se aplica a agentes (tanto humanos como divinos): essas palavras se referem apenas a ficções que se infiltraram em nossa linguagem em decorrência de nossa ignorância das causas reais das coisas. Quando compreendemos a ciência, tais conceitos não são mais necessários. Isso não é tanto um argumento, no entanto, mas uma reafirmação do pressuposto de que o único tipo de explicação que é real é uma explicação científica e o único tipo de causa que conta é a causa eficiente. E ainda permanece o desafio de descrever a causação por agente (e, em particular para este capítulo, a ação divina) de formas que sejam inteligíveis e persuasivas.

O teólogo britânico Christopher Knight acha que a tradição oriental do cristianismo tem recursos mais adequados para esse tipo de explicação. No Ocidente, o domínio da natureza se tornou separado do domínio da graça. Ou seja, a natureza foi esvaziada de sua significância teológica e se tornou uma ordem independente de causas naturais que não precisa de cooperação divina para funcionar. Os teólogos naturais tentaram encontrar significância teológica nessa ordem das coisas (ver capítulo 7), mas foi ficando cada vez mais possível ver ali apenas processos e entidades naturais de ocorrência regular que não precisavam de nenhuma intervenção divina. Os teólogos naturais tentaram fundamentar a ideia do sobrenatural nessa concepção de natureza, mas nem seu conceito de natureza nem o conceito de sobrenatural que emergiram disso tinham muito a ver com a tradição judaico-cristã (DUPRÉ, 1999). E, assim, para o Ocidente, há dois domínios diferentes – o natural e o sobrenatural – que permanecem não conectados exceto por intervenções, daí a questão da ação divina.

No Oriente, os teólogos viam a situação de uma forma um tanto diferente. Não havia separação entre natural e sobrenatural. O Logos descrito no evangelho de João não esteve ausente da ordem criada até a Encarnação. Toda a criação era imbuída do Logos: "sem ele, nada se fez de tudo o que foi criado" (Jo 1,3-4). E não é como se a vinda de Cristo tivesse retirado o Logos da criação. Em vez disso, a Encarnação do Filho completou um processo que foi iniciado na criação. Em certo sentido, a Encarnação foi um sinal do que havia sido pretendido para a ordem criada. É no Ocidente que o deísmo é uma ameaça constante, pois Deus parece estar de fora da ordem criada, completamente transcendente e desnecessário para o funcionamento do mundo; portanto, a ação divina é um problema. Mas os teólogos do Oriente, mesmo ainda reconhecendo que Deus é mais que a natureza, veem Deus como imanente ou residente em toda a natureza. "A criação não é algo sobre o que Deus age do exterior, mas algo por meio do que ele se expressa de dentro" (WARE, 2004, 159).

Nessa visão, o drama da criação é de desdobramento. Deus não criou o mundo totalmente formado, mas pleno de potencial. O fato de o potencial não ser realizado agora mesmo é reconhecer a ordem criada como "caída". A ciência descreve o estado atual da criação e o modo como ela funciona em leis da natureza, mas essas são declarações a respeito do modo como ela se comporta neste estado menos-que-maduro. Quando algo "miraculoso" acontece (quem sabe, a origem da vida e da consciência seja possível candidata a isso), talvez não seja explicável de acordo com essas leis naturais provisórias. Mas essas não são as leis do estado "natural" que ainda virá a ser. Milagres são o irrompimento da era que está por vir. Christopher Knight explica essa ideia da seguinte maneira:

> [O miraculoso] pode ser visto não – como os teólogos ocidentais tenderam a pensar – como o produto de algum tipo de interferência divina no mundo, mas como a manifestação exterior neste mundo de algo que já está presente, mas escondido dentro dele: o que podemos chamar apropriadamente de seu estado "natural". O miraculoso não é, nesta perspectiva, o resultado de algo que é acrescentado ao mundo. Ele é a remoção da sujeira do estado caído desse mundo, para revelá-lo em seu esplendor original (KNIGHT, 2007, 93).

Knight afirma que a ação de Deus permeia a natureza, mas que os desejos de Deus para a criação são com frequência prejudicados pelo atual estado de queda em que essa se encontra (o que ele chama de seu estado "subnatural"). Quando o reino de Deus é manifestado – mais significativamente em torno da pessoa de Jesus Cristo, mas também quando seus seguidores agem de acordo com a sua vontade –, vemos o estado "natural" vindo à superfície.

Assim, o aspecto miraculoso da ação divina é resolvido, de acordo com essa visão, na forma de ações que são verdadeiramente o modo como a ordem criada é destinada a funcionar. E o aspecto providencial da ação divina é entendido como o modo como a natureza funciona. O desdobramento da criação – o desenvolvimento de sistemas solares, planetas, plantas, animais, humanos – é obra de Deus. Podemos estudá-lo cientificamente e compreender muitas coisas sobre ele; podemos também falar sobre ele em seu aspecto teológico e compreender outras coisas a seu respeito. Esses dois tipos de explicações (como as causas eficientes e finais, ou as explicações científicas e pessoais) não cancelam um ao outro, mas se complementam.

Há mais dois temas que são sugeridos por meio dessa discussão: a questão do mal é trazida para o primeiro plano quando afirmamos que o desdobrar da criação e tudo o que existe de ruim nela são obras de Deus; teremos de examinar isso mais detalhadamente. Contudo, primeiro, há outra questão sobre a qual ciência e cristianismo têm, ambos, perspectivas relevantes, e nem sempre estamos seguros a respeito de como elas se encaixam: a pessoa humana. Vamos nos voltar para isso no próximo capítulo.

> **Resumo dos pontos principais**
>
> 1. Quando Ockham e Perkins popularizaram um modo de dicotomizar as coisas de modo que os eventos pudessem ser atribuídos ou à natureza ou a Deus, mas não a ambos, a explicação científica excluiu a participação de Deus.
> 2. Alguns argumentam que Deus não deve, ou mesmo não pode, violar as leis da natureza.
> 3. Russell e Polkinghorne procuram mostrar como Deus poderia afetar o curso da natureza sem violar nenhuma lei da natureza.
> 4. Os teólogos orientais enfatizam a imanência de Deus na natureza e, assim, entendem o funcionamento da natureza como o que Deus faz.

Leituras adicionais

- HARRIS, Mark. *The Nature of Creation: Examining the Bible and Science.* Durham: Acumen, 2013. Um livro recente que lê os relatos da criação bíblicos à luz da ciência moderna.
- KNIGHT, Christopher. *The God of Nature: Incarnation and Contemporary Science.* Minneapolis: Fortress Press, 2007. Sugere maneiras perspicazes de entender a ação divina inspiradas pelo pensamento oriental ortodoxo.
- PADGETT, Alan G. "God and Miracle in an Age of Science". In: *The Blackwell Companion to Science and Christianity.* STUMP, J. B.; PADGETT, Alan G. (org.). Malden: Wiley-Blackwell, 2012. Uma abordagem concisa de milagres e o desafio que a ciência apresenta para eles.

Referências bibliográficas

AQUINAS, Thomas. "Summa Theologica", 2016. In: *Christian Classics Ethereal Library.* Disponível em: <http://www.ccel.org/ccel/aquinas/summa.toc.html>. Acesso em: 17 fev. 2016.

BULTMANN, Rudolf. *Kerygma and Myth: A Theological Debate.* BARTSCH, W. H. (org.). Londres: SPCK, 1972.

CLAYTON, Philip; KNAPP, Steven. *The Predicament of Belief: Science, Philosophy, Faith.* Oxford: Oxford University Press, 2011.

DUPRÉ, Louis. "Secular Philosophy and Its Origins at the Dawn of the Modern Age". In: *The Question of Christian Philosophy Today.* AMBROSIO, Francis J. (org.). Nova York: Fordham University Press, 1999.

JAEGER, Lydia. "Against Physicalism-Plus-God: How Creation Accounts for Divine Action in Nature's World". *Faith and Philosophy,* 2012, v. 29, n. 3, 295-312.

KNIGHT, Christopher C. *The God of Nature: Incarnation and Contemporary Science.* Minneapolis: Fortress Press, 2007.

LORENZ, Edward. "Predictability: Does the Flap of a Butterfly's Wings in Brazil Set Off a Tornado in Texas?", 1972. Disponível em: <http://eaps4.mit.edu/research/Lorenz/Butterfly_1972.pdf>. Acesso em: 17 fev. 2016.

MACQUARRIE, John. *Principles of Christian Theology*. Nova York: Charles Scribner's Sons, ^{2}1977.

MAURER, Armand A. (org.). *The Philosophy of William of Ockham in the Light of His Principles*. Toronto: Pontifical Institute of Mediaeval Studies, 1999.

MERRILL, Thomas F. (org.). *William Perkins 1558-1602: English Puritanist*. Nieuwkoop: B. De Graaf, 1966.

MOORE, A. L. "The Christian Doctrine of God". In: *Lux Mundi*. GORE, Charles (org.). Londres: John Murray, ^{12}1891.

_____. *Science and the Faith: Essays on Apologetic Subjects*. Londres: Kegan Paul, Trench, Trübner & Co, ^{6}1905.

POE, Harry Lee; DAVIS, Jimmy H. *God and the Cosmos: Divine Activity in Space, Time and History*. Downers Grove: IVP Academic, 2012.

POLKINGHORNE, John. *The Faith of a Physicist: Reflections of a Bottom-Up Thinker*. Princeton: Princeton University Press, 1994.

_____. "Is Science Enough?" *Sewanee Theological Review*, 1995, v. 39, 11-26.

RUSSELL, Robert John. "Quantum Physics and the Theology of Non-Interventionist Objective Divine Action". In: *The Oxford Handbook of Religion and Science*. CLAYTON, Philip; SIMPSON, Zachary (org.). Oxford: Oxford University Press, 2008.

TROY, Steven B. "Double Pendulum". Youtube, 2007. Disponível em: <https://www.youtube.com/watch?v=U39R-MUzCjiU>. Acesso em: 17 fev. 2016.

WARE, Kallistos. "God Immanent Yet Transcendent: The Divine Energies According to Saint Gregory Palamas". In: *In Whom We Live and Move and Have Our Being: Panentheistic Reflections on God's Presence in a Scientific World*. CLAYTON, Philip; PEACOCK, Arthur (org.). Grand Rapids: Eerdmans, 2004.

CAPÍTULO 11
Mente, alma e cérebro

Um relato de 2003 nos *Archives of Neurology* conta o caso de um homem de 40 anos que de repente começou a colecionar pornografia infantil e sentir desejos pedófilos que não conseguia controlar. Ele começou até mesmo a fazer investidas contra a enteada, até que sua esposa alertou as autoridades e ele foi preso. O homem teve a escolha entre ir para a prisão ou participar de um programa de reabilitação para predadores sexuais. Ele queria desesperadamente evitar a prisão, mas não conseguiu completar o programa sem reapresentar o comportamento. Na noite antes de receber sua sentença, ele foi encaminhado para o atendimento de emergência com uma dor de cabeça intensa. Encontraram um grande tumor crescendo na área orbitofrontal do cérebro. Descobriu-se que, dezesseis anos antes, ele havia sofrido uma lesão na cabeça e perdido a consciência por cerca de dois minutos, mas sem nenhum outro efeito – ou pelo menos assim se pensou na época. Em dezembro de 2000, o tumor foi removido; ele completou o programa de reabilitação e, em poucos meses, estava de volta à vida normal com a família. Então, dois meses mais tarde, recomeçou a ter dores de cabeça e a colecionar pornografia infantil secretamente de novo. Ele voltou ao hospital; descobriram que o tumor tinha começado a crescer outra vez. Foi feita uma nova remoção, o que, uma vez mais, levou à eliminação do comportamento (BURNS e SWERDLOW, 2003).

Situações como essa são perturbadoras para nós quando refletimos sobre a natureza dos seres humanos, pois realçam duas intuições diferentes e aparentemente incompatíveis que temos sobre nós mesmos. Por um lado, pensamos nos seres humanos como algo muito diferente do mundo natural. Partindo de nossa experiência em primeira mão sobre nossa própria vida mental e estendendo-a logicamente à experiência de outras pessoas, acreditamos que há algo em nós que seja diferente de pedras, árvores, sapos e até mesmo outros mamíferos. Somos pessoas com autoconsciência; nosso "eu" é livre e responsável; somos motivados por razões (não só por desejos). Mas, também, podemos conceber os seres humanos como parte do mundo natural – talvez partindo de um relato como o do desventurado homem descrito no parágrafo anterior e compreendendo que problemas similares poderiam acontecer a nós também. Nosso corpo (e também nosso cérebro) é composto de uma matéria que segue a lei natural; é a mesma matéria de que tudo o mais no mundo é composto; podemos alterar nossa mente com drogas.

Essas duas imagens de nós mesmos – classicamente chamadas de imagem "manifesta" e imagem "científica" (SELLARS, 1963) – são muito difíceis de se encaixar. É fácil para a maioria das pessoas sentir alguma empatia pelo homem descrito e acreditar que ele não era totalmente responsável por seu comportamento. Não é tão fácil ver que, uma vez que entremos por esse caminho, podemos ter de colocar nossos próprios sentimentos em relação a esse homem na mesma categoria? Eles também são causados por processos materiais fora de nosso controle? Conforme aprendemos mais sobre o cérebro, temos prejudicada a concepção de nós mesmos como pessoas livres e responsáveis? Este capítulo não visa ser uma introdução abrangente à disciplina que os filósofos chamam de filosofia da mente. Seu objetivo é abordar apenas algumas das questões relevantes associadas à nossa visão de nós mesmos pelas perspectivas da ciência e da teologia cristã. Começamos por um breve exame do entendimento cristão clássico da alma e sua relação com a pessoa humana.

> **Questões a serem abordadas neste capítulo**
>
> 1. Qual tem sido o pensamento cristão tradicional sobre a alma?
> 2. Qual é a versão do dualismo de Descartes?
> 3. Quais são os questionamentos ao dualismo?
> 4. Como o dualismo cognitivo ajuda a pensar sobre pessoas?

1. A tradição cristã da alma

Uma das características comuns encontradas na maioria das religiões (embora não em todas) é uma crença na vida depois da morte. Certamente, para formas tradicionais de cristianismo, há a esperança de algum tipo de continuidade da existência consciente depois que esta vida tiver terminado. Não é um tipo de reencarnação em que eu "volto" como algo diferente e não tenho nenhuma lembrança (ou tenho apenas uma lembrança muito indistinta) de minha vida anterior. A expectativa é de continuidade de minha existência consciente. Talvez essa consciência seja interrompida por um tempo, como acontece durante o sono, mas, ainda assim, de acordo com essa expectativa, eu devo estar consciente do fato de que sou a mesma pessoa que havia morrido antes. Como isso poderia ser? Que tipo de coisa eu devo ser para ter uma existência consciente continuada depois que minha vida atual tiver terminado? A questão aqui é o que os filósofos chamaram de identidade pessoal: o que faz de mim a mesma pessoa ao longo do tempo? Poderíamos fazer essa pergunta em um contexto completamente não religioso sobre a passagem do tempo nesta vida: em que sentido sou a mesma pessoa que eu era quando bebê? Mas, para os cristãos, a pergunta mais urgente refere-se à minha transição desta vida para a próxima: em que sentido sou a mesma pessoa agora que serei na vida depois da morte?

Uma resposta típica para essa questão da tradição cristã se baseia na afirmação de que há uma alma associada a cada um de nós, e que é a alma que permanece a mesma ao longo do tempo e após a morte. O que os cristãos entendem por "alma", no entanto, nem sempre é claro e consistente. Recorrer a passagens específicas da Escritura nem sempre ajuda, porque não parece que todos os autores bíblicos (que se distribuem por várias culturas e muitos séculos) tinham a mesma concepção da alma. É justo dizer que, no Antigo Testamento, há uma imagem mais consistente de que a alma se identifica com a pessoa humana, em vez de ser uma parte separável de nós. Esse modo de falar refletiu-se na língua inglesa uma ou duas gerações atrás, quando se ouvia, por exemplo, "há 27 almas nesta sala". Mas também é preciso observar que, no Antigo Testamento, havia uma expectativa muito menos acentuada de sobrevivência depois da morte ou mesmo de ressurreição (WRIGHT, 2003, 85). Quando o pensamento judaico-cristão sobre a vida após a morte se desenvolveu, porém, também se desenvolveram maneiras de pensar sobre como nossa existência de agora se relaciona à próxima.

No Novo Testamento, Jesus conta uma parábola sobre um homem rico e um pobre chamado Lázaro, em que ambos morreram. Eles pareceram ter uma existência consciente imediata depois da morte – o pobre foi carregado pelos anjos para ficar com Abraão; o rico foi enterrado e, depois, foi atormentado no Hades

(Lc 16,19-31). Além disso, quando ambos estavam morrendo, Jesus disse para o ladrão na cruz que o defendeu: "Hoje mesmo estarás comigo no Paraíso" (Lc 23,43). Essas passagens dão base à teoria de pessoas que acham que corpos são uma parte não essencial da pessoa humana, que podem ser descartados na morte, enquanto a alma continua vivendo. Outros, no entanto, acham que esse entendimento da alma é mais representativo do pensamento grego do que do pensamento "bíblico". Era Platão quem afirmava que o corpo é uma prisão para a alma, e, embora platônicos cristãos como Santo Agostinho tenham articulado sua teologia nesses termos, isso não é representativo do testemunho da Escritura como um todo ou de toda a tradição cristã.

Há outra vertente importante da tradição cristã sobre a relação entre corpo e alma que vem por intermédio de Tomás de Aquino. Ele foi significativamente influenciado por Aristóteles e pela concepção de que a alma é a forma do corpo. Ou seja, a alma não é alguma substância que existe separadamente ao lado do corpo, mas uma espécie de entidade conceitual que faz as coisas serem aquilo que são. Assim, há almas vegetais, almas animais e as almas racionais dos humanos. Aristóteles argumentou contra seu mestre Platão que formas como essas não existem independentemente da matéria a que se associam. A teologia cristã de Aquino forçou-o a admitir que uma alma poderia existir sem o corpo – como as almas no Purgatório – por um ato especial de Deus; mas essas não eram totalmente humanas, e esse só poderia ser um estado temporário.

O peso do testemunho do Novo Testamento parece estar mais de acordo com a versão de Aquino. Mais significativamente, a meta do cristão de acordo com o apóstolo Paulo não é algum tipo de existência desencarnada quando a alma deixa o corpo, mas a ressurreição do próprio corpo. Sua experiência na estrada de Damasco (At 9) o convenceu de que Jesus havia ressuscitado, e ele dizia que o que aconteceu a Jesus aconteceria a todos os seguidores de Cristo no fim dos tempos (1Cor 15). Além disso, o livro do Apocalipse não representa o destino final dos seres humanos como um caminho em que seremos arrebatados para uma existência etérea nas nuvens em um céu; em vez disso, o reino celeste vem para a terra e é estabelecido aqui em existência material (Ap 21).

Na cultura popular atual (que, nos Estados Unidos, se considera cristã), há uma compreensão muito diferente da alma e da vida após a morte. Uma enxurrada de livros sobre experiências pós-morte reforça a ideia de que, quando as pessoas morrem, elas deixam o corpo para trás e passam a morar em um mundo pacífico e imaterial que sorri para nós que ainda estamos vivendo. Há ressonâncias dessa visão com a versão platônica mencionada anteriormente, mas, na próxima seção, vamos ver que ela tem mais a ver com as ideias de René Descartes.

2. Descartes e o dualismo

O projeto filosófico de Descartes foi impulsionado pela tentativa de apoiar a teologia cristã sobre fundações mais firmes do que a fé. Ele achava que poderia provar com a certeza da razão que Deus existe e que nós, humanos, temos almas imortais. Para fazer isso, ele começou duvidando de tudo de que seria possível duvidar até concluir seu método da dúvida com uma única certeza absoluta: "Penso, logo existo". Afirmou que, mesmo se tudo o mais em que ele acreditava estivesse equivocado, ele ainda pensava e estava consciente de seu pensamento e, portanto, necessariamente existia. Seus argumentos partindo dessa base segura para as doutrinas cristãs tradicionais de Deus e da alma não foram amplamente aceitos, mas sua formulação da prioridade de nossa própria consciência foi muito influente.

Há duas implicações importantes na obra de Descartes. Primeiro, ele desfez as distinções que haviam sido feitas entre alma e mente (e, talvez, até coração e espírito). Estas haviam sido vistas não tanto como partes separáveis da pessoa humana, mas como aspectos da vida de uma pessoa. Contudo, no entendimento de Descartes, todos esses aspectos se tornaram funções de uma só coisa – a mente – e de seu atributo primário: pensar. Ele afirmou que ele próprio era, acima de tudo, uma coisa pensante. Essa era a própria natureza ou a essência da humanidade. Em segundo lugar, de acordo com Descartes, essa coisa pensante – a mente – era algo muito diferente de seu corpo, pois a natureza do corpo era como a de qualquer outra matéria: estendida no espaço. Assim, como tinha essa ideia tão clara e distinta de mente e corpo como tipos de coisas diferentes, e como ele devia ser identificado com sua mente, ele teria de ser algo distinto de seu corpo. Há uma famosa passagem de suas *Meditações metafísicas* em que ele afirma:

> Do fato de que eu sei que existo e, ao mesmo tempo, julgo que obviamente nada mais pertence à minha natureza ou à minha essência exceto que sou uma coisa pensante, concluo adequadamente que minha essência consiste inteiramente no fato de eu ser uma coisa pensante. E embora talvez (ou antes, como logo direi, com certeza) eu tenha um corpo que seja muito estreitamente unido a mim, mesmo assim, porque, por um lado, eu tenho uma ideia clara e distinta de mim mesmo, de que sou meramente uma coisa pensante e não uma coisa estendida, e porque, por outro lado, tenho a ideia distinta de um corpo, de que ele é meramente uma coisa estendida e não uma coisa pensante, tenho certeza de que sou realmente distinto de meu corpo e posso existir sem ele (*Meditação Seis*; DESCARTES, 1998, 50).

O que Descartes fez foi não tanto estabelecer uma teologia cristã sobre bases mais firmes, mas desenvolver e consolidar na consciência pública a visão de corpo e alma de Platão. Há dois tipos diferentes de substância – mente e corpo –, e o verdadeiro eu é a mente imaterial. Descartes entendia que a mente e o cérebro precisavam interagir; há substâncias físicas que podem afetar a atuação da mente (como o excesso de álcool, por exemplo), e a mente, por meio de suas escolhas, deve ser capaz de dirigir as operações do corpo. Descartes é frequentemente questionado por postular que o *locus* da interação entre mente e cérebro era a glândula pineal do cérebro – uma glândula que ele não havia detectado no cérebro de outros animais. Claro que tal postulação não resolve nada das dificuldades conceituais de como os dois tipos de substâncias interagem.

Em sua defesa, a ideia de Descartes oferece uma solução rápida e fácil para a questão das duas concepções de nós mesmos: nosso corpo (incluindo o cérebro) é parte do mundo natural e funciona como qualquer outra matéria; nossa alma/mente é um tipo diferente de substância: é imaterial e responde pelas partes de nossa existência que desafiam uma explicação material. A cultura popular de hoje – tanto em sua roupagem cristã como em sua versão secular – parece permeada pela visão de que, quando uma pessoa morre, seu corpo apodrece, mas seu verdadeiro eu vai para o céu, onde fica para sempre.

> **Encarnação**
>
> O estado de ser carne. A doutrina teológica de que Jesus Cristo, a segunda pessoa da Trindade, se tornou humano.

Há considerações teológicas, no entanto, que tornam a identificação da alma com a mente problemática. Analisemos a teoria da Encarnação: Jesus Cristo é considerado totalmente Deus e totalmente humano, e isso – assim como a Trindade – é um dos mistérios fundamentais da fé cristã. Mas, se aceitarmos a explicação dualista de substância da pessoa de Descartes, veremos que as questões que nos levam a entender a Encarnação são exacerbadas. No século III, o padre da Igreja Tertuliano afirmou que um humano completo – corpo e mente – veio a ser habitado pelo Logos ou pela mente divina, resultando em duas mentes distintas na pessoa de Jesus. Padres posteriores preocuparam-se com a possibilidade de que tal explicação equivalesse meramente à perspectiva de Deus fazer morada ou ficar junto de um humano, como havia feito com os profetas, em vez de realmente se tornar humano. Embora a visão das duas mentes pareça causar uma espécie de desunidade psicológica pela qual Jesus teria de alternar constantemente entre sua mente humana e sua mente divina, há defensores contemporâneos desse modelo (por exemplo, MORRIS, 2001).

A outra opção para explicar a pessoalidade humana de Cristo na visão dualista é seguir o caminho de Apolinário de Laodiceia (310-390). Ele tentou evitar a desunidade da concepção das duas mentes explicando a humanidade e a divindade de Cristo como a existência de uma mente divina em um corpo humano. Mas esse apolinarianismo acabou sendo condenado no Concílio de Constantinopla em 381, porque fazia com que Cristo não fosse totalmente humano – ele não teria uma mente humana, então como poderia ser totalmente humano? Se a mente humana é uma substância separada do corpo, fica muito difícil compreender como Cristo poderia ser um humano completo e, ao mesmo tempo, ter uma mente divina.

Apesar dessas dificuldades, há muitos pensadores cristãos sofisticados atuais que defendem uma versão do dualismo de substância. De uma maneira que faz lembrar Descartes, Stewart Goetz argumenta que, por meio de introspecção, podemos ver claramente que nós – ou seja, nossa alma – somos substâncias simples que não têm partes. As coisas materiais, por outro lado, são coisas complexas compostas de partes. Desse modo, ele apresenta o que chama de "argumento simples" em favor do dualismo:

1. Eu (minha alma) sou (é) essencialmente uma entidade simples (eu não tenho partes substantivas).
2. Meu corpo é essencialmente uma entidade complexa (meu corpo tem partes substantivas).
3. Se "duas" entidades são idênticas, o que quer que seja uma propriedade de uma é uma propriedade da outra.
4. Portanto, como eu tenho uma propriedade essencial que meu corpo não tem, eu não sou idêntico ao meu corpo (GOETZ, 2005, 44).

Uma vez que o dualismo de substância parece se encaixar no que a maioria dos seres humanos de várias culturas acredita sobre si mesmo, Goetz acha que está com os não dualistas o ônus da prova de mostrar que eles têm modelos que explicam melhor a pessoalidade humana. Vamos nos voltar para alguns dos questionamentos na próxima seção.

3. Questionamentos ao dualismo

Há alguns argumentos filosóficos contra o dualismo. Um é que postular uma substância imaterial multiplica desnecessariamente os tipos de substâncias que existem no mundo. A exigência de simplicidade da Navalha de Ockham não deveria nos forçar a evitar a afirmação de que há um tipo de substância no universo completamente diferente das partículas materiais de que tudo o mais é feito?

Para os cristãos, esse argumento não é muito forte, porque eles já aceitam que há substâncias imateriais, ou seja, Deus (e talvez anjos e demônios). Considera-se que estes têm algum tipo de vida mental – eles têm crenças e desejos –, mas não são compostos de matéria. Portanto, seria possível argumentar que a Navalha de Ockham funciona para o lado oposto: os cristãos já acreditam que há substâncias imateriais capazes de pensamento racional, então não deveríamos postular outro tipo de substância que também funcione da mesma maneira.

Outra objeção contra o dualismo é que uma substância imaterial não parece realmente capaz de explicar o que queremos ver explicado. Especificamente, como pode uma substância imaterial explicar nosso livre-arbítrio, a capacidade para usar a razão e assim por diante melhor do que uma substância material poderia? O filósofo Colin McGinn diz: "De fato, é possível argumentar que é apenas nossa incapacidade de formar uma ideia clara de tal substância que nos induz a supor que localizar fenômenos mentais nela é algum avanço em relação ao monismo" (McGINN, 1996, 25). Seria possível dizer, no entanto, que vemos claramente que um objeto material é incapaz de explicar a imagem manifesta que temos de pessoas humanas. É verdade que não podemos explicar como essas coisas funcionam para um objeto imaterial, mas também não podemos dizer que é óbvio que eles não funcionariam com ele.

> **Monismo**
>
> Qualquer doutrina que atribua uma unidade subjacente à multiplicidade aparente. Na filosofia da mente, monismo é a teoria de que há um único tipo de entidade que compõe os seres humanos.

Essas objeções podem ter alguma força, mas o problema conceitual central do dualismo de substância é compreender como uma mente imaterial poderia interagir com o corpo material. A tentativa de Descartes de lidar com isso foi mencionada anteriormente e descartada como equivocada. Não podemos compreender como esse processo funcionaria postulando uma estrutura material especial como o local em que a interação acontece. A dificuldade é que nossa necessidade de explicação geralmente vem em termos de como compreendemos os processos materiais. Queremos explicações que detalhem as causas eficientes (ver a descrição das causas no capítulo 10) para um evento, por exemplo, o que me fez levantar o braço quando perguntaram quem votava "não". Podemos dizer que meu braço levantou porque os músculos relevantes foram ativados por impulsos elétricos vindos pelo sistema nervoso e que esses impulsos elétricos vieram do cérebro; mas como o cérebro os gerou? Os dualistas afirmam que minha mente tomou uma decisão e que foi isso que "causou" os sinais no cérebro e para o braço.

Os críticos fazem duas objeções: (1) como uma "decisão" afeta os processos materiais do cérebro? Não há resposta para isso. E (2) a ciência continuará pressionando para encontrar uma explicação para a decisão. De onde ela vem? Contudo, assim que tentamos explicar a decisão, somos transportados para um modo diferente de explicação: agora estamos apresentando razões em vez de causas eficientes. Eu decidi votar "não" porque achei que a proposta era uma ideia ruim etc. A questão da interação entre mente e cérebro fundamentalmente se refere à forma como fazer a tradução entre esses dois tipos de explicações, o que é uma reelaboração da questão central deste capítulo: temos duas visões diferentes de nós mesmos – a científica e a manifesta.

Um modo de lidar com essa questão se dá apenas por meio da ciência. É possível mostrar que a decisão e outros elementos da imagem manifesta são de fato apenas partes de um sistema material complicado no cérebro? Em caso afirmativo, então, não existe o problema da interação, e podemos continuar procurando as explicações materiais da decisão. A ciência já fez esse tipo de coisa antes. Trovões e relâmpagos já foram considerados a manifestação de deuses furiosos brigando no céu, mas hoje sabemos que são resultados de padrões climáticos que passamos a compreender e prever. Se pudéssemos fazer uma redução similar em relação às atividades mentais (escolher, avaliar, raciocinar etc.), a questão da interação estaria esclarecida. Crenças em mentes imateriais seguiriam o mesmo caminho que as crenças nos antigos deuses gregos ou nórdicos.

É preciso reconhecer que fizemos muito progresso nessa área. Os avanços da neurociência nas duas últimas décadas são imensos. Os pesquisadores agora podem usar ressonância magnética e tomografia por emissão de pósitrons para identificar padrões de atividade neural que estão correlacionados a várias tarefas mentais. Especialmente quando comparados com varreduras cerebrais de vítimas de AVC com seções do cérebro danificadas, esses estudos conseguiram identificar regiões específicas do cérebro que "acendem" quando as pessoas analisadas fazem coisas diversas. A atividade em uma parte do córtex cerebral aumenta quando as pessoas fazem tarefas simples de linguagem, como dizer o verbo correspondente a um determinado substantivo. Diferentes padrões de atividade são exibidos no caso de problemas matemáticos e planejamento de ações. A conclusão dos pesquisadores é que "diferentes formas de pensamento racional se devem a diferentes padrões de atividade cerebral" (BROWN e STRAWN, 2012, 32).

Por algum tempo houve debates sobre um "lugar de Deus" no cérebro que estaria correlacionado a experiências espirituais. A atividade cerebral de monges budistas foi registrada enquanto eles meditavam e encontrou-se, de forma consistente, um aumento de atividade na parte frontal desses cérebros. Estudos subsequentes sugerem que a espiritualidade pode estar ligada à redução da atividade cerebral no lobo parietal direito (JOHNSTONE et al., 2012). Normalmente, o lobo parietal direito é correlacionado a pensamentos focados em si mesmo. Há uma hipótese de que, quando as pessoas pensam menos em si mesmas, elas estão mais abertas à conexão emocional com o numinoso ou o místico.

Às vezes, esses tipos de descobertas são usados para tentar mostrar que a crença religiosa é uma fantasia que nosso cérebro cria que nos induz a acreditar. Se determinadas áreas do cérebro de uma pessoa pudessem ser estimuladas (ou isoladas de estímulos) e isso resultasse em experiências religiosas "produzidas", essa descoberta mostraria que a experiência religiosa em geral é apenas uma fantasia? Não parece ser assim. Podemos também estimular partes do cérebro para resultar na sensação de ouvir música; isso significa que a música não é real? Claro que não. Precisamos de uma análise mais sofisticada da relação entre o cérebro e as experiências mentais (incluindo a experiência religiosa). Além disso, em seu livro sobre o conceito da mente, a autora Marilynne Robinson observa a seguinte ironia:

> Um não especialista poderia se perguntar em que essa localização da alma no interior do cérebro difere, em princípio, de se localizar o senso moral no córtex pré-frontal, como autores contemporâneos fazem, para demonstrar como eles estão livres dos erros de Descartes (ROBINSON, 2010, 23).

Portanto, a neurociência neste momento está longe de ser conclusiva para descartar a imagem manifesta, mas, especialmente com histórias como a que iniciou este capítulo, ela começou a enfraquecer a segurança que alguns têm de se apegar a conceitos como livre-arbítrio, moralidade e racionalidade. Em 2013, o presidente Obama anunciou um plano para gastar 100 milhões de dólares em pesquisas sobre o cérebro com o objetivo de "compreender melhor como pensamos, como aprendemos e como nos lembramos", na esperança de que isso pudesse levar a curas para autismo e doença de Alzheimer e reparar danos de AVCs (CASA BRANCA, 2014). Seria tolo pensar que não temos mais o que aprender sobre como o cérebro funciona e que não possamos até mesmo chegar a tratamentos eficazes para doenças cerebrais. A questão é se haverá algo nisso que consiga dissolver completamente a imagem manifesta dos seres humanos.

Owen Flanagan é professor na Duke University com atuação tanto no departamento de filosofia, como no programa de pós-graduação em neurociência cognitiva. Seu livro de 2002, *The Problem of the Soul: Two Visions of Mind and How to Reconcile Them*, já anuncia em seu subtítulo a questão central da complexidade de compreendermos a nós mesmos. Sua concepção, porém, não é tanto de conciliação, mas, sim, de eliminação da imagem manifesta. Ele considera que essa visão dos seres humanos foi superada pela visão científica dos seres humanos de acordo com a qual liberdade, racionalidade e moralidade são ficções. No entanto ele entende que as pessoas não estejam dispostas a desistir dessa visão nesses termos, por isso sugere que a abordagem deve ser usar as mesmas palavras, mas fazê-las representar coisas diferentes, de modo que elas se encaixem melhor no quadro científico dos humanos (FLANAGAN, 2002, 63, 86). Assim, autores que seguem a sua linha podem continuar a usar termos como livre-arbítrio e moralidade, mas estes não significam o mesmo que esses conceitos tradicionalmente significavam. Alguns são diretos quanto à sua rejeição dos conceitos tradicionais: "ética é uma ilusão jogada sobre nós por nossos genes para nos induzir a cooperar uns com os outros" (RUSE e WILSON, 1993, 10). E o próprio Flanagan admite que, para sermos consistentes com a imagem científica, precisamos nos tornar existencialistas quanto ao sentido no mundo, emotivistas em relação à ética e budistas quanto à religião (FLANAGAN, 2002, 11-19). Outros, contudo, são menos diretos em sua rejeição desses conceitos e continuam a usar as mesmas palavras (por exemplo, HARRIS, 2010).

> **Existencialismo**
>
> A escola filosófica que enfatiza a capacidade e a responsabilidade do indivíduo para escolher o sentido das coisas.
>
> **Emotivismo**
>
> A escola filosófica que afirma que proposições morais são apenas expressões de sentimentos, não declarações de fatos.

O cristianismo provou-se notavelmente resiliente ao longo dos séculos, acomodando e ajustando detalhes da doutrina em resposta a descobertas científicas. Mas os cristãos podem aceitar a dissolução da imagem manifesta dos seres humanos? Parece que não. Em vez disso, eles precisam encontrar uma forma de argumentar sobre duas coisas: (1) que o sucesso final da ciência ainda não conseguirá encontrar uma explicação completa para tudo e (2) que mesmo o sucesso limitado de explicações científicas não impede que pensemos em nós mesmos como agentes morais e racionais. Tratamos da primeira questão no capítulo 6; vamos nos voltar para a segunda agora.

4. Dualismo cognitivo

Há uma grande quantidade de textos introdutórios à filosofia da mente que visam discutir uma diversidade de opções não dualistas para compreender a natureza de seres humanos, e muitos autores tentam fazê-lo por uma perspectiva cristã. Duas referências úteis para começar entre eles são as obras de Green e Palmer (2005) e Corcoran (2001). No restante deste capítulo, vamos examinar uma abordagem um tanto distinta defendida pelo eminente filósofo britânico Roger Scruton. Ele chama esse modelo de dualismo cognitivo não porque haja um dualismo de substância envolvido, como na teoria de Descartes, mas porque considera as duas maneiras de pensar no ser humano – a científica e a manifesta – legítimas. No capítulo anterior, falamos de uma abordagem para entender a ação divina que postula explicações diferentes, mas complementares, para o mesmo evento. O dualismo cognitivo funciona de modo similar.

No capítulo anterior, usamos o exemplo dado por Polkinghorne de dois tipos diferentes de explicação para justificar por que a água em uma chaleira está fervendo: a científica e a pessoal. Essas explicações correspondem às diferentes imagens do ser humano que discutimos neste capítulo. O que Scruton faz é argumentar que esses diferentes tipos de explicação estão fundamentados em tradições muito diferentes e são quase linguagens diferentes. A gramática das explicações pessoais requer que sejam dadas razões; a gramática das explicações científicas pede causas físicas (ou eficientes). Ambos os tipos de explicação podem ser descrições completas de uma pessoa pela sua perspectiva, mas são apenas perspectivas. Cada uma delas é como uma lente através da qual os humanos são vistos. Não é possível declarar que uma ou outra dessas concepções que temos de nós mesmos seja o jeito como somos em nós mesmos ou por nós mesmos. Ambas são produtos de modos de pensar muito diferentes. Isso não significa que não sejam reais, mas, sim, que não podemos tirar os "óculos" para comparar nossas concepções com alguma realidade não filtrada. Assim, a afirmação do dualismo cognitivo é que esses dois modos de conceitualizar o ser humano são ambos legítimos, mas são também incomensuráveis. Ou seja, não se pode traduzir um para o outro dizendo "bem, um desejo ou uma livre escolha são, na verdade, este estado cerebral".

Outra maneira de pensar sobre isso é que a linguagem restringe o modo como podemos conceitualizar coisas. Como um exemplo intrigante, consideremos o romance *Gadsby* de Ernest Vincent Wright, que tem mais de 50 mil palavras, mas não usa a letra "e" nenhuma vez. Esse é o exemplo mais famoso do gênero conhecido como "escrita constrangida". Wright escreveu o romance como um desafio para ver o que poderia ser expresso com essa limitação tão radical das capacidades da língua inglesa. Se podemos ver tão claramente que tal tipo de escrita limita drasticamente nossa capacidade de descrever a "realidade", seria um pulo tão grande pensar que a língua inglesa, mesmo com todas as letras "e", também restringe nossa capacidade de descrever a realidade? Isso não é tão fácil de ver internamente, sobretudo se a linguagem que usamos é constitutiva de nossa "realidade" pelo menos em algum sentido.

Pensemos, então, na mesma questão em termos de nossos sentidos: para alguém que nasceu cego, nenhuma quantidade de descrição poderá lhe dar uma ideia adequada de como é a cor vermelha. Em seu *Ensaio sobre o entendimento humano,* John Locke fala com ironia de um homem cego que decidiu que o vermelho devia ser como o som de uma trombeta (III.IV.11; LOCKE, 1959, 38). De acordo com o dualismo cognitivo, tentar descrever ou reduzir os termos da imagem manifesta a estados cerebrais ou outra linguagem científica é algo assim.

Portanto, Scruton indica formas de solucionar essas duas concepções de uma só vez afirmando que não precisamos entendê-las como um único quadro coerente.

> Esses dois pontos de vista são incomensuráveis: ou seja, não podemos derivar de um deles uma descrição do mundo conforme visto pelo outro. Também não podemos entender como um mesmo objeto pode ser apreendido por ambas as perspectivas. De fato, talvez seja mais correto dizer que a coisa que a compreensão vê como um objeto a razão vê como um sujeito, e que a identidade misteriosa de sujeito e objeto é algo que sabemos que existe, embora não possamos entender *como* existe, uma vez que não temos nenhuma perspectiva que nos permita apreender tanto sujeito como objeto em um único ato mental (SCRUTON, 2014, 35-36).

Como isso funciona na prática? Há certas ocasiões em que será mais útil usar a perspectiva do cientista para falar sobre os seres humanos. O homem com o tumor na história que iniciou este capítulo não precisava de psicoterapia ou de aulas de um eticista. Haverá momentos, no entanto, em que será mais apropriado falar dos desejos, das escolhas, dos valores de uma pessoa, entre outras coisas, e tentar transmitir com isso mais do que uma versão reducionista dessas coisas? Se houver, então é apropriado adotar a imagem manifesta. E, falando de um aspecto realista, nós alternamos entre essas duas perspectivas todo o tempo. O dualismo cognitivo reconhece esse fato e indica que não há problema em fazermos isso.

Como o dualismo cognitivo resolve a preocupação cristã com a continuidade da vida após a morte? Quanto a isso, só podemos oferecer algumas ideias especulativas. Talvez possamos pensar na realidade das pessoas em termos de realidades sociais. Há incontáveis entidades que passaram a existir por meio dessa cultura: conferências de filosofia, jogos de futebol, universidades. Nenhuma delas é idêntica às partículas materiais pelas quais nós as localizamos, porque há algo mais que é necessário para sua existência além do material. Pensemos em um dólar. Nos Estados Unidos, um dólar pode assumir várias formas diferentes: um conjunto de moedas que somam 100 centavos, uma nota de papel ou uma representação eletrônica que foi certificada por um banco. Os cientistas poderiam examinar as moedas, o papel ou os computadores, mas não encontrariam em nenhum lugar em suas explicações desses objetos qual é a real natureza de um dólar. Esta vem de fora da natureza física dos objetos, quando uma comunidade trata essas coisas materiais de uma forma distintiva. E há ainda toda uma tradição diferente de discurso sobre dólares que se desenvolve (economia) e que não tem nada a ver com o material de que os dólares são compostos. Podemos dizer algo similar sobre "pessoas"?

O filósofo Wilfred Sellars faz uma análise clássica das duas imagens que temos de nós mesmos em seu ensaio "Philosophy and the Scientific Image of Man". Na análise de Sellars, as pessoas foram "criadas" quando encontramos os seres humanos de uma determinada maneira. Ele usa o termo "homem" para o que estou chamando de "pessoas":

> [...] o homem se tornou homem quando "o homem tomou consciência de si mesmo como homem-no-mundo", quando "o homem encontrou pela primeira vez a si mesmo" – isso é, claro, quando ele se tornou homem. Pois não é meramente uma característica incidental do homem que ele tenha uma concepção de si mesmo como homem-no-mundo, assim como é óbvio, quando se reflete sobre isso, que, "se o homem tivesse uma concepção radicalmente diferente de si mesmo, ele seria um tipo de homem radicalmente diferente". [...] Quero destacar desde o início o que poderia ser chamado de paradoxo do encontro do homem consigo mesmo, o paradoxo que consiste no fato de que o homem não poderia ser homem até que encontrasse a si mesmo (SELLARS, 1963, 6).

Sellars chama isso de paradoxo porque há um problema lógico (não só empírico ou histórico) de circularidade ou "de paradoxo de *bootstrap*" aqui. Como os humanos poderiam começar a tratar a si mesmos como pessoas a menos que já fossem pessoas?

Talvez a teologia cristã tenha mais recursos para lidar com essa questão. Se os seres humanos podem criar realidades sociais, então talvez Deus – ou, mais especificamente, a Trindade cristã – também possa. Poderiam os seres humanos ter se tornado pessoas, ou, para usar a linguagem teológica, portadores da imagem de Deus quando Deus começou a tratá-los como tais? O desenvolvimento histórico poderia ter acontecido gradualmente da mesma forma como crianças se tornam adultos e moralmente responsáveis gradualmente. Ou poderia ter acontecido mais subitamente se Deus entrasse em uma aliança com alguns hominídeos e, desse modo, lhes conferisse um *status* especial, que lhes permitisse ver a si mesmos de uma determinada maneira e desenvolver a "imagem manifesta" ao longo do tempo.

Uma vez mais, estas são apenas especulações que não podem ser nem confirmadas nem negadas por investigação científica ou histórica (porque, novamente, estas pertencem a uma tradição de discurso diferente). Há outros pontos do desenvolvimento dos seres humanos e da vida em geral que não são tão especulativos. Alguns deles levam os cristãos a se questionar sobre a bondade de Deus diante das consequências horríveis para a vida. Temos que abordar esse problema no próximo capítulo.

Resumo dos pontos principais

1. A tradição cristã é diversa, mas o testemunho do Novo Testamento tem pouco a ver com a versão popular atual de uma alma separável que deixa o corpo na hora da morte.
2. Descartes defendeu um dualismo de substância que postula uma substância imaterial como o verdadeiro eu e identificada com a mente.
3. Há questionamentos filosóficos ao dualismo, mas a ciência do cérebro atual apresenta os questionamentos mais significativos à imagem manifesta da pessoa humana que tem suas raízes no dualismo.
4. O dualismo cognitivo proporciona uma forma de afirmar tanto a imagem científica como a imagem manifesta dos humanos, mas à custa de não poder integrar essas imagens em um único quadro coerente.

Leituras adicionais

- BROWN, Warren S.; STRAWN, Brad D. *The Physical Nature of Christian Life: Neuroscience, Psychology, and the Church*. Cambridge: Cambridge University Press, 2012. Um neurocientista defende um entendimento fisicalista da mente e da alma humana.
- GREEN, Joel B.; PALMER, Stuart L., (org.). *In Search of the Soul: Four Views of the Mind-Body Problem*. Downers Grove: InterVarsity Press, 2005. Quatro cristãos debatem suas posições sobre a questão mente/corpo.
- SCRUTON, Roger. *The Soul of the World*. Princeton: Princeton University Press, 2014. Um eminente filósofo britânico apresenta a posição do dualismo cognitivo.

Referências bibliográficas

BROWN, Warren S.; STRAWN, Brad D. *The Physical Nature of Christian Life: Neuroscience, Psychology, and the Church*. Cambridge: Cambridge University Press, 2012.

BURNS, Jeffrey M.; SWERDLOW, Russell H. "Right Orbitofrontal Tumor with Pedophilia Symptom and Constructional Apraxia Sign". *Archives of Neurology*, mar. 2003, v. 60, 437-440.

CORCORAN, Kevin (org.) *Soul, Body, and Survival: Essays on the Metaphysics of Human Persons.* Ithaca: Cornell University Press, 2001.

DESCARTES, René. "Meditations on First Philosophy". In: *Modern Philosophy: An Anthology of Primary Sources.* ARIEW, Roger; WATKINS, Eric (org.). Indianapolis: Hackett Publishing Company, 1998.

FLANAGAN, Owen. *The Problem of the Soul: Two Visions of Mind and How to Reconcile Them.* Nova York: Basic Books, 2002.

GOETZ, Stewart. "Substance Dualism". In: *In Search of the Soul: Four Views of the Mind-Body Problem.* GREEN, Joel B.; PALMER, Stuart L. (org.). Downers Grove: InterVarsity Press, 2005.

GREEN, Joel B.; PALMER, Stuart L., (org.). *In Search of the Soul: Four Views of the Mind-Body Problem.* Downers Grove: InterVarsity Press, 2005.

HARRIS, Sam. *The Moral Landscape: How Science Can Determine Human Values.* Nova York: Free Press, 2010.

JOHNSTONE, Brick; BODLING, Angela; COHEN, Dan; CHRIST, Shawn E.; WEGRZYN, Andrew. "Right Parietal Lobe-related 'Selflessness' as the Neuropsychological Basis of Spiritual Transcendence". *International Journal for the Psychology of Religion,* 2012, v. 22, n. 4, 267-284.

LOCKE, John. *An Essay Concerning Human Understanding.* Nova York: Dover Publications, 1959, v. 2.

McGINN, Colin. *The Character of Mind: An Introduction to the Philosophy of Mind.* Oxford: Oxford University Press, ²1996.

MORRIS, Thomas V. *The Logic of God Incarnate.* Eugene: Wipf & Stock, 2001.

ROBINSON, Marilynne. *Absence of Mind.* New Haven: Yale University Press, 2010. (Trad. bras. Adriana Lisboa. *Além da razão.* Rio de Janeiro: Nova Fronteira, 2011.)

RUSE, Michael; WILSON, Edward O. "The Approach of Sociobiology: The Evolution of Ethics". In: *Religion and the Natural Sciences.* HUCHINGSON, James E. (org.). Fort Worth: Harcourt Brace Javonovich, 1993.

SCRUTON, Roger. *The Soul of the World.* Princeton: Princeton University Press, 2014. (Trad. bras. Martim Vasques da Cunha. *A alma do mundo.* Rio de Janeiro: Record, 2017.)

SELLARS, Wilfred. "Philosophy and the Scientific Image of Man". In: *Empiricism and the Philosophy of Mind.* Londres: Routledge & Kegan Paul, 1963.

WHITE HOUSE. Remarks by the President on the BRAIN Initiative and American Innovation, 2013. Disponível em: <http://www.whitehouse.gov/the-press-office/2013/04/02/remarks-president-brain-initiative-and-american-innovation>. Acesso em: 17 fev. 2016.

WRIGHT, N. T. *The Resurrection of the Son of God.* Minneapolis: Fortress Press, 2003.

CAPÍTULO 12
O problema do mal natural

O problema do mal é geralmente enfrentado em duas áreas diferentes: os males cometidos por seres humanos que causam dor e sofrimento a outras criaturas e a dor e o sofrimento de criaturas que resultam de causas naturais como furacões ou secas, por exemplo. Em ambos os casos, a questão é como conciliar a quantidade de dor e de sofrimento que existe com a existência de um deus todo-poderoso e benevolente. A primeira categoria de dor e sofrimento é com frequência explicada por meio da justificativa do livre-arbítrio: Hitler escolheu cometer males horrendos, mas o mundo, em última análise, é um lugar melhor porque há pessoas livres do que seria se não houvesse pessoas livres no mundo. Claro que há refutações da defesa do livre-arbítrio, e estas são amplamente discutidas. Mas nossa preocupação neste capítulo é com a segunda versão do problema – às vezes, chamada de problema do mal natural.

Há desastres naturais que causam enorme sofrimento humano, como o *tsunami* que ocorreu no Japão em 2011 e levou a mais de 15 mil mortes humanas, ou o terremoto em Lisboa no Dia de Todos os Santos de 1755, que pode ter sido responsável por até 100 mil mortes. Os humanos têm refletido sobre isso ao longo de toda a história registrada, e esses são temas-padrão discutidos em aulas de filosofia. Neste livro, no entanto, visamos às questões que se encontram na intersecção entre ciência e cristianismo, portanto, neste capítulo, examinaremos uma versão do problema do mal natural que se tornou particularmente destacada desde a descoberta da idade antiga da Terra e do entendimento do papel do sofrimento no processo do desenvolvimento da vida. Não há nenhuma solução para esse problema que desfrute de amplo apoio, mas neste capítulo examinaremos algumas das respostas típicas.

> **Questões a serem abordadas neste capítulo**
>
> 1. O que é o problema do mal natural?
> 2. Quais são as respostas possíveis para esse problema?
> 3. Qual é a resposta mais pertinente?
> 4. Como a plenitude escatológica contribui para uma resposta adequada?

1. Articulação do problema

Antes de entrar na questão sobre o mal natural, precisamos reconhecer que também há beleza e bondade no mundo natural. Talvez a explicação a respeito disso cause para o ateu um problema que não é menor que o problema do mal natural para o teísta. Mas nosso tópico aqui é esse último.

Conforme as explicações evolutivas foram se tornando cada vez mais bem compreendidas, desenvolveu-se a sensação de que o sofrimento das criaturas se reflete na natureza de Deus. O próprio Darwin entendeu isso e escreveu para seu amigo americano Asa Gray: "Parece a mim que há sofrimento demais no mundo. Não consigo me convencer de que um deus benévolo e onipotente teria propositalmente criado os *Ichneumonidae* com a intenção expressa de que eles se alimentassem do corpo vivo de uma lagarta, ou que um gato brincasse com camundongos" (DARWIN PROJECT, 2016). Richard Dawkins fala sobre o lado obscuro do mundo natural:

> Durante o minuto que eu levo para compor esta frase, milhares de animais estão sendo comidos vivos; outros estão correndo para salvar a vida, choramingando de medo; outros estão sendo lentamente devorados por dentro por parasitas; milhares de todos os tipos estão morrendo de fome, sede e doenças. Tem de ser assim. Se houver um tempo de fartura, esse fato por si só levará automaticamente a um aumento na população até que o estado natural de fome e sofrimento seja restaurado (DAWKINS, 1995, 132).

Da afirmação de que o sofrimento é o estado natural, Dawkins tira sua conclusão: "o universo que observamos tem precisamente as propriedades que esperaríamos que tivesse se, no fim das contas, não houver nenhuma intencionalidade, nenhum propósito, nenhum mal e nenhum bem, nada além de cega e impiedosa indiferença" (ibid., 133). Ele parece pensar que é óbvio que um deus bom e poderoso não teria permitido que a natureza assumisse tal forma. Os cristãos têm algum modo de responder a essa situação? As tentativas de fazer isso são chamadas, de maneira geral, de teodiceia.

> **Teodiceia**
>
> Uma explicação destinada a mostrar como atributos tradicionais de Deus, como bondade e justiça, são compatíveis com a realidade de dor e sofrimento no mundo.

Como foi comentado em capítulos anteriores, não houve unanimidade entre os cristãos em relação às origens durante a maior parte da história da Igreja. Contudo, durante muitos séculos, houve uma ampla aceitação de uma narrativa tradicional da teologia cristã que traça o curso da história cósmica desde a criação passando pela queda e chegando à redenção. Considera-se geralmente que essa narrativa ofereça uma teodiceia pronta para todas as coisas ruins que encontramos no mundo hoje: Deus fez tudo perfeito e, então, todas as coisas ruins começaram depois que os seres humanos pecaram. Esse modo de argumentar está bloqueado para nós agora.

Não pode haver dúvida hoje de que o tipo de mundo natural descrito por Darwin e Dawkins em nosso cenário contemporâneo é o modo como o mundo natural foi desde muito antes que os seres humanos estivessem aqui para pecar. Talvez não seja necessário chamá-lo de "estado natural" como Dawkins faz (lembremos da terminologia do "subnatural" de Knight no capítulo 10), mas precisamos reconhecer que a história natural revela que dor, sofrimento e morte foram características constantes do processo pelo qual a vida progrediu no reino animal ao longo de sua história.

Há uns 250 milhões de anos, aconteceu o maior evento de extinção da história da Terra. Talvez uma série de enormes erupções vulcânicas tenha sido a causa (na Sibéria, há um campo de lava de quatro quilômetros de espessura e área de dois milhões e meio de quilômetros quadrados que data dessa época). Esses tipos de erupções teriam causado chuva ácida, e as cinzas na atmosfera teriam levado a uma forte queda na temperatura global. Em um espaço de 100 mil anos (um piscar de olhos no tempo geológico), quase 90% das espécies da Terra desapareceram.

O evento de extinção mais famoso é o dos dinossauros, que ocorreu há cerca de 65 milhões de anos. As rochas dessa época revelam traços de um asteroide que se chocou com a Terra – o que teria gerado enormes incêndios florestais em que milhões de animais (e, claro, plantas) teriam sido queimados vivos – e sinais de uma mudança climática considerável que levou à fome lenta e dolorosa de incontáveis animais.

A extinção é um aspecto dessa história natural que é com frequência invocado ao descrever o problema do mal natural. Pela maioria das estimativas atuais, cerca de 99% de todas as espécies que já existiram estão agora extintas. Esse fato poderia ser trazido como um argumento de desperdício extremo: todas essas espécies foram "usadas" como um meio de produzir as formas de vida atuais que temos? Se for assim, é difícil conciliar a perda imensa de muitos para o benefício de (muito) poucos.

No capítulo 9, falo do problema da extinção e do argumento em que ele se apoia na então problemática noção de essencialismo. Se não houver uma entidade correspondente à "espécie", o máximo que podemos dizer sobre a extinção é que alguns indivíduos estreitamente relacionados não conseguiram produzir descendentes viáveis. Uma resposta a essa linha de argumentação é que, quando todas as linhagens ancestrais de indivíduos estreitamente relacionados desaparecem, há algo mais que se perde além do fato de que alguns indivíduos não procriam. Ao lado da interdependência ecológica com outros organismos que poderiam sofrer com isso, podemos dizer que há um "modo de ser" no mundo que é perdido. Christopher Southgate diz: "[...] a extinção deve ser reconhecida sempre como uma perda de valor para o conjunto da biosfera. Toda uma estratégia de ser vivo no planeta, toda uma qualidade de experiência de vida é perdida quando qualquer organismo se extingue" (SOUTHGATE, 2008, 45). Poderíamos perguntar, no entanto, se "toda uma estratégia de ser" é um constructo menos artificial do que "espécie". Cada indivíduo varia ligeiramente em relação a cada outro indivíduo, e o mesmo acontece com sua experiência.

> Uma reflexão feita no século XIX sobre a dor animal
> "A universalidade da dor por todo o mundo animal, chegando até as eras mais distantes da geologia, e envolvida na própria estrutura do organismo animal, está, sem dúvida, entre os problemas mais sérios que o teísta tem de enfrentar" (ILLINGWORTH, 1890, 113).

Contudo, mesmo além das extinções, não há como contornar o lugar inelimínavel da dor e do sofrimento na luta pela vida. Há exemplos notáveis de cooperação e talvez até de altruísmo entre formas de vida (e este é um ponto ao qual retornaremos), mas a lei da selva é que o forte sobrevive à custa do fraco. Nossa existência hoje só é possível por causa da morte de inúmeras criaturas, e outras inúmeras criaturas sofrem sua vida inteira. É a história desse sofrimento e dessas mortes que constitui o problema do mal natural. Assim, o desafio para o teísta cristão é descobrir como conciliar essa realidade da ordem criada com um deus bom que declarou que a criação era boa.

2. Algumas respostas possíveis

Já vimos que não podemos mais afirmar de modo plausível que a criação começou em um estado em que nada do sofrimento que vemos hoje estava presente até a ocorrência do primeiro pecado humano. Há uma variação disso, porém, às vezes, usada pelo Criacionismo da Terra Antiga, que se preocupa em preservar o papel do pecado original como a causa de toda dor e de todo sofrimento. William Dembski diz que o pecado de Adão e Eva teve efeitos até no passado profundo da ordem criada, retroativamente:

> Assim como a morte e a ressurreição de Cristo é responsável pela salvação do povo arrependido ao longo de todo o tempo, também a Queda da humanidade no Jardim do Éden é responsável por todo o mal natural ao longo de todo o tempo (futuro, presente, passado e passado distante anterior à Queda) (DEMBSKI, 2009, 110).

Dembski deseja manter a ideia de que a criação de Deus é perfeita e que a única razão de vermos os males naturais é o pecado humano. O estudioso do Antigo Testamento Iain Provan mostra, porém, que essa afirmação encontra pouca corroboração nas passagens bíblicas em que geralmente se baseia. No Gênesis, Deus declara que a criação é "boa", mas isso não significa "perfeita" (PROVAN, 2014, 283). E o fato de os humanos serem encarregados de se multiplicar e submeter a terra antes do relato da Queda faz parecer que a criação original não era como Deus pretendia que fosse. Para Dembski, essas declarações pré-Queda devem descrever a criação ideal (ainda que não correspondam a algum tempo e lugar históricos) que é frustrada pelo pecado humano. Entretanto é teologicamente injustificável considerar isso como perfeição. Deus parece ter gostado de criar o mundo natural em um estado em que ainda havia trabalho a ser feito. Poderíamos dizer que havia "não ordem" ou incompletude que os humanos deveriam trabalhar para alinhar com a vontade de Deus. Deus deve ter tido razões para querer fazer uma parceria com a humanidade nessa obra. O pecado da humanidade – quando quer que tenha ocorrido – introduziu "desordem" na criação, o que definitivamente piorou a situação. Mas não parece haver uma razão teológica convincente para afirmar que o sofrimento infligido aos animais pela predação dos dinossauros foi resultado do pecado de Adão e Eva depois de 100 milhões de anos.

Pecado original

Na teologia cristã tradicional, pecado original é um termo que se refere tanto ao ato de desobediência de Adão e Eva no Jardim do Éden como à condição em que todos os humanos nasceram depois disso. Mesmo alguns que não interpretam literalmente a história de Adão e Eva aceitam a doutrina afirmando que, quando quer que o *Homo sapiens* tenha se tornado moralmente consciente, ele se rebelou contra

> Deus e, em consequência, pôs a humanidade em uma condição de pecado. A doutrina também desempenha um papel na teodiceia quando se afirma que, antes de os humanos terem pecado, não havia morte nem sofrimento no mundo animal. A doutrina do pecado original não é explicitamente mencionada ou desenvolvida na Bíblia, mas é parte da teologia cristã tradicional pelo menos desde Santo Agostinho no século V. Alguns cristãos hoje acham que a doutrina deveria ser abandonada ou significativamente alterada, porque se apoia em um entendimento das origens humanas que não pode mais ser cientificamente defendido.

Dembski considera que há uma enorme importância para toda a criação no que os seres humanos fazem. Se encontrarmos vida em outros planetas – talvez apenas bactérias que vivem e morrem –, devemos concluir que as mortes nesse lugar são resultado do que um casal de seres humanos na Terra fez? Tal ideia parece se unir à visão de mundo em que a Terra está no centro do universo e toda a criação serve à humanidade. Na teologia cristã, sempre deve haver espaço para um lugar especial da humanidade aos olhos de Deus. Os humanos foram criados à imagem de Deus! Mas a concepção de Dembski parece fazer com que a vocação especial da humanidade seja a ruína de toda a criação. A mensagem de Gênesis 1 parece ser, em vez disso, que a humanidade foi projetada para ser o instrumento por meio do qual a criação é cada vez mais submetida; devemos nos tornar colaboradores de Deus para curar os gemidos da ordem criada.

Dembski admite que suas conclusões são inteiramente independentes de considerações científicas. Mas sua solução para persistir no que ele chama de "teísmo clássico" e sua atribuição do mal natural ao primeiro pecado humano também parecem implausivelmente *ad hoc*. Se formos considerar a leitura clássica da história de Adão e Eva, parece incoerente invocar um tipo de causação retroativa para explicar a história natural que descobrimos. Talvez isso salve a teoria, mas, se houver respostas menos contraintuitivas, devemos examiná-las.

> C. S. Lewis sobre uma Queda pré-humana
> "A origem do sofrimento animal, para gerações anteriores, poderia ser encontrada na Queda do homem – o mundo inteiro foi infectado pela rebelião incriada de Adão. Isso agora é impossível, porque temos boas razões para acreditar que os animais existiam muito antes dos homens. O carnivorismo, com tudo o que ele envolve, é mais velho que a humanidade. Mas é impossível, neste ponto, não lembrar de uma certa história sagrada que, embora nunca incluída nos credos, foi amplamente aceita na Igreja e parece estar implícita em vários pronunciamentos dominicais, paulinos e joaninos – eu me refiro à história de que o homem não foi a primeira criatura a se rebelar contra o criador, mas que algum ser mais antigo e mais poderoso há muito tempo se tornou apóstata e é hoje o imperador das trevas e (significativamente) o Senhor deste mundo" (LEWIS, 1940, 137).

Outra hipótese é que a queda de Satanás e de seus sequazes foi responsável pela dor e pelo sofrimento encontrados na ordem natural antes do surgimento dos seres humanos. De acordo com essa visão, atribuída com frequência a C. S. Lewis, há ainda o fato de que a história natural do planeta não mostra nenhum indício de que tenha havido algum tempo livre de dor e sofrimento. Imagino que talvez pudéssemos postular que, muito rapidamente depois da criação (tão rapidamente que não teria restado nenhum traço do estado inicial), Satanás entrou em rebelião e causou a deterioração do mundo natural (terremotos, predação etc.). Contudo, novamente, estamos recorrendo a soluções seriamente *ad hoc* quando poderia haver abordagens melhores. Se, em vez disso, for postulado que a Queda cósmica aconteceu antes do início da criação, ainda podemos perguntar por que Deus seguiu em frente e criou o mundo natural em um estado "caído". Qualquer resposta a essa pergunta precisaria afirmar que é melhor existir uma ordem criada caída do que não haver nenhuma; mas essa resposta seria igualmente aplicável se perguntássemos por que o mundo natural está na situação em que se encontra mesmo sem que houvesse ocorrido nenhuma queda cósmica. Assim, a opção da queda cósmica acaba não ajudando muito.

Outra das hipóteses para lidar com a questão do mal natural é o que é chamado de teísmo cético. O ceticismo em questão não é relacionado à existência de Deus, como a denominação poderia levar a imaginar. É a ideia de que devemos ser céticos quanto à nossa capacidade de discernir e entender as razões que Deus poderia ter para permitir os males que vemos no mundo. Mais especificamente, o teísta cético afirma que nossa incapacidade de encontrar boas razões para que haja o tipo e a quantidade de mal que há no mundo não mostra que Deus não tem boas razões para permitir esse mal. A intuição básica aqui é que nossa mente finita não é adequada para sondar as profundezas da mente infinita de Deus e as razões que Deus poderia ter para criar o mundo do jeito que ele é.

Certamente há alguma verdade na afirmação de que nós, mortais com mente finita, não podemos compreender todos os caminhos de Deus. Haverá um ponto em que caímos em nossa incapacidade de entender plenamente por que Deus, por exemplo, construiu o mundo para funcionar do modo como funciona. Mas há consequências perturbadoras em levar esse teísmo cético até o grau necessário para responder por completo ao problema do mal natural. Primeiro, se nosso conhecimento sobre Deus é tão precário que não conseguimos nem começar a ver quais razões Deus poderia ter para permitir o mal, então parece que nosso conhecimento positivo sobre Deus também deve ser drasticamente limitado. Não somos capazes de saber nada sobre Deus? Segundo, se o teísmo cético for verdadeiro, podemos confiar em alguma de nossas afirmações de conhecimento moral? O teísta cético declara para qualquer caso de mal natural que, até onde sabemos, poderia haver razões para esse caso ser, na verdade, uma coisa boa (ou, pelo menos, melhor do que a alternativa). Isso parece derrubar nossa capacidade de fazer qualquer tipo de julgamento moral de que as coisas não deveriam ser do jeito como as encontramos.

Além dessas considerações contra o teísmo cético, há também a intuição comum de que deveríamos ser capazes de oferecer algo mais em termos de razões para que o mundo seja do jeito que é. Na próxima seção, portanto, examinaremos uma abordagem do mal natural que busca fazer isso.

3. Uma teodiceia mais robusta

Retomando a questão, estamos examinando respostas para a afirmação de que o sofrimento e a dor de indivíduos neste mundo criado põem em questão a bondade de Deus. Um modo possível de responder é reconhecer que Deus (se houver um Deus) não deve ser bom. Essa não é uma opção para os cristãos que desejam manter a doutrina tradicional de que Deus é totalmente bom e totalmente merecedor de culto. Não há como contornar o fato, porém, de que nossa atitude em relação à ordem criada é legitimamente ambivalente – não no sentido de não nos importarmos, mas no sentido de ser genuinamente conflitante. A ordem criada é sublime e é assustadora. O próprio Darwin exibe essa ambivalência nesta passagem frequentemente citada de *A origem das espécies*:

> Assim, da guerra da natureza, da fome e da morte, o objeto mais exaltado que somos capazes de conceber, ou seja, a produção dos animais superiores, resulta diretamente. Há grandiosidade nessa ideia de que a vida, com seus diversos poderes, tenha sido originalmente soprada em umas poucas formas ou em uma única; e em que, enquanto este planeta continua a girar de acordo com a lei fixa da gravidade, de um início tão simples infindáveis formas tão belas e tão maravilhosas tenham evoluído e continuem a evoluir (DARWIN, 1936, 374).

A guerra da natureza e da grandiosidade. Podemos conciliá-las com o conceito tradicional de Deus? É preciso admitir que não existe uma resposta fácil para essa questão. E nenhuma resposta satisfatória terá um foco único. Em vez disso, ela terá de fazer uso de vários *insights* diferentes e funcionar como um caso cumulativo.

Um desses *insights* é o que, às vezes, se chama de solução do "único caminho". Na versão do problema do mal natural que lida com atrocidades cometidas por humanos, a defesa do livre-arbítrio poderia ser categorizada como uma solução de "único caminho". A explicação é que, se Deus pretendia que os seres humanos pudessem escolher livremente por si mesmos, o único caminho para que eles escolhessem livremente o bem era aceitar a possibilidade de que eles pudessem escolher o mal. Pode haver um análogo dessa resposta para o problema do mal natural, e ele se apoia em outro *insight* essencial desse caso cumulativo, ou seja, que há bens maiores a serem considerados. O livre-arbítrio é considerado um bem maior que supera os males causados por seu mau uso. Para a questão do mal natural, quais seriam esses bens maiores que justificam a dor e o sofrimento no mundo natural?

Primeiro, poderíamos apontar para a própria possibilidade da vida. A vida biológica requer um ambiente dinâmico, e os tipos de sistemas que dão origem a esse dinamismo são os mesmos sistemas que originam terremotos, furacões e tornados. Serão esses tipos de desastres naturais que causam tanto sofrimento no mundo natural (incluindo os humanos, mas não limitado a eles) o único caminho para obter o bem maior da vida em nosso planeta? Possivelmente.

Além disso, há outros bens, talvez mais sutis, a que o desenvolvimento evolutivo da vida dá origem e que estariam ausentes em um tipo diferente de mundo. Se Deus é bom e merecedor de culto, e se o mundo foi criado em um estado imperfeito, é difícil escapar da implicação de que a transformação do caos em ordem é boa aos olhos de Deus. Caso contrário, esperaríamos que Deus criasse as coisas em uma forma final e perfeita em vez de criar ao longo do tempo. Até mesmo a posição do Criacionismo da Terra Jovem emperra aqui quando perguntamos por que Deus levou sete dias para fazer o que poderia ter feito instantaneamente. Deus parece gostar do processo em si – e quanto mais em vastos períodos de tempo em vez de apenas uma semana! Deus não parece estar com pressa; em vez disso, ele extrai pacientemente a ordem do caos. Afirmar qualquer outra coisa é um convite à pergunta sobre por que Deus nem sequer se importou em criar esta ordem de coisas em vez de simplesmente começar pelo céu.

Teodiceia da formação da alma

Ireneu de Lyon (morto c. 202) recebe, com frequência, o crédito por desenvolver a teodiceia da formação da alma, de acordo com a qual Deus permitiu o mal e o sofrimento no mundo como um modo de promover o desenvolvimento moral dos seres humanos. No século XX, o principal proponente da teodiceia da formação da alma foi o filósofo John Hick (1922-2012). A ideia básica é de que os humanos não podem ser criados como seres moralmente maduros e de que precisam se desenvolver até esse estado fazendo escolhas livres em resposta aos encontros com o mal.

Fig. 12.1 – Ireneu de Lyon.
Fonte da ilustração: <https://commons.wikimedia.org/wiki/File:Saint_Irenaeus.jpg>.

Isso nos leva a outro aspecto da resposta sobre o único caminho/bem maior: talvez a luta evolutiva seja o único caminho para desenvolver seres morais e sencientes como nós. Pode-se argumentar que a maturidade moral é uma qualidade que precisa ser desenvolvida por meio da tomada de decisões morais. Deus não pode criar criaturas moralmente maduras do mesmo modo como não pôde criar seres livres que fossem incapazes de pecado. Em vez disso, este mundo proporciona a oportunidade para a "formação da alma". O filósofo cristão Chad Meister concorda quando afirma que "a maturidade moral requer que os agentes estejam envolvidos em sua própria formação moral por meio do processo (com frequência árduo) de tomada de decisões morais" (MEISTER, 2013, 214). Mas, para que se tomem decisões morais genuínas, é preciso que haja um ambiente desafiador em que os seres estejam sujeitos aos tipos de males naturais que forçam decisões difíceis. Quando confrontadas com tais situações, as criaturas optam por sua própria preservação egoísta em vez de fazer o que é certo e bom? Até pouco tempo atrás, ninguém que estudasse a história evolutiva sequer consideraria essa dúvida. Hoje, no entanto, há cada vez mais biólogos evolucionistas interessando-se pelo papel da cooperação e mesmo do altruísmo na história do desenvolvimento de formas animais mais complexas (ver, por exemplo, DEANE-DRUMMOND, 2014; COAKLEY, 2016; e CLAYTON e SCHLOSS, 2004). Nesse sentido, o sofrimento é um catalisador para bens maiores, mas não de uma forma instrumental crua. O sofrimento e a dor são, em um sentido, constitutivos do bem maior da formação moral.

Se essa linha de raciocínio for justificada, poderemos questionar se gostaríamos de uma história do mundo destituída dos tipos de males naturais abordados neste capítulo. Não precisamos nos forçar a pensar que o mal seja bom, mas parece que Deus estruturou as coisas de modo que nos leve a acreditar que o bem deriva do mal – e também os tipos de bens que não poderiam existir de nenhum outro modo. Patricia Williams desenvolveu esse argumento concluindo com esta declaração surpreendente:

> A fonte do mal não é um oponente divino de Deus. A fonte do mal não é nem o pecado humano. Em vez disso, as fontes do mal encontram-se em atributos tão valiosos que nem pensaríamos em eliminá-los a fim de erradicar o mal. Presumivelmente, nem Deus pensaria (WILLIAMS, 2001, 139).

Esse sentimento não é um afastamento da teologia cristã clássica. Aquino disse: "como Deus, portanto, provê universalmente para todos os seres, pertence à sua providência permitir certos defeitos em efeitos particulares, para que o bem perfeito do universo não seja impedido, pois, se todo o mal fosse evitado, muito bem estaria ausente do universo" (*Summa Theologica* 1.42.a.2; AQUINO, 2016).

Alguns poderiam responder a tudo isso dizendo: "Ok, essas são algumas possibilidades teóricas interessantes para se considerar sobre o tipo de mundo em que vivemos e sobre como conciliá-lo com a fé em um Deus bom. Mas ainda restam os casos dos incontáveis indivíduos neste mundo – muitos dos quais eram conscientes – que sofreram e morreram sem chegar nem perto da vida plena que era pretendida para eles". Essa verdade inescapável nos força a refletir sobre mais um elemento da teodiceia.

4. Plenitude escatológica

O foco nos organismos individuais que sofreram e morreram sem chegar nem perto da plenitude da vida leva alguns pensadores cristãos a afirmar que pode haver recompensas eternas para animais. Keith Ward afirma: "A imortalidade, para animais assim como para humanos, é uma condição necessária de qualquer teodiceia aceitável" (WARD, 1982, 201). Essa não é apenas uma inovação pós-darwiniana na teologia cristã. O fundador do metodismo no século XVIII, John Wesley, também achava que devia haver um lugar para animais não humanos na vida após a morte.

> Isso não pode responder a outra finalidade, ou seja, nos fornecer uma resposta completa para uma objeção plausível contra a justiça de Deus, no sofrimento de inúmeras criaturas que nunca pecaram para ser tão severamente castigadas? Elas não poderiam pecar, pois não eram agentes morais. No entanto, como sofrem cruelmente! – sim, muitas delas, animais de carga em particular, quase todo o tempo de sua morada na Terra; de modo que eles não podem ter nenhuma retribuição aqui embaixo. Mas a objeção desaparece se considerarmos que algo melhor permanece após a morte para essas criaturas também; que estas um dia serão igualmente libertadas da escravidão da corrupção e receberão, então, ampla reparação por todos os seus sofrimentos presentes (WESLEY, 1998, 251).

Esse é o mesmo tipo de preocupação que o grande filósofo Immanuel Kant, do século XVIII, demonstrou ao afirmar que é necessário que haja uma vida depois da morte para que todas as injustiças sejam reparadas. Isso é impelido pelo nosso senso de justiça. Poderíamos perguntar, no entanto, se nosso senso de justiça é um guia confiável para essas coisas. Precisamos pelo menos considerar a resposta dada a Jó quando ele (com razão, para nós) reclamou para Deus que havia sido tratado injustamente: "Quem é este que entenebrece o desígnio divino, com palavras vazias de conhecimento?" (Jó 38,2). Talvez nossa perspectiva limitada requeira uma dose mais forte de humildade.

Há outra questão que devemos mencionar em relação à plenitude escatológica de animais: nosso foco é frequentemente limitado às vítimas – aqueles animais que estão num nível mais baixo na cadeia alimentar. Eles foram privados de vidas boas e longas por terem sido comidos por predadores. Mas e quanto à plenitude da vida dos predadores? Muitos deles foram privados de vidas boas e longas de acordo com seu tipo por não terem encontrado presas para comer. A lenta morte causada pela fome em uma chita que não foi suficientemente rápida para pegar a gazela é tanto parte do drama evolutivo quanto o é o sofrimento da gazela que não foi rápida o bastante para escapar. A dificuldade surge quando perguntamos que tipo de plenitude o predador terá na vida após a morte. Haverá um suprimento infinito de presas para ele caçar e devorar? Isso não parece resolver o problema.

Há uma imagem evocativa de Isaías sobre o Reino de Deus:

> O lobo mora com o cordeiro,
> a pantera mora com o cabrito,
> novilho e leãozinho pastam juntos,
> sob a guarda de uma criancinha.
> A vaca e a ursa têm amizade,
> seus filhotes repousam juntos.
> O leão come palha como o boi (Is 11,6-7).

Essa passagem parece sugerir que a plenitude do predador pode assumir uma forma de vida significativamente diferente da que ele experimenta aqui e agora. Ou seria possível afirmar que, no fim dos tempos, Deus pode arrumar um jeito de os predadores encontrarem sua plenitude caçando presas sem que haja vítimas que sejam privadas de sua vida plena. Mas, se Deus pode fazer isso no fim dos tempos, nós nos perguntamos por que não pode fazê-lo aqui e agora. Tais perguntas nos empurram para o domínio da especulação. Encerramos este livro, na conclusão, avançando um pouco mais dentro desse domínio e examinando o tópico da escatologia de modo mais amplo.

Resumo dos pontos principais

1. Os teístas cristãos precisam, de algum modo, conciliar a realidade da dor e do sofrimento no mundo natural com um Deus bom que criou as coisas dessa maneira.
2. Causação retroativa do pecado humano, uma Queda cósmica de Satanás e teísmo cético são tentativas não convincentes de explicar o mal natural.
3. Os argumentos do "único caminho" e do "bem maior", junto a considerações sobre a formação da alma, proporcionam uma resposta mais plausível para o problema do mal natural.
4. O problema da dor e do sofrimento na vida senciente será mitigado se todos esses seres tiverem a possibilidade de alcançar a plenitude depois de sua morte.

Leituras adicionais

- COAKLEY, Sarah. *Sacrifice Regained: Evolution, Cooperation and God.* Oxford: Oxford University Press, 2016. Suas *Gifford Lectures* de 2012, examinando o papel desempenhado pela cooperação no desenvolvimento de nosso senso moral.
- FRETHEIM, Terence E. *Creation Untamed: The Bible, God, and Natural Disasters.* Grand Rapids: Baker Academic, 2010. Expõe a forma como uma leitura cuidadosa dos textos da Bíblia sobre a criação derruba a ideia de que os males naturais são julgamentos de Deus.
- SOUTHGATE, Christopher. *The Groaning of Creation: God, Evolution, and the Problem of Evil.* Louisville: Westminster John Knox Press, 2008. Oferece uma teodiceia de caso cumulativo que faz uso de diferentes respostas tradicionais para o mal natural.

Referências bibliográficas

AQUINAS, Thomas. "Summa Theologica", 2016. In: *Christian Classics Ethereal Library.* Disponível em: <http://www.ccel.org/ccel/aquinas/summa.toc.html>. Acesso em: 17 fev. 2016.

CLAYTON, Philip; SCHLOSS, Jeffrey. *Evolution and Ethics: Human Morality in Biological and Religion Perspective.* Grand Rapids: Eerdmans, 2004.

COAKLEY, Sarah. *Sacrifice Regained: Evolution, Cooperation and God.* Oxford: Oxford University Press, 2016.

DARWIN, Charles. *The Origin of Species.* Nova York: The Modern Library, 1936.

DARWIN PROJECT. "Letter to Asa Gray (May 22)", 2016. Disponível em: <http://www.darwinproject.ac.uk/entry-2814>. Acesso em: 17 fev. 2016.

DAWKINS, Richard. *River out of Eden: A Darwinian View.* Nova York: Basic Books, 1995.

DEANE-DRUMMOND, Celia. *The Wisdom of the Liminal: Evolution and Other Animals in Human Becoming.* Grand Rapids: Eerdmans, 2014.

DEMBSKI, William A. *The End of Christianity: Finding a Good God in an Evil World.* Nashville: B&H Publishing Group, 2009.

ILLINGWORTH, J. R. "The Problem of Pain: Its Bearing on Faith in God". In: *Lux Mundi: A Series of Studies in the Religion of the Incarnation.* GORE, Charles (org.). Londres: John Murray, 1890.

LEWIS, C. S. *The Problem of Pain.* San Francisco: HarperSanFrancisco, 1996.

MEISTER, Chad. "God and Evil". In: *Debating Christian Theism.* MORELAND, J. P.; MEISTER, Chad; SWEIS, Khaldoun (org.). Oxford: Oxford University Press, 2013.

PROVAN, Iain. *Seriously Dangerous Religion: What the Old Testament Really Says and Why It Matters.* Waco: Baylor University Press, 2014.

SOUTHGATE, Christopher. *The Groaning of Creation: God, Evolution, and the Problem of Evil.* Louisville: Westminster John Knox Press, 2008.

WARD, Keith. *Rational Theology and the Creativity of God.* Nova York: Pilgrim, 1982.

WESLEY, John. "The General Deliverance". In: *The Works of John Wesley.* Grand Rapids: Baker Books, ³1998, v. 6.

WILLIAMS, Patricia. *Doing without Adam and Eve: Sociobiology and Original Sin.* Minneapolis: Augsburg Fortress Publishers, 2001.

CONCLUSÃO
As últimas coisas

Concluo este livro com alguns breves pensamentos sobre o fim de todas as coisas. Escatologia é o estudo das últimas coisas em teologia e, pela maior parte da história do cristianismo, a doutrina cristã esteve em alguma tensão com a visão científica do mundo natural como eterno. A teologia cristã em geral afirma que uma ordem diferente de coisas está por vir. O apóstolo Paulo disse: "Somos os mais miseráveis dos homens se é somente para esta vida que esperamos em Cristo" (1Cor 15,19). Essa nova realidade não é apenas para indivíduos (conforme discutido no capítulo 12), mas para toda a ordem criada. Antes do século XX, porém, parecia para os cientistas que a ordem criada duraria indefinidamente. Hoje, temos uma compreensão diferente das coisas.

Por exemplo, os cientistas atuais entendem muito bem o funcionamento do Sol. Ele não é eterno. Ele já consumiu cerca de metade de seu combustível de hidrogênio e só tem o suficiente para queimar por mais uns cinco bilhões de anos. Depois disso, ele se tornará uma gigante vermelha e sua superfície se expandirá até além da superfície de Marte. Isso significa que a nossa Terra está aproximadamente no meio de sua vida, uma vez que foi formada há cerca de quatro bilhões e meio de anos. Portanto, talvez devêssemos começar a pensar na morte final de nosso lar. Nossos descendentes terão de encontrar um novo lugar para viver (e desenvolver a tecnologia que possa levá-los para lá). Mas mesmo isso será um arranjo temporário.

Haverá outras estrelas, e os primeiros resultados da busca por exoplanetas semelhantes à Terra sugere que muitas dessas estrelas podem ser orbitadas por planetas habitáveis. Assim, em teoria, nossos descendentes poderiam migrar para um novo lar (como nossos ancestrais fizeram tantas vezes). Mas mesmo esse processo não pode continuar para sempre neste universo. Estrelas vão parar de se formar em nossa galáxia depois de 40 bilhões ou 50 bilhões de anos, e outras galáxias estarão tão distantes depois de outros 100 bilhões de anos que sua luz nunca chegará até nós. E então, pior de tudo, em 10^{31} anos (10 trilhões de bilhões de bilhões de anos), todos os prótons e nêutrons decairão, destruindo todos os traços de qualquer coisa que já tenha existido (RUSSELL, 2012, 545).

A conclusão disso é que nosso universo físico está fadado à ruína. Como conciliamos isso com a teologia cristã? Philip Clayton afirma: "A ideia de uma esperança depois da morte e de um fim que cumpra a história como um todo é tão intrínseca à tradição cristã quanto é estranha ao projeto da ciência" (CLAYTON, 2005, 134). A questão para o cristão que acredita nessa plenitude futura tem a ver especialmente com a continuidade que se espera que persista entre a ordem criada e o que está por vir. Encerro o livro com este tópico não apenas porque é adequado que o último capítulo seja sobre as últimas coisas, mas porque pode haver um ponto de síntese aqui para compreender as abordagens mais gerais da relação entre ciência e teologia. Ou seja, o modo como respondemos à questão da relação entre esta ordem das coisas e a que está por vir pode ser indicativo de nossas intuições sobre ciência e teologia.

Três entendimentos das últimas coisas

Para uma vertente da teologia, a história científica do futuro do universo não apresenta absolutamente nenhuma dificuldade. De acordo com ela, o mundo futuro é inteiramente distinto do presente. Ele se origina de um segundo ato de *creatio ex nihilo* e não tem nenhuma relação com a ordem presente das coisas. Essa visão é com frequência combinada com a teologia do arrebatamento, de acordo com a qual os cristãos serão arrancados deste mundo para um céu imaterial e tudo o que restar aqui será destruído. Nesse caso, o mundo natural de hoje não é importante para o grande esquema das coisas. Por exemplo, Mark Driscoll, ex-pastor de uma grande e influente igreja em Seattle, teria dito em uma grande conferência: "Eu sei quem fez o meio ambiente. Ele vai voltar e vai queimar tudo. Então, sim, eu dirijo um SUV" (RELIGION NEWS SERVICE, 2015). Driscoll depois afirmou que foi uma piada, mas, mesmo que tenha sido, sintetiza uma concepção cristã proeminente. Essa concepção diz, essencialmente, que a teologia passa a ciência para trás, ou pelo menos que a ciência é irrelevante para uma doutrina da escatologia adequada. Não importa o que os cientistas dizem sobre o destino do mundo (ou de qualquer outra coisa). Esses cristãos têm suas doutrinas e tradições que lhes dizem tudo o que eles precisam saber sobre as coisas eternas que realmente importam; tudo o mais é apenas temporário. Tal visão incentiva uma desconfiança profunda da ciência e marginaliza o pensamento religioso.

Uma segunda opção para entender a relação entre este mundo e o próximo é a existência continuada. De acordo com essa visão, não há outro mundo. Se é possível dizer que Deus criará um novo céu e uma nova Terra, é apenas por meio do processo de *creatio continua* – os processos confiáveis de acordo com os quais a natureza opera agora. A única escatologia é a cosmologia científica. Aqui, a ciência passa a teologia para trás, ou pelo menos força a teologia a alterar radicalmente suas ideias sobre escatologia. Antes que as evidências do fim do universo fossem tão convincentes quanto são hoje, o teólogo John Macquarrie afirmou: "Se fosse mostrado que o universo está de fato se encaminhando para uma morte completa, isso talvez constituísse um estado de coisas tão negativo que talvez se pudesse dizer que falsificasse a fé cristã e abolisse a esperança cristã" (MACQUARRIE, 1977, 356). Tal afirmação só poderia ser feita sob o pressuposto de que Deus não terá nenhuma outra função no funcionamento do universo a não ser a de preservar o caminho em que ele está agora. As leis da natureza como as entendemos hoje governarão o futuro de todas as coisas.

Algumas tentativas de relacionar essa visão a ideias cristãs sobre escatologia são encontradas na obra da teóloga Kathryn Tanner. Ela examina as implicações da escatologia para um mundo sem um futuro, afirmando que isso está na mesma linha do trabalho teológico de Aquino e de outros para entender a criação quando a melhor ciência considerava que o mundo natural tivesse existência eterna no passado (ver capítulo 1). Em sua opinião, a escatologia perde sua orientação predominantemente para o futuro. A vida eterna é uma qualidade de vida que deve ser entendida "espacialmente" como vida em Deus, e não temporalmente como uma existência continuada por todo o tempo (TANNER, 2000, 229-230). Quer isso faça ou não justiça à esperança dos cristãos, parece indicar que a direção da influência entre ciência e teologia é quase exclusivamente da primeira para a segunda.

Uma última resposta cristã ao dilema da escatologia científica é tipificada por John Polkinghorne e sua defesa da *creatio ex vetere* de Deus, ou criação a partir do antigo (POLKINGHORNE, 1994, 167). De acordo com essa visão, há uma continuidade entre esta ordem das coisas e a que está por vir (como no modelo da *creatio continua*); mas há também algo novo que acontece (como no modelo da *creatio ex nihilo*). A ressurreição de Cristo é o exemplo a ser usado: o corpo de Cristo foi sujeito às leis da natureza quando sofreu a morte, no entanto sua existência ressuscitada estava em continuidade com o que veio antes – seu corpo não foi encontrado no sepulcro. Houve uma transformação do velho em algo novo. Poderia o mesmo acontecer com o cosmo de forma geral? Também por analogia com Cristo, não há expectativa de que a existência física deva completar seu curso natural antes de ser transformada em alguma outra coisa (Cristo morreu antes do que teria sido o fim natural de sua vida). Ou seja, Deus poderia criar o novo céu e a nova Terra antes que o universo completasse seu curso natural até a aniquilação total. Mas, também por analogia com Cristo, algum desenvolvimento da ordem presente das coisas é necessário antes que esta seja transformada (se Jesus tivesse morrido ainda bebê, seria difícil ver como ele teria sido transformado no Cristo ressuscitado). Talvez o cosmo precise se desenvolver até um determinado estado de maturidade antes de poder ser transformado na nova ordem das coisas.

Pode-se dizer que tudo isso é necessariamente especulativo, mas esta ideia reconhece a importância do que acontece aqui e agora; no entanto, não limita as possibilidades futuras ao potencial da matéria como a entendemos hoje. Traz também a possibilidade de mostrar como ciência e tecnologia podem entrar em uma conversa mais construtiva. Consideremos a especulação teológica cientificamente informada a seguir.

O quarto *big bang*?

Holmes Rolston III escreveu um livro curto e estimulante chamado *Three Big Bangs* (2010). Os três *big bangs* são momentos na história do universo em que a ontologia (o que existe) mudou. O primeiro é o desenvolvimento do nada para a existência de matéria-energia. Isso é comumente conhecido como *big bang* há cerca de 14 bilhões de anos. O segundo foi quando parte dessa matéria se transformou em vida. Por meio de tudo o que sabemos até hoje, podemos concluir que há uma fração extremamente pequena da matéria do universo que fez essa transição, que aconteceu aqui na Terra há 3 bilhões ou 4 bilhões de anos. O terceiro *big bang* foi quando parte dessa vida (novamente, uma pequena fração dela) desenvolveu consciência ou mente. Ainda não temos um entendimento claro de que esta possa ou não ser atribuída a outros animais além de nós, nem podemos precisar um momento em nosso próprio desenvolvimento evolutivo que separe os autoconscientes dos animais irracionais. Mas não há como negar a diferença qualitativa entre formas de vida autoconscientes como nós e vidas como as de bactérias, árvores ou insetos.

A mente depende da vida assim como a vida depende da matéria-energia, no entanto esses níveis mais elevados não podem ser reduzidos aos mais baixos. Essa relação é frequentemente chamada de relação de "emergência", e talvez nos ofereça uma forma de pensar sobre a escatologia em que ciência e teologia cristã estejam engajadas em um diálogo direto e produtivo.

No final de seu livro, Rolston introduz o "espírito" como outra categoria que pode ser necessária para dar uma explicação definitiva para a pessoalidade complexa que encontramos no mundo de hoje – distinta de animais meramente conscientes, como cachorros, chimpanzés e nossos ancestrais pré-históricos (ROLSTON, 2010, 114). Eu me pergunto, porém, se não poderíamos falar do espírito como uma espécie de quarto *big bang* – aquele que emerge da existência consciente para um novo tipo de ser. Há ressonâncias óbvias disso com a teologia cristã tradicional no Evangelho de João: é preciso "nascer [...] do Espírito" (Jo 3,5-6); e isso pode ser visto na primeira carta de Paulo aos coríntios quando ele faz uma distinção entre o corpo natural ou físico, de um lado, e o corpo espiritual, de outro (1Cor 15,44). De acordo com essa visão, a ressurreição de Cristo torna-se "as primícias" desse quarto *big bang* (talvez prefigurada por sua transfiguração em Mt 17).

Em linguagem teológica, poderíamos ver cada um dos *big bangs* como um ato de *creatio ex vetere*. Alguns cristãos mantêm a esperança de que nenhuma explicação científica será produzida para essas transições e, assim, afirmam que elas são casos de intervenção direta de Deus. Também parece possível, porém, que explicações científicas possam ser desenvolvidas sem oferecer uma redução completa, preservando, dessa maneira, a realidade emergente como um tipo genuinamente novo de existência. Isso não significaria que temos de importar explicações sobrenaturais para a ciência, mas poderia mostrar as limitações de nosso entendimento científico atual. Do mesmo modo que nosso entendimento atual das leis da natureza não poderia prever a ressurreição de Cristo, ele também não pode prever como seria um futuro estado eterno do cosmo e de sua matéria-energia. Isso, no entanto, não exclui a possibilidade racional de que cristãos cientificamente informados possam ter esperança desse estado futuro. Se ele vier a se realizar, isso não indicaria o fim da ciência. Parece mais coerente para os cristãos acreditar que o *creatio ex vetere* do espírito por Deus será pelo menos tão sujeitável a um estudo sistemático quanto a vida e a consciência o são. Talvez, no fim dos tempos, a ciência venha a florescer como nunca antes, trabalhando para nos levar a compreender as verdadeiras leis da natureza e não apenas aquelas do que Christopher Knight chama de nosso estado "subnatural" atual (KNIGHT, 2007, 95).

O leitor perspicaz terá observado que eu não mantive minha opinião muito bem escondida neste capítulo de conclusão. Não me parece que os modelos de *creatio ex nihilo* ou *creatio continua* tenham muito a oferecer para a escatologia. Não vejo como os cristãos podem pensar de modo coerente que o que está por vir será completamente diferente ou apenas uma extensão contínua do que é agora. Os que defendem a primeira opção não veem nenhuma relação entre suas crenças religiosas e o mundo criado, e os que defendem a segunda despem a teologia até que não reste praticamente nada além de algum tipo de impulso religioso geral. Como estamos examinando aqui a intersecção entre a ciência e o cristianismo em particular, parece que *creatio ex vetere* é a atitude apropriada para o que a teologia cristã afirma sobre o futuro. Esse é o modelo para a doutrina mais definidora do cristianismo: a ressurreição – e não apenas uma ressurreição que revive os mortos, mas que os transforma em algo diferente. Se a história do universo for uma pista, poderemos esperar que surja uma ordem do ser diferente que transcenda nossa consciência atual assim como a consciência transcende a vida. Pelo menos, essa é a esperança dos cristãos.

Conclusão

Por fim, parece-me que a abordagem da *creatio ex vetere* para a escatologia é uma indicação do caminho mais produtivo a ser seguido pela ciência e pelo cristianismo em geral. Sempre haverá cristãos que temerão que as descobertas científicas ameacem a integridade de sua fé e, por isso, se recolherão em um sistema fechado de ciência alternativa. E haverá outros que serão persuadidos pelo cientificismo de que a crença religiosa é uma ameaça para o mundo moderno que deva ser expurgada. As pessoas que creem nessas abordagens estão convencidas de que a teologia leva a melhor sobre a ciência, ou que a ciência leva a melhor sobre a teologia. Em vez disso, recomendo uma conversa entre as duas sem préjulgamentos do rumo que essa conversa poderia tomar. Espero que os capítulos deste livro tenham proporcionado alguns recursos para a busca dessa conversa.

Referências bibliográficas

CLAYTON, Philip. "Eschatology as Metaphysics under the Guise of Hope". In: *World without End: Essays in Honor of Marjorie Suchocki*. BRACKEN, Joseph (org.) Grand Rapids: Eerdmans, 2005.

KNIGHT, Christopher C. *The God of Nature: Incarnation and Contemporary Science*. Minneapolis: Fortress Press, 2007.

MACQUARRIE, John. *Principles of Christian Theology*. Nova York: Charles Scribner's Sons, ²1977.

POLKINGHORNE, John. *The Faith of a Physicist: Reflections from a Bottom-Up Thinker*. Princeton: Princeton University Press, 1994.

RELIGION NEWS SERVICE. "Is Mark Driscoll this Generation's Pat Robertson?", 2015. Disponível em: <http://jonathanmerritt.religionnews.com/2013/05/13/is-mark-driscoll-this-generations-pat-robertson/>. Acesso em: 17 fev. 2016.

ROLSTON III, Holmes. *Three Big Bangs: Matter-Energy, Life, Mind.* Nova York: Columbia University Press, 2010.

RUSSELL, Robert J. "Eschatology in Science and Theology". In: *The Blackwell Companion to Science and Christianity.* STUMP, J. B.; PADGETT, Alan G. (org.). Malden: Wiley-Blackwell, 2012.

TANNER, Kathryn. "Eschatology without a Future". In: *The End of the World and the Ends of God.* POLKINGHORNE, John; WELKER, Michael (org.). Harrisburg: Trinity Press International, 2000.

Linha do tempo das personalidades históricas mencionadas

Platão	c. 429-347 a.C.
Aristóteles	384-322 a.C.
Fílon	c. 15 a.C.-50 d.C.
Paulo de Tarso	c. 5 d.C.-66
Justino Mártir	c. 100-165
Ptolomeu	c. 100-170
Ireneu	- 202
Clemente de Alexandria	c. 150-215
Tertuliano	c. 160-230
Orígenes	c. 185-254
Apolinário de Laodiceia	310-390
João Crisóstomo	347-407
Agostinho	354-430
João Cassiano	c. 360-435
Anselmo de Cantuária	1033-1109
Al-Ghazâlî	c. 1055-1111
Averróis (ibn-Rushd)	1126-1198
Roger Bacon	c. 1220-1292
Tomás de Aquino	1225-1274
Estêvão Tempier	- 1279
Siger de Brabant	c. 1240-1284

Guilherme de Ockham	*c.* 1287-1347
Martinho Lutero	1483-1546
João Calvino	1509-1564
William Perkins	1558-1602
Galileu Galilei	1564-1642
Johannes Kepler	1571-1630
James Ussher	1581-1656
René Descartes	1596-1650
Robert Boyle	1627-1691
John Locke	1632-1704
Isaac Newton	1642-1727
Samuel Clarke	1675-1729
John Wesley	1703-1791
David Hume	1711-1776
William Paley	1743-1805
Pierre-Simon Laplace	1749-1827
Auguste Comte	1798-1857
Samuel Wilberforce	1805-1873
Charles Darwin	1809-1882
John William Draper	1811-1882
Ellen White	1827-1915
Andrew Dickson White	1832-1918
Aubrey Moore	1848-1890
Clarence Darrow	1857-1938
William Jennings Bryan	1860-1925
Pierre Duhem	1861-1916
Alfred North Whitehead	1861-1947
Max Weber	1864-1920
James Leuba	1867-1946
George McCready Price	1870-1963
Bertrand Russell	1872-1970
Pio XII	1876-1958
Albert Einstein	1879-1955

Rudolf Bultmann	1884-1976
Karl Barth	1886-1968
Edwin Hubble	1889-1953
Georges Lemaître	1894-1966
C. S. Lewis	1898-1963
Joseph Needham	1900-1995
George Gamow	1904-1968
Reijer Hooykaas	1906-1994
Willard Van Orman Quine	1908-2000
Robert Merton	1910-2003
Bernard Ramm	1916-1992
Henry Morris	1916-2006
João Paulo II	1920-2005
Thomas Kuhn	1922-1996
Ian Barbour	1923-2013
Arthur Peacocke	1924-2006
John Polkinghorne	1930-

Glossário

Ação divina – Tópico na teologia e na filosofia que tenta busca entender a relação entre as atividades de Deus e o mundo natural.

Ação divina objetiva não intervencionista (Non-interventionist Objective Divine Action [NIODA]) – Termo criado por Robert Russell para definir conceitos que aceitam que Deus faz uma diferença nos eventos do mundo natural sem passar por cima das leis naturais.

Ajuste fino – Reconhecimento de que muitas das características do universo parecem ter sido projetadas especificamente para gerar a vida.

Altruísmo – Consideração não egoísta pelo bem-estar dos outros.

Ancestralidade comum – A teoria de que toda a vida na Terra descende de uma única fonte.

Apolinarianismo – Doutrina que enfatiza a unidade das naturezas humana e divina de Cristo.

Argumento cosmológico – Grupo de argumentos para a existência de Deus que recorre a fatos sobre causação, mudança ou contingência da existência e conclui que um ser necessário deve existir.

Argumento da negligência – Argumento contra a intervenção miraculosa baseado na observação de que há muitos casos em que esperaríamos que um deus amoroso interviesse; como Deus não intervém nesses casos, conclui-se que Deus não quer ou não pode intervir na ordem natural.

Argumento do *design* – Argumentos que recorrem à aparência observada de ordem ou propósito de objetos ou processos naturais e concluem que Deus deve ter intervindo no mundo natural para fazê-lo do jeito que ele é.

Argumento ontológico – Argumento que tenta provar a existência de Deus partindo simplesmente do conceito de Deus como o ser mais perfeito.

Argumento teleológico – Ver Argumento do *design*.

Biblicismo – Aplicação evangélica conservadora do princípio da *sola scriptura*, em que se afirma aderir ao sentido literal estrito das passagens bíblicas. Ver *Sola scriptura*.

Big bang – O modelo da evolução do universo de acordo com o qual o universo se expandiu de um estado de densidade muito alta a partir de mais ou menos 13,8 bilhões de anos atrás.

Casuística – Uma forma de resolver a história causal de um evento em uma de duas opções: ação direta de Deus ou resultado de causas naturais.

Causação secundária – Em Aquino, a doutrina de que é possível dizer que Deus causa os eventos mesmo quando vemos como esses mesmos eventos são resultado de causas naturais.

Ciência agostiniana – Ciência desenvolvida de acordo com pressupostos explicitamente cristãos.

Ciência duhemiana – Tentativa de excluir da ciência a metafísica e a explicação, restringindo-a a relatar e classificar achados empíricos.

Ciência moderna – A abordagem do mundo natural desenvolvida nos séculos XVI e XVII durante a Revolução Científica.

Cientificismo – A visão de que as ciências naturais são a única fonte legítima de conhecimento.

Complexidade irredutível – Afirmação dos teóricos do *Design* Inteligente de que algumas estruturas naturais não poderiam ter se desenvolvido aos poucos por meio de processos naturais e que só podem ter sido projetadas.

Concordismo – A noção de que tanto a ciência como a Bíblia dão informações confiáveis sobre a origem da Terra e da vida e a ideia de que esses dois relatos devem ser conciliados.

Constante cosmológica – Termo introduzido por Einstein em suas equações da relatividade geral para se contrapor à atração gravitacional da matéria.

Convergência – O fenômeno na evolução em que estruturas similares evoluem múltiplas vezes de forma independente.

Cosmologia – Estudo da origem, estrutura e evolução do universo.

Creatio continua – Do latim, significa a "criação contínua", a visão teísta de que Deus mantém o mundo natural.

Creatio ex nihilo – Do latim, significa a "criação do nada", a visão teísta de que Deus criou o material original do universo a partir do nada preexistente.

Creatio ex vetere – Do latim, significa a "criação do antigo". A afirmação de que Deus transformará a ordem atual das coisas no mundo que está por vir.

Criação *de novo* – A formação de objetos rápida e completa sem usar formas intermediárias.

Criacionismo da Terra Antiga – Posição que aceita a datação de físicos que estabelece que a Terra e o universo têm bilhões de anos, mas nega que toda a vida (especialmente dos humanos) compartilhe um ancestral comum. Em vez disso, afirma que Deus criou pelo menos algumas espécies separadamente. Ver também Criacionismo da Terra Jovem.

Criacionismo da Terra Jovem – Crença inspirada por uma leitura literal da Bíblia de que Deus criou o universo há menos de 10 mil anos. Ver também Criacionismo da Terra Antiga.

De novo – Ver Criação *de novo*.

Defesa do livre-arbítrio – Tentativa de explicar por que Deus permitiria a existência de males morais afirmando que é um bem maior que os humanos tenham livre-arbítrio, ainda que às vezes o usem para maus propósitos.

Deísmo – Teoria de que Deus não interage com o mundo criado depois de sua criação inicial.

Deísmo episódico – Teoria de que Deus interage com o mundo regularmente, mas apenas em casos esporádicos.

Denisovanos – Espécie extinta de hominídeos que viveu há cerca de 40 mil anos e cruzou com humanos e neandertais.

***Design* Inteligente** – Tentativa de mostrar que o materialismo é falso e que a vida e o universo são produtos de um agente superinteligente. Ver também Materialismo.

***Design*, argumento do** – Ver Argumento do *design*.

Deus das Lacunas – Uso de uma explicação sobrenatural quando não há nenhuma explicação natural conhecida para algum fenômeno.

Dualismo cognitivo – A teoria filosófica de que há dois caminhos muito diferentes que se desenvolveram para pensar sobre a realidade: o científico e o pessoal.

Dualismo de substância – Posição na filosofia da mente que afirma que há dois tipos diferentes de substâncias – mentes e corpos – e que elas não são redutíveis uma à outra.

Dupla verdade – A argumentação, com frequência atribuída a Averróis, de que as concepções "natural" e "sobrenatural" poderiam ser ambas verdadeiras ainda que contradissessem claramente uma à outra. A verdadeira posição de Averróis era mais complexa. Ele acreditava que podiam existir diferentes níveis de significado, mas não contradição expressa.

Efeito borboleta – Em sistemas caóticos, a sensibilidade extrema a ligeiras mudanças ou condições iniciais que afetam o estado posterior do sistema.

Emotivismo – Teoria ética de que proposições morais são meramente a expressão de sentimentos, não declarações de verdade objetiva.

Empirismo – Teoria de que a experiência, e não a razão, é a base do conhecimento. Ver também Racionalismo.

Encarnação – De acordo com a teologia cristã, o evento em que a segunda pessoa da Trindade se tornou um ser humano.

Epistemologia – Subdisciplina da filosofia que investiga o conhecimento e conceitos relacionados, como racionalidade e a justificação de crenças.

Escatologia – Estudo das últimas coisas; na teologia cristã, é o estudo de como a ordem das coisas presentes terá um fim e o que virá depois dela.

Essencialismo – Dentro da biologia, a posição de que objetos e classes de objetos (especialmente espécies) têm um conjunto de características necessárias e imutáveis.

Ética – Subdisciplina da filosofia que investiga o que é bom ou certo.

Ex nihilo – Ver *Creatio ex nihilo*.

Existencialismo – Escola filosófica que enfatiza a capacidade e a responsabilidade do indivíduo para escolher o sentido das coisas para si próprio.

Expiação – A doutrina de como a obra salvadora de Jesus Cristo traz a reconciliação entre Deus e os seres humanos.

Fechamento causal do mundo físico – A afirmação de que qualquer coisa que acontece dentro do mundo material precisa ter sido causada por objetos do mundo material.

Fideísmo – Da palavra latina *fides*, que significa fé. Hoje usado para indicar a posição de que crenças podem ser mantidas sem justificativa ou bases racionais.

Filosofia da mente – Subdisciplina da filosofia que estuda a consciência e as explicações possíveis para ela.

Filosofia natural – Uma precursora da ciência moderna; o método de aprender os conceitos sobre o mundo por meios naturais, e não sobrenaturais.

Geocentrismo – Teoria de que a Terra está no centro do universo e que todos os corpos celestes orbitam em volta dela.

Geocinetismo – Teoria de que a Terra se move em torno do Sol.

Grande Cadeia do Ser – A ideia de que há uma continuidade de existência do mais elevado (Deus) ao mais baixo (não existência) e uma série infinita de formas que exibem cada gradação.

Heliocentrismo – Teoria de que o Sol está no centro do universo (ou, mais tarde, do sistema solar) e a Terra e os outros planetas orbitam em volta dele.

Hermenêutica – Disciplina que se dedica à interpretação, em especial quando relacionada à Bíblia.

Hipótese do mundo de RNA – A afirmação nos estudos da origem da vida de que a primeira molécula replicadora foi o RNA, e não o DNA.

Hipótese/teoria do multiverso – A suposição de que nosso universo é apenas um entre um número enorme de universos, cada um dos quais poderia ter diferentes leis e constantes físicas.

Hominídeo – Grupo de espécies descendentes do ancestral comum de humanos e chimpanzés que inclui os humanos e as outras espécies *Homo*.

Homo erectus – Espécie de hominídeo que viveu há cerca de 1 milhão de anos.

Homo sapiens – A classificação científica dos seres humanos modernos.

Humanismo exclusivo – A visão de que não há uma ordem transcendente além da ordem dos seres humanos.

Idade Média – Período na história europeia que vai mais ou menos do século V ao século XV.
Identidade pessoal – A questão filosófica que define como podemos manter a mesma identidade de substância ao longo do tempo, particularmente para os seres humanos.
Inerrância – Ver Inerrância bíblica.
Inerrância bíblica – A doutrina de que a Bíblia não contém nenhum erro no que ensina.
Interação, problema da – Ver Problema da interação.
Julgamento Scopes – O julgamento de John Scopes em 1925 em Dayton, Tennessee, por ensinar a evolução, violando uma lei estadual.
Lei dos três estados – A concepção de Auguste Comte de que o pensamento humano passa por três estados: o teológico, o filosófico e o científico.
Mal natural, problema do – Ver Problema do mal natural.
Mal, problema do – Ver Problema do Mal.
Materialismo – A visão de que tudo o que existe pode, em última análise, ser reduzido a matéria. Não há substâncias sobrenaturais ou imateriais.
Metafísica – A mais geral das subdisciplinas da filosofia, que investiga quais tipos de coisas existem e a natureza de sua existência.
Metáfora da serva – A afirmação de que a filosofia (ou o aprendizado secular em geral) deve servir à teologia.
Metáfora dos Dois Livros – Afirmação de que Deus se revelou na Escritura (isto é, a palavra de Deus) e por meio da natureza (isto é, o mundo de Deus).
Metodismo – Movimento cristão fundado por John Wesley no século XVIII que pretendia reformar a Igreja da Inglaterra.
Monismo – Teoria da Filosofia da Mente de que há apenas um tipo de substância e que a aparente dualidade de mente e corpo é explicável por uma unicidade subjacente.
Movimento da neo-ortodoxia – Movimento surgido dentro do protestantismo no início do século XX que se opunha ao liberalismo e buscava recuperar algumas doutrinas cristãs tradicionais que haviam sido rejeitadas pelos liberais, entre elas, a Trindade e Cristo totalmente Deus e totalmente humano.
Naturalismo metafísico – Ver Naturalismo ontológico.
Naturalismo metodológico – A afirmação de que a ciência não deve investigar ou recorrer a entidades sobrenaturais. Ver também Naturalismo ontológico.
Naturalismo ontológico – A afirmação de que não há entidades sobrenaturais. Ver também Naturalismo metodológico.
Navalha de Ockham – Princípio atribuído a Guilherme de Ockham segundo o qual a simplicidade deve ser preferida em explicações, ou entidades não devem ser multiplicadas além da necessidade.
Neandertais – Espécie de hominídeo que se extinguiu há cerca de 30 mil anos e cruzou com humanos.

NOMA – Acrônimo criado por Stephen Jay Gould para magistérios não interferentes ("non-overlapping magisteria") – a posição que afirma que ciência e religião pertencem a esferas de investigação independentes. Ver também Tese da independência.

Ontologia – O estudo do ser, ou do que existe.

Pecado original – De acordo com alguns teólogos cristãos, o estado da humanidade que resultou da Queda.

Positivismo – Escola filosófica do final do século XIX e início do século XX de acordo com a qual uma asserção significativa deve permitir verificação científica.

Predestinação – Doutrina (hoje geralmente associada ao calvinismo) de que Deus determinou quem seria salvo, em vez de as pessoas escolherem por si mesmas se aceitariam ou não a oferta de salvação de Deus.

Princípio de exclusão de Pauli – Na mecânica quântica, o princípio de que duas partículas não podem ocupar o mesmo estado quântico ao mesmo tempo.

Problema da interação – Na filosofia da mente, a dificuldade de explicar como uma mente imaterial poderia interagir com um corpo físico.

Problema da planicidade – Na cosmologia, a dificuldade para explicar por que há exatamente a densidade crítica que permite que o espaço seja plano – com a taxa de expansão reduzindo-se gradualmente até chegar a zero.

Problema do horizonte – No modelo cosmológico padrão do *big bang*, a dificuldade para explicar como as temperaturas podem ter se equalizado entre partes separadas do universo.

Problema do mal – A dificuldade de explicar por que Deus permitiria que a quantidade e o tipo de mal que observamos acontecesse no mundo. Ver também Problema do mal natural.

Problema do mal natural – A dificuldade de explicar por que um deus bom permitiria a dor e o sofrimento que resultam de eventos que não são causados por agentes com livre-arbítrio.

Proposição analítica – Os enunciados são verdadeiros em virtude da relação de seus termos. Por exemplo, "todos os tios são do sexo masculino" é verdadeiro porque o termo "tio" significa "o irmão do sexo masculino do pai ou da mãe". Compare com Proposição sintética.

Proposição sintética – Enunciados que são verdadeiros (ou falsos) em virtude das afirmações feitas sobre a realidade, em vez de sua verdade ser determinada pelas relações dos termos como nas Proposições analíticas.

Queda – Doutrina filosófica de que o pecado dos seres humanos teve um efeito prejudicial para eles (e talvez para o mundo inteiro). Tradicionalmente atribuída às ações de Adão e Eva. Ver também Queda cósmica.

Queda cósmica – A suposição de que o cosmo inteiro foi afetado pelo primeiro pecado dos seres humanos (ou talvez de criaturas angelicais). Ver também Queda.

Racionalismo – Teoria de que a base do conhecimento é a razão e não a experiência. Ver também Empirismo.

Radiação cósmica de fundo em microondas – A radiação do *big bang* que resfriou até a frequência de microondas.

Razão natural – Meio de adquirir conhecimento sem a ajuda de revelação sobrenatural.

Reforma protestante – A ruptura com a Igreja Católica Romana no século XVI liderada por Martinho Lutero.

Relatividade geral – A teoria da gravitação de Einstein desenvolvida em 1915.

Revolução científica – O surgimento da ciência moderna nos séculos XVI e XVII, com base no trabalho de Copérnico, Kepler, Galileu, Descartes, Newton e outros.

Síntese tomista – Abordagem de Tomás de Aquino para produzir um único sistema coerente de conhecimento a partir de duas fontes separadas: fé e razão.

Sobrevivência do mais apto – O princípio evolutivo de que os organismos que são mais capazes de se reproduzir em seu ambiente tenderão a ser os mais bem-sucedidos.

Sola scriptura – O princípio dos reformadores protestantes de que a Bíblia, não a Igreja, é a autoridade final para a doutrina e a prática.

Teísmo cético – A visão de que devemos ser céticos quanto à nossa capacidade de discernir e compreender as razões que Deus poderia ter para permitir o mal.

Teodiceia – Uma explicação para a razão de um Deus bom permitir o mal.

Teodiceia da formação da alma – Deus permitiu o mal no mundo como uma forma de promover o desenvolvimento moral dos seres humanos.

Teologia – Estudo sistemático da natureza de Deus.

Teologia natural – A prática de argumentar para chegar a conclusões teológicas partindo de premissas geralmente aceitas tiradas da razão ou da experiência do mundo natural.

Teoria cosmológica da inflação – Modelo do desenvolvimento do universo inicial de acordo com o qual houve um período de expansão extremamente rápida.

Teoria da dupla verdade – Ver Dupla verdade.

Teoria das cordas – Na física de partículas, as menores partículas são tratadas como pontos matemáticos. A teoria das cordas substitui essas partículas-ponto por cordas unidimensionais.

Teoria do caos – Campo de estudo na matemática e nas ciências físicas que examina sistemas que são imprevisíveis por serem muito sensíveis a ligeiras mudanças.

Teoria do dia-era – Tentativa de conciliar Gênesis 1 e os relatos científicos contemporâneos postulando que cada dia da narrativa da criação corresponde a uma longa era.

Teoria do intervalo – Tentativa de conciliar Gênesis 1 e o entendimento científico contemporâneo da idade antiga da Terra postulando que milhões ou bilhões de anos se passaram entre Gênesis 1,1 e Gênesis 1,3.

Teoria dos muitos mundos – Interpretação da mecânica quântica de acordo com a qual todas as possibilidades expressas pela função de onda são efetuadas em realidades alternativas.

Teoria inflacionária – Ver Teoria cosmológica da inflação.

Tese da complexidade – A visão da relação entre ciência e religião de acordo com a qual não há uma única descrição geral que possa explicar as maneiras variadas como ciência e religião de fato interagiram. John Hedley Brooke é reconhecido como o defensor mais destacado dessa visão.

Tese da independência – A visão de que ciência e religião são modos de conhecimento completamente separados e independentes.

Tese da secularização – Em sua roupagem cognitiva, a afirmação de que interpretações sobrenaturais da realidade foram continuamente substituídas por explicações naturais por influência da ciência.

Tese de Duhem-Quine – Todas as afirmações de conhecimento são interdependentes de um conjunto de crenças subjacentes.

Tese do conflito – A visão de que ciência e religião oferecem relatos concorrentes e de que ambas não podem estar corretas.

Trindade – A visão cristã de que Deus existe como três pessoas distintas em uma única natureza.

Visão das duas mentes – A visão de que a encarnação é explicada com base na suposição de que Jesus tivesse tanto uma mente divina como uma mente humana.

Índice remissivo

A
ação divina 17, 52, 163-165, 170, 172-174, 176-178, 192, 223
Adão e Eva 72, 79, 150, 152, 201, 202, 228
Agostinho 37, 38, 49, 70, 86, 106, 184, 202, 219
agostiniana, ciência 106-108, 224
ajuste fino 17, 129, 135-139, 141-144, 223
aleatoriedade 148, 152, 153, 160
alegoria 86
Alexander, Denis 161
Al-Ghazâlî 134, 219
alma 17, 25, 30, 36, 86, 122, 157, 158, 181-187, 190, 195, 196, 205, 206, 208, 229
altruísmo 200, 206, 223
amor 27, 122, 155, 159
ancestralidade comum 74, 87, 90
animais 17, 86, 149, 158, 177, 184, 186, 198, 199, 201, 202, 204, 206-208, 214, 215
Anselmo 117, 118, 219
Answers in Genesis 73
antigo Oriente Próximo 44, 70, 150
antropologia 57
apolinarianismo 187, 223
Apolinário de Laodiceia 187, 219

apologética 14, 73
Aquino, Tomás de 28, 38, 49, 70, 116, 117, 120, 136, 164, 165, 184, 219, 229
Argumento cosmológico 223
Argumento da negligência 223
Argumento do *design* 223, 225
argumento ontológico 117, 118, 223
argumentos para a existência de Deus 114, 223
argumento teleológico 114, 115, 136, 223
Aristóteles 19, 28, 29, 39, 47, 124, 163, 184, 219
Aristotelismo 48
arte 116, 124
astrologia 40, 102
astronomia 19, 24, 40, 52
ateísmo 62, 100, 122
Averróis 28, 29, 31, 120, 121, 219, 225

B
Bacon, Roger 39, 40, 49, 50, 219
Barberini, Maffeo 25
Barbour, Ian 15, 20, 33, 171, 221
Barth, Karl 119-121, 127, 221
Behe, Michael 77-79, 81

beleza 159, 198
Belarmino, Roberto 24
Berg, Christian 21, 33
Bíblia 16, 17, 19, 24-27, 29-33, 68, 70-72, 74, 75, 80, 83-87, 89-93, 95-97, 113, 121, 134, 148-152, 154, 166, 202, 209, 224-227, 229
biblicismo 90, 91, 224
big bang 17, 117, 129-131, 133-135, 137, 138, 140, 143, 144, 214, 215, 224, 228, 229
bondade/bem 159, 164, 195, 198, 199, 204
Boyle, Robert 43, 58, 220
Brooke, John Hedley 21, 33, 53, 58-60, 64, 230
Brown, Warren 189, 195
Brunner, Emil 120, 127
Bryan, William Jennings 67, 68, 220
Buckley, Michael 53, 62, 64, 126
Bultmann, Rudolf 166, 178, 221
Burke, Peter 57, 65

C

Calvino, João 85, 119, 165, 220
Carroll, Sean 130, 143-145
Cassiano, João 86, 219
casuística 165, 224
causa eficiente 163, 176
causa final 163, 164
causa formal 163
causa material 163
causa primária 164
causa primeira 117
causação secundária 164
causas 15, 51, 54, 76, 99, 103, 108, 109, 116, 117, 160, 163-166, 171-173, 175-177, 188, 189, 192, 197, 224
causas naturais 15, 99, 160, 163-166, 173, 176, 197, 224
cérebro 79, 181, 182, 186, 188-190, 195
ciência como disciplina 14

ciências sociais 57
cientificismo 110, 173, 216, 224
Cinco vias 117, 136
Clarke, Samuel 59, 220
Clayton, Philip 161, 169, 170, 178, 179, 206, 209, 212, 216
Clemente de Alexandria 37, 219
Coakley, Sarah 206, 209
Collins, Robin 137, 143-145
complexidade especificada 136-138
complexidade irredutível 77, 224
Comte, Auguste 51-54, 65, 220, 227
Concílio de Constantinopla 187
concordismo 70, 149, 224
conhecimento 20, 22, 24, 27, 32, 37, 40, 41, 43, 44, 52, 55, 78, 90, 104, 105, 107, 110, 115, 119-121, 164, 170, 203, 207, 224, 225, 229, 230
consciência 79, 83, 123, 177, 181, 183, 185, 194, 214-216, 226
constante cosmológica 131, 140, 224
contingência 45, 153, 154, 223
convergência 153, 154, 224
conversão 124
Conway Morris, Simon 153, 154, 161
Copenhague, interpretação de 170
cosmologia 17, 42, 47, 92, 117, 129, 135, 136, 140-144, 213, 224, 228
Craig, William Lane 126, 134, 144, 145
Creation Research Society 73
crença 19, 23, 43, 45, 46, 49, 53-58, 60-62, 64, 76, 91, 120, 122, 123, 148, 149, 166, 183, 190, 216
Criação (*creatio*)
    continua 213, 215, 224
    de novo 68, 69, 72, 224, 225
    doutrina da 43-46, 92, 93, 142-144, 159, 160, 202

ex nihilo 68, 69, 134, 212, 213, 215, 224, 226
ex vetere 213, 215, 216, 224
especial 69, 70, 199
criacionismo
    da Terra Antiga 201, 224, 225
    da Terra Jovem 17, 67, 68, 71-73, 80, 81, 89, 205, 224, 225
Crisóstomo, João 31, 219
cristianismo oriental 176

D

Darrow, Clarence 67, 220
Darwin, Charles 76-79, 81, 116, 157, 159, 161, 198, 199, 204, 209, 220
darwinismo 74, 75, 173
Davis, Edward B. 81, 166
Dawkins, Richard 198, 199, 209
Deane-Drummond, Celia 206, 209
defesa do livre arbítrio 225
definição de ciência 59, 60, 75, 76, 79, 80, 100-110
deísmo 61, 62, 80, 122, 164, 166, 173, 176, 225
deísmo episódico 225
Dembski, William 201, 202, 209
De Morgan, Augustus 99, 111
denisovanos 158, 225
Descartes, René 35, 36, 38, 50, 120, 122, 182, 184-188, 190, 192, 195, 196, 220, 229
desenvolvimento 36, 39-41, 43, 45-49, 51-54, 60, 61, 68-70, 74, 75, 78, 80, 92, 97, 122, 123, 125, 130, 147, 158, 164, 170, 171, 177, 194, 195, 197, 205, 206, 209, 214, 229
design, argumento do 225
Design Inteligente 17, 67-69, 71, 73-81, 106, 108, 160, 224, 225
design/propósito 77-80, 114, 115, 124-126, 135-139, 141, 142, 154, 155

desvio para o vermelho 132
determinismo 57
Deus
    como criador 121, 122, 139, 159, 160, 171-174, 204, 205
    como pessoa 43-46, 53-55, 121-123, 133-135, 174, 175, 187, 188
    existência de 36, 60, 61, 100, 101, 114-119, 121, 122
    natureza de xi 13, 14, 42, 43, 114, 115, 117, 118, 122, 123, 134, 153-155, 159, 160, 169, 204, 205
    relação com a natureza 60, 61, 100, 101, 152, 153, 164-178
Deus das Lacunas 80, 225
Deus dos Filósofos 62, 121
dilúvio de Noé 70
Discovery Institute 74, 80, 81
Dois Livros, modelo dos 20, 31-33, 35, 72, 84, 87, 227
Doppelt, Gerald 105, 111
Dover, julgamento 75, 76, 106, 107
Draper, John William 22, 34, 220
Draper, Paul 102, 111
Driscoll, Mark 212, 216
dualismo 71, 182, 185, 187, 188, 192, 193, 195
dualismo cognitivo 182, 192, 193, 195, 225
dualismo de substância 187, 188, 192, 195, 225
duas mentes, visão das 186, 187, 230
duhemiana, ciência 100, 106, 110, 224
Duhem, Pierre 102, 103, 111, 220
Duhem-Quine, tese de 104, 230
dupla verdade 28, 29, 31, 120, 225, 229

E

Ecklund, Elaine Howard 55-57, 64, 65
educação 68, 75
efeito borboleta 172, 225

efeito Doppler 132
Einstein, Albert 63, 131, 132, 139, 140, 220, 224, 229
eleição 159, 165, 167
emergência 38, 62, 181, 214
emotivismo 191, 225
empirismo 43, 44, 225, 229
Encarnação 29, 157, 176, 186, 225, 230
energia 131, 137, 138, 140, 144, 150, 214, 215
energia escura 137
Enns, Peter 152, 161
epistemologia 21, 105, 120, 225
escatologia 94, 208, 211-216, 225
espaço 30, 38, 47, 69, 79, 95, 96, 122, 126, 131-133, 135, 137, 138, 140, 141, 149, 164, 170, 175, 185, 199, 202, 228
espécie 16, 37, 121, 143, 155-158, 171, 184, 186, 200, 215
espírito 39, 41, 85, 122, 175, 185, 215
Espírito Santo 26
essencialismo 156, 158, 160, 200, 226
estado estacionário 130, 131
estrelas 23, 24, 132, 137, 138, 151, 160, 211, 212
eternidade do mundo 28, 29
ética *ver* moralidade
evolução 17, 30, 60, 67, 68, 75-78, 90, 147-150, 152-157, 159-161, 224, 227
existencialismo 191, 226
experimento 88
explicação 48, 57, 59, 69, 71, 76, 78-80, 87-89, 92, 100, 101, 103-105, 107-109, 115, 129, 130, 134-136, 139, 142, 163, 165, 168, 173-176, 178, 186, 188, 189, 191, 192, 198, 199, 204, 215, 224, 225, 229
explicação sobrenatural 129, 225
explicações pessoais 175, 192
extinção 155, 156, 160, 199, 200

F

fato x valor 122, 123
fé 23, 26, 30, 33, 36, 38, 42, 43, 53, 55, 60, 62, 70, 76, 83, 94, 96, 120-123, 126, 134, 185, 186, 207, 213, 216, 226, 229
fechamento causal 168, 226
fideísmo 120, 226
Fílon de Alexandria 36
filosofia 9, 14, 15, 26, 28, 29, 35, 36, 38-40, 44, 47-49, 69, 99, 101, 104, 105, 109, 120, 121, 123, 124, 126, 173, 182, 188, 190, 192, 193, 197, 223, 225-228
filosofia da mente 182, 188, 192, 225, 226, 228
filosofia natural 26, 28, 29, 35, 38, 39, 44, 47-49, 69, 109, 226
firmamento 113, 151
física 19, 25, 35, 45, 49, 52, 57, 103, 109, 130, 131, 135-137, 139, 140, 168, 170-172, 174, 175, 194, 214, 229
Flanagan, Owen 190, 191, 196
formação da mente, teodiceia da 47
Fretheim, Terence 209

G

galáxias 132, 137, 138, 212
Gale, Richard 126
Galileu 19, 20, 23-27, 29, 32, 33, 35, 68, 84, 220, 229
Gamow, George 130, 133, 221
Gaukroger, Stephen 47-50
Gênesis 70, 71, 75, 86, 92, 149-152, 201, 202, 229, 230
genética 78, 79, 171, 172
geocentrismo 25, 226
geologia 70, 72, 73, 200
Gifford Lectures 20, 49, 60, 171, 209
Gish, Duane 73
Goetz, Stewart 187, 196
Gould, Stephen Jay 29-31, 34, 39, 91, 127, 153, 154, 175, 228

graça 83, 90, 94, 176
Grande Cadeia do Ser 61, 226
Grant, Edward 37-39, 50
gravidade 51, 131, 135, 137, 140, 204
Gray, Asa 198, 209
Greene, Brian 139, 144, 145
Guth, Alan 140

H

Hallanger, Nathan 33
Ham, Ken 73
Harris, Mark 97, 178
Harrison, Peter 64, 97, 98
Haught, John 153, 155, 161
Hawking, Stephen 135, 145
heliocentrismo 25, 42, 90, 95, 226
hermenêutica 26, 88, 91, 226
Herschel, William 99, 111
Hess, Peter M. 31, 33, 34
Hick, John 205
Hill, Jonathan 147, 148, 161
hominídeo 155, 226, 227
Homo erectus 155, 156, 226
Homo sapiens 155, 158, 159, 201, 226
Hooykaas, Reijer 43-45, 48-50, 221
horizonte, problema do 140, 228
Hoyle, Fred 130, 131, 145
Hubble, Edwin 132, 133, 221
Huff, Toby 46-50
humanidade
    origens biológicas 30, 71, 72, 147, 152, 157, 171, 172
    evolução da 79, 89, 147, 148, 154-159
    imagem de Deus 44, 149, 150, 156-159, 194, 195, 202
    natureza da 31, 44, 45, 181, 182, 185
    exclusividade da 156-159
humanismo exclusivo 61, 226
Hume, David 61, 115, 116, 123, 127, 220

I

idade da Terra 149
idade do universo 133, 134
identidade pessoal 183, 227
Igreja 19, 20, 22-27, 29, 30, 32, 33, 35-37, 39-41, 57, 62, 68, 71, 77, 83-86, 91, 96, 119, 186, 199, 202, 227, 229
Igreja Católica 19, 24, 26, 83-85, 229
imagem manifesta 188-191, 193, 195
imortalidade 36, 54, 55, 122, 207
inerrância 72, 89, 90, 227
informação 77-79, 81, 116, 122
inspiração da Escritura 91-93, 96
Institute for Creation Research 73
interpretação bíblica 30, 31, 68-70
intervenção 57, 114, 124, 143, 168-170, 173, 176, 215, 223
Ireneu de Lyon 31, 205
islamismo 13

J

Jaeger, Lydia 172-174, 178
Jaki, Stanley 40, 45, 46, 48-50
Jesus de Nazaré 14
Jó 207
João Paulo II, Papa 30, 31, 34, 221
Johnson, Phillip 74, 81
John Templeton Foundation 16
Jones III, John E. 76, 81, 111
judaísmo 14, 15, 44, 45, 95, 96
Júpiter 23, 24
Justino Mártir 31, 37, 219

K

kalām, argumento 133-135
Kant, Immanuel 207
Kepler, Johannes 44, 45, 220, 229
Knapp, Steven 169, 170, 178
Knight, Christopher 176-178, 199, 215, 216

Koperski, Jeffrey 107, 111
Kuhn, Thomas 104, 105, 123, 127, 221

L

Lamoureux, Denis 151, 161
Laplace, Pierre-Simon 99, 100, 220
Larson, Edward 55, 65, 67, 81
Lei dos três estados 51, 52, 227
leis da natureza 137, 165, 166, 168, 174, 176, 213, 215
Lemaître, Georges 130, 145, 221
Leuba, James 54-57, 65, 220
Lewis, C. S. 103, 104, 111, 202, 203, 209, 221
limites da ciência 102-104, 109, 110, 163, 164, 168, 169, 174, 175, 191
linguagem 24, 28, 51, 58, 90-93, 95, 96, 114, 118, 120, 149, 155, 157, 158, 174, 175, 189, 192-194, 215
literalismo 157
livre arbítrio 122, 123, 154, 155, 157, 158, 190, 191, 205
Locke, John 193, 196, 220
Logos 176, 186
Lorenz, Edward 172, 179
lua 23, 51, 151
Lutero, Martinho 83, 85, 220, 229
luz 70, 97, 132, 141, 149, 160, 166, 168, 175, 178, 212

M

Macquarrie, John 168, 179, 213, 216
magistérios não interferentes 29, 91, 175, 228
mal natural 17, 80, 197-205, 208, 209, 227, 228
Marte 44, 211
Martin, David 59, 65
matemática 27, 38-40, 42, 51, 52, 57, 72, 124, 131, 141, 172, 229
matéria 35, 48, 129, 131, 140, 144, 171, 182, 184-186, 188, 214, 215, 224, 227

materialismo 225, 227
McGinn, Colin 188, 196
McGrath, Alister 124-127
McMullin, Ernan 106, 107, 111
Meister, Chad 9, 206, 209
mente 17, 24, 26, 30, 39, 40, 43, 44, 47, 52, 74, 92, 102, 138, 144, 156, 160, 164, 166, 170, 182, 185-190, 192, 195, 203, 214, 225-228, 230
Merton, Robert 43, 49, 50, 221
metafísica 21, 47, 52, 102, 103, 106, 155, 163, 224, 227
metáfora da serva 36, 37, 227
Meyer, Stephen 78, 79, 81
milagres 61, 100, 106, 164, 166, 177, 178
modos de relacionar ciência e cristianismo 19-22, 52, 53, 212-216
monismo 188, 227
Moore, Aubrey 173, 179, 220
moralidade 58, 61, 157, 158, 165, 190, 191
Moran, Jeffrey P. 81
Moritz, Joshua 159, 161
Morris, Henry 71, 73, 82, 221
morte 54, 58, 72, 148, 152, 154, 155, 159, 183, 184, 193, 195, 199-202, 204, 207, 208, 211-213
Moser, Paul 122, 126, 127
multiverso 17, 60, 129, 135, 139-143, 226
Murphy, George 159, 161

N

Napoleão 99
National Academy of Sciences 55
naturalismo metafísico 100-102, 106, 227
naturalismo metodológico 17, 68, 74, 96, 99, 100-102, 104-108, 110, 111, 227
natureza 13, 15, 17, 21, 31, 32, 39, 42-46, 48, 51, 52, 55, 57, 59, 79, 80, 84, 86, 87, 90, 91, 97, 106, 108, 110, 111, 114-117, 119, 122,

124-126, 131, 137, 157-160, 166, 168, 170-178, 181, 185, 192, 194, 198, 204, 213, 215, 227, 229, 230
Navalha de Ockham 165, 187, 188, 227
neandertal 156
Needham, Joseph 42-44, 49, 50, 221
Newton, Isaac 51, 58, 59, 220, 229
NIODA 170, 173, 223
Noll, Mark 85-87, 97, 98
Numbers, Ronald 21, 33, 34, 53, 57, 65, 81, 111

O

Obama, Barak 190
objetividade 45
Ockham, Guilherme de 165, 178, 220, 227
ontologia 154, 155
óptica 39, 40
oração 54, 92
ordem na natureza 42
origem da ciência 15, 41
origem da vida 177, 226
Orígenes 31, 96, 219

P

Padgett, Alan 16, 33, 34, 81, 108, 111, 126, 127, 144, 145, 161, 178, 217
Paley, William 115, 116, 124, 127, 220
Paulo de Tarso 219
Peacocke, Arthur 16, 171, 221
pecado 30, 72, 79, 119, 150, 152, 201, 202, 206, 208, 228, 229
pecado original 30, 72, 119, 152, 201, 202
Penrose, Roger 138, 145
perfeição 117, 164, 201
Perkins, William 165-167, 173, 178, 179, 220
Peters, Ted 21, 33, 34
Pio XII, Papa 30, 34, 220
Planck, tempo de 130
planetas 100, 177, 202, 211, 226

planicidade, problema da 138, 228
Plantinga, Alvin 106, 107, 109, 111, 112
Platão 40, 129, 163, 184, 186, 219
Polkinghorne, John 16, 170-174, 178, 179, 192, 213, 216, 217, 221
positivismo 22, 52, 228
pós-modernismo 125
práticas sociais 15, 16, 46, 59, 60
pressuposições 125, 152
Price, George McCready 72, 220
probabilidade 41, 55, 57, 137, 173
problema da interação 189, 227, 228
problema do mal 79, 169, 197, 198. *Ver também* mal natural
progresso 51, 52
proposições analíticas 123, 228
proposições sintéticas 123
propósito 68, 74, 76, 91, 92, 102, 115-117, 125, 134, 136, 138, 148, 159, 163, 164, 198, 223
Provan, Iain 201, 209
providência 159, 164, 171, 206
Pruss, Alexander 126
psicologia 57

Q

Queda 22, 61, 72, 79, 119, 152, 157, 177, 199, 201-203, 208, 228, 229
Queda cósmica 203, 208, 228, 229
química 27, 52, 57, 171, 175
Quine, Willard V. O. 104, 105, 112, 123

R

racionalidade 43-46, 190, 191, 225
racionalismo 43, 44, 225, 229
radiação cósmica de fundo em microondas 142
Ramm, Bernard 70, 71, 221

razão 21, 35, 36, 38-40, 46, 57, 60, 69, 75, 83, 85, 96, 100, 106, 108, 110, 113-116, 119-123, 133, 137, 141, 152, 157, 158, 185, 188, 193, 196, 201, 207, 225, 229
realidades sociais 193, 194
reducionismo 173-175, 189, 193-194
Rees, Martin 137, 138, 144, 145
Reforma protestante 24, 32, 44, 45, 83, 84, 165, 229
registro fóssil 70, 149
religião como prática social 57-59
religiões do mundo 13
religiosa, experiência 122, 190
ressurreição 94, 183, 184, 201, 213, 215, 216
revelação 24, 31, 33, 35, 36, 38, 48, 84, 89, 93, 96, 97, 107, 113, 114, 120-122, 126, 149, 151, 229
Revolução Científica 32, 35, 41, 45, 51, 53, 61, 62, 109, 124, 154, 163, 164, 224, 229
RNA, hipótese do mundo de 79, 226
Robinson, Marilynne 190, 196
Rolston, Holmes III 214, 215, 217
Rosenhouse, Jason 72, 73, 81, 82
Ross, Hugh 149
Ruse, Michael 81, 107, 112, 191, 196
Russell, Bertrand 41, 50, 220
Russell, Robert 33, 170, 179, 217, 223

S

Sagan, Carl 42, 50
salvação 27, 85, 94, 152, 201, 228
Satanás 149, 203, 208
Schloss, Jeffrey 206, 209
Scopes, julgamento 68, 75, 227
Scruton, Roger 192, 193, 195, 196
secularização 17, 21, 49, 51-53, 56-61, 63, 64, 230
Sellars, Wilfred 182, 194, 196
sensorial, experiência 24, 25

Siger de Brabant 29, 219
Sinclair, James D. 134, 144, 145
Smith, Christian 90-92, 97, 98
sobrevivência do mais apto 156, 229
Sol 19, 25, 26, 90, 95, 100, 131, 150, 151, 171, 211, 226
sola scriptura 83-85, 90, 97, 224, 229
Southgate, Christopher 200, 209
Stenmark, Mikael 21, 33, 34
Strawn, Brad 189, 195
Stump, J. B. 33, 34, 81, 111, 126, 127, 144, 145, 161, 178, 217
subdeterminação 88, 91

T

Tanner, Kathryn 213, 217
Taylor, Charles 53, 60-62, 64, 65
tecnologia 41, 168, 211, 214
teísmo cético 203, 204, 208, 229
teleologia 144
telescópio 23, 103, 132
Tempier, Estêvão 29, 219
tempo 15, 29, 30, 38, 39, 42, 47, 57, 59, 64, 69, 71, 77, 79, 80, 84, 85, 88, 102, 106, 129-135, 140, 141, 149, 152-156, 163, 166, 170, 172, 175, 183, 185, 187, 189, 193, 195, 198, 199, 201-203, 205-207, 213, 219, 227, 228
teodiceia 198, 199, 202, 204, 205, 207, 209, 229
teologia da natureza 17, 21, 114, 124, 126, 159, 160
teologia natural 17, 32, 110, 113, 114, 116, 117, 119-126, 136, 159, 229
teoria 14, 24, 28, 30, 32, 42, 46, 48, 62, 70, 74-77, 88, 95, 100, 103-107, 120, 130-133, 135, 137, 139-141, 144, 149, 152, 156, 172, 173, 184, 186, 188, 192, 202, 211, 223, 225-227, 229, 230
teoria da relatividade 131, 140

teoria das cordas 32, 140, 141, 229
teoria do caos 172, 229
teoria do dia-era 149, 229
teoria do intervalo 70, 149, 229
teoria dos muitos mundos 140, 230
teoria inflacionária 140, 141, 230
teoria quântica 130
Tertuliano 31, 62, 186, 219
tese da complexidade 21, 53, 230
tese da independência 20, 39, 175, 228, 230
tese da integração 20, 21
tese do conflito 22, 23, 61, 63, 230
tese do diálogo 20, 21, 63, 216
tradição 19, 37, 43-45, 62, 84, 85, 96, 108, 125, 152, 176, 183, 184, 194, 195, 212
Trindade 29, 38, 62, 121, 186, 194, 225, 227, 230

U
universo em expansão 133
Urbano VIII, Papa 25
Ussher, James 69, 134, 220

V
valores 29, 47, 57, 60, 91, 102, 104, 105, 106, 108, 123, 124, 137, 172, 175, 193
Vênus 24
verdade 14, 19, 24, 26, 28-31, 38, 39, 41, 42, 46-48, 62, 70, 76, 80, 87, 92, 96, 99, 103, 113, 114, 120, 121, 139, 149, 151, 154, 166, 188, 192, 203, 204, 207, 225, 228, 229
vida após a morte 54, 183, 184, 193, 207, 208
vida, condições de 137, 138, 143, 204, 205
visões de mundo 41
Vries, Paul de 101, 112

W
Walton, John 150, 151, 161
Ward, Keith 207, 209
Ware, Kallistos 176, 179
Weber, Max 43, 58, 220
Wesley, John 85, 207, 210, 220, 227
Whewell, William 15
Whitcomb, John 71, 72, 82
White, Andrew Dickson 22, 34, 39, 50, 220
White, Ellen 22, 23, 27, 31, 34, 39, 41, 50, 71, 72, 196, 220
Whitehead, Alfred North 43, 50, 220
Wilberforce, Samuel 156, 157, 161, 220
Wildman, Wesley 169
Wilkinson Microwave Anisotropy Probe 133
Williams, Patricia 206, 210
Wise, Kurt 73
Witham, Larry 55, 65
Wright, Ernest Vincent 192
Wright, N. T. 96, 98, 196

Edições Loyola

editoração impressão acabamento
Rua 1822 nº 341 – Ipiranga
04216-000 São Paulo, SP
T 55 11 3385 8500/8501, 2063 4275
www.loyola.com.br